Al cerrar la puerta. Análisis y vivencias del maltrato en la familia

Al cerrar la puerta. Análisis y vivencias del maltrato en la familia

Marta Torres Falcón

GRUPO
EDITORIAL
norma

Bogotá, Barcelona, Buenos Aires, Caracas, Guatemala, Lima, México, Miami, Panamá, Quito, San José, San Juan, San Salvador, Santiago de Chile, Santo Domingo

Torres Falcón, Marta
Al cerrar la puerta / Marta Torres Falcón. — Bogotá :
Grupo Editorial Norma, 2006.
256 p. ; 21 cm.
ISBN 958-04-9666-8
1. Relaciones de pareja - Aspectos psicológicos
2. Relaciones de pareja - Aspectos sociales 3. Educación
para la vida familiar 4. Relaciones familiares 5. Violencia
familiar I. Tít.
155.645 cd 220 ed.
A1090230

CEP-Banco de la República-Biblioteca Luis Ángel Arango

Editora: Claudia Islas Licona
Diseño de portada: María Clara Salazar Posada
Tipografía, diseño y cuidado editorial:
Servicios Editoriales 6Ns, S.A. de C.V.

ISBN 958-04-9666-8

Para Hiroko Asakura

Para Keiko,
in memoriam

Contenido

Agradecimientos

En esta página, quiero dejar constancia de mi gratitud a todas aquellas personas que de muy diversas maneras contribuyeron a la realización del proyecto que ahora cristaliza. Agradezco la participación de mis estudiantes de los diferentes cursos, talleres y seminarios en los que hemos abordado temas relacionados con la desigualdad de género y la violencia doméstica; sus preguntas, cuestionamientos y reflexiones han sido siempre de gran utilidad para mí. En particular, quiero mencionar a Luz Galindo, Fernando Bolaños, Irene Rosas y Samantha Zaragoza.

Agradezco al Grupo Editorial Norma que me haya abierto una puerta. En este enunciado, hay algo más que un juego de palabras con el título de este libro. A la editora, Claudia Islas, gracias por su profesionalismo y el respeto que siempre mostró por mi trabajo.

A Verónica Devars le reconozco su eficiencia y excelente disposición para la transcripción del texto y el trabajo secretarial.

Gracias también a Estela Serret, amiga y colega, por su constante guía intelectual y su apoyo emocional en un año particularmente difícil; a Michiko Shimada, por sus palabras y sus silencios; a Roberto Garda, por ayudarme a entender la visión masculina de la violencia, y a Eugenia Liutti, por las interminables conversaciones teñidas de un fino sentido del humor.

Quiero mencionar especialmente a mi madre, Yolanda Falcón, y agradecerle todo su apoyo y que haya compartido conmigo las reflexiones derivadas de su experiencia como psicoterapeuta.

Por último, pero en un lugar privilegiado, quiero agradecer a Hiroko Asakura su apoyo inigualable, su crítica decidida, su cercanía siempre cálida y, sobre todo, su solidaridad sin calificativos.

Prefacio

Al cerrar la puerta pueden surgir las más variadas emociones: la alegría de entrar en un espacio de intimidad, el júbilo de compartir un estado de ánimo, la tranquilidad de ser lo que se es sin pretensiones, la excitación de una entrega lujuriosa y apasionada. También están los otros sentimientos: la tensión que en algún momento se fue instalando en la pareja y enrarece el ambiente, la desesperación de no poder comunicarse, el temor de que los gritos —y los silencios— invadan cada rincón del cuarto, el miedo de un golpe dado sin contemplaciones, la angustia que crece al mismo ritmo en que se multiplican las incertidumbres.

Al cerrar la puerta, la pareja empieza a conocerse sin interrupciones. Las palabras se derraman en horas volátiles que parecen segundos, porque el tiempo es breve cuando se comparte con la persona amada. El gusto de iniciar una relación y el entusiasmo de hacerla crecer adquieren un matiz especial a puerta cerrada. Los distractores, las divagaciones y hasta el ruido de la calle se quedan afuera. La pareja tiene un espacio que le pertenece; ahí se dan cita las caricias que recorren el camino de la timidez al éxtasis y traen consigo goces inenarrables. Ahí también se exhibe la desnudez en un sentido muy amplio: a puerta cerrada, cada integrante de la pareja se despoja de artificios y simulaciones para mostrarse como es. La puerta cerrada ofrece entonces un espacio de alegría, emoción, solidaridad y conocimiento.

Al cerrar la puerta, la pareja se enfrenta consigo misma. A veces el entusiasmo inicial da paso a una armonía suave y sin contratiempos. A veces emergen las tensiones, el enojo y los pleitos. A puerta cerrada se magnifican los desahogos iracundos y las paredes vibran con los ecos interminables de los gritos; aumenta la frecuencia y los decibeles, pero la puerta permanece inmutable. En otras ocasiones, no son los gritos sino el silencio el que acaba siendo igual de ensordecedor. Y llega también, como en un desfile, esa secuencia de conductas de descalificación, engaño y autoritarismo que paulatinamente va conformando los misiles que viajan sin escalas a la autoestima. La violencia soterrada, casi invisible, hace trizas la seguridad y la confianza individuales, al tiempo que enmohece la cerradura y los herrajes de la puerta. La voluntad se va erosionando hasta acabar hecha polvo.

Al cerrar la puerta, está también la soledad con sus amigos inseparables: el dolor, la tristeza, la angustia y el miedo, pero también está el coraje de levantarse y salir, de cambiar el silencio por la palabra y buscar apoyos. Habrá otras puertas que se cierren ante tales solicitudes, que rechinen ante la sola posibilidad de que las cosas puedan ser distintas en una pareja, y se azoten estrepitosamente por miedo al cambio. Son las puertas de las tradiciones más abyectas y las creencias más estereotipadas que conforman todo un imaginario social que tolera y hasta estimula la violencia. Pero también están las otras puertas, las de la solidaridad y el apoyo, las que se abren de par en par y devuelven la confianza y el brillo de una mirada esperanzada. Son las puertas del consultorio médico, la oficina de trabajo social, el despacho jurídico, el espacio de psicoterapia, el trabajo profesional especializado que permite construir nuevas formas de vida y de relación.

Al cerrar la puerta es posible dejar afuera el miedo, la angustia, las inseguridades y la violencia. Es posible recuperar un espacio propio y dotarlo de intimidad, aprender nuevas formas de solución de conflictos y disfrutar una relación de pareja basada en el respeto, la solidaridad, la confianza y, sobre todo, la equidad. Es posible construir nuevas formas de convivencia en las que el poder se mueva de un lado a otro, sin lastimar ni ofender a nadie, y en las que cada quien pueda realmente cumplir el anhelo de dar lo mejor de sí.

Introducción

M inutos después de que saliera su marido, Esperanza se dejó caer en el sillón de la sala y comenzó a llorar. No sabía cuándo se habían presentado los primeros síntomas de este malestar que no podía expresar con palabras. La sensación de no poder comunicarse era constante. ¿En qué momento habían dejado de hablarse, de intercambiar algo más que monosílabos? Sentía que cualquier cosa que ella dijera —cualquiera, desde un comentario sobre el clima hasta una sugerencia para las vacaciones— irremediablemente caía en el vacío. El silencio en la pareja era a veces tan denso y contundente que ya ni siquiera se podía cortar con un cuchillo; se habría requerido una sierra eléctrica. Las miradas de su esposo le parecían cada vez más frías, de una helada indiferencia, y se desesperaba ante esa calma que le resultaba abrumadora, aplastante. Era un hecho: todas las decisiones las tomaba él y las pocas veces que le informaba, agregaba un comentario ofensivo ("ya sé que no lo entiendes", "supongo que para ti está en chino", "esto no sale en las revistas de modas", y cosas por el estilo). La opinión de ella simplemente no contaba. Había intentado, sin éxito, mil tácticas

distintas (palabras, gritos, lágrimas, chantajes, manipulación, indiferencia fingida), se había vuelto una mujer complaciente hasta el
extremo y aun así había perdido. A escasos diez años de matrimonio, si hubiera tenido que definir su situación con una sola palabra,
ésta habría sido ABANDONO.

○ ○ ○

Diana miró el reloj de la cocina y pensó que si se apuraba, alcanza-
ría a tender la ropa y ordenar la recámara de los niños antes de
darse una ducha y salir corriendo al trabajo. Ya le había servido el
desayuno a su marido y a sus dos hijos, había tendido las camas y
encendido la lavadora, y había revisado las tareas y lavado los platos. Empezó a hacer algunos preparativos para la comida y elaboró
mentalmente una lista de cosas que tendría que comprar de regreso
a casa. Justo antes de salir, volvió a ver el reloj: eran las 7:40 y ya llevaba casi dos horas de actividad.

Mientras se maquillaba con interrupciones, aprovechando los
semáforos en rojo, pensó que estaba a punto de darse por vencida
—de aventar la toalla, para decirlo coloquialmente—, pero no atinaba
a explicarse qué significaba eso. Había intentado que su compañero
se comprometiera con el sostenimiento y cuidado de la familia,
pero todos sus esfuerzos habían sido infructuosos. Al principio,
cuando los niños aún no nacían, había tratado de que él colaborara
con las tareas domésticas, las compras básicas, la preparación de los
alimentos y los pagos de los servicios, pero él simplemente se encogía de hombros y con una sonrisa seductora decía: "¿Qué quieres?
No se me da. Mi mamá me echó a perder por completo". Tampoco
participaba en el cuidado de los hijos; su paternidad se reducía a
jugar con ellos dos horas los sábados. Finalmente, dado que Diana
trabajaba y parecía tener todo bajo control, la colaboración económica de su marido fue disminuyendo hasta desaparecer. Diana sentía
que daba vueltas y maromas para conseguir tan sólo unas migajas
de cooperación. Se veía invadida por la soledad y tenía una clara
sensación de INJUSTICIA.

○ ○ ○

Carlos encendió el motor de su vehículo y al acomodar el espejo notó su ceño fruncido. El día laboral no había estado mal, pero el solo hecho de saber que se dirigía a su casa le producía mucha tensión. "Desde que *uno* va para la casa —le había confiado a un amigo esa misma tarde— ya va pensando que se va a pelear con la mujer." Después hubo risas y una palmada en el hombro, pero ninguno de los dos advirtió lo impersonal del enunciado: ¿Quién era *uno*? Carlos pensaba que su matrimonio estaba atravesando por una situación crítica, una mala racha, pero no sabía exactamente por qué ni, lo más importante, cómo salir de ella. A veces se frotaba la frente, se rascaba la cabeza y decía con resignación que ya pasaría, pero lejos de mejorar las cosas, con el transcurrir de los días empeoraban. Estaba cansado de los reclamos y las múltiples exigencias de su esposa; se sentía muy presionado para ascender en la empresa —¡Uf... como si fuera tan fácil!— a fin de conseguir una oficina más amplia, un respaldo más alto y un cero más en la nómina mensual. Al mismo tiempo, su mujer le pedía que pasara más tiempo en casa, que conviviera más con los niños —eso sí, tranquilo y de buen humor— y que asumiera varias responsabilidades domésticas. Ella se enojaba si le notaba aliento alcohólico o si llegaba tarde a casa. Y él, de manera inevitable, estallaba a la menor provocación. Se sentía aturdido con preguntas, peticiones y quejas, y abrumado con la exigencia de resolverlo todo. A esa sensación de hartazgo, se sumaba de manera indubitable la IRA.

◯ ◯ ◯

Soledad se sorprendió una mañana clara interrogando a un espejo empañado que, de manera fragmentaria, le devolvía la imagen de un pómulo morado, un labio hinchado y enrojecido, y una expresión de tristeza que jamás imaginó como suya. Tocó su rostro con cuidado, como si no le perteneciera, y escuchó de su propia boca las explicaciones que siempre había rechazado: "No sé por qué estaba tan enojado, pero seguramente se le pasará. Tiene muchas presiones en el trabajo y no sabe cómo manejarlas. Tal vez yo hice algo que lo provocó, pero... bueno, no es tan grave... digo, si sólo ocurre una vez. Es que perdió el control y yo tampoco supe qué hacer. Mi marido no es así. Lo importante es que nos queremos y juntos vamos a salir de ésta". Es innecesario anotar que todo esto lo iba diciendo atropelladamente y secando las lágrimas en las pestañas, para que no llegaran a las heridas.

Desde que formuló el primer enunciado, Soledad sabía que estaba tejiendo una red de autoengaños y que tarde o temprano la verdad caería por su propio peso. Sin embargo, en ese momento, necesitaba aferrarse a algo —cualquier cosa, incluso una mentira— para no hundirse en una depresión que la arrojara a la cama durante varios días. Se arregló el cabello con esmero y eligió el tono de maquillaje más adecuado para disimular los golpes. Al terminar, dirigió una última mirada esperanzada al espejo. Su sentimiento era claramente de HUMILLACIÓN.

◯ ◯ ◯

Estas breves historias de Esperanza, Diana, Carlos y Soledad, y muchas otras que probablemente recordamos al leerlas, nos hablan sin titubeos de sensaciones de abandono, injusticia, ira y humillación. Sin duda, en estas relaciones de pareja se ha generado una gran incomodidad, un malestar profundo que tiene múltiples matices. A veces, como en el caso de Esperanza, lo que prevalece es una sensación de impotencia ante un conflicto que no puede definirse con exactitud y ni siquiera hablarlo en voz alta. En el otro extremo, está Soledad, adolorida por un puñetazo que jamás pensó recibir —y menos de un marido que siempre había sido tan dulce y cariñoso—, tratando de sobreponerse a una situación que claramente la rebasa. Entre ambas historias hay muchas variantes que también producen incredulidad y enojo, hartazgo y resentimiento, molestia y dolor; los pasajes de Diana y Carlos son sólo algunos ejemplos. La comunicación, como la luna nueva, brilla por su ausencia. Mientras tanto, siguen acumulándose infamias y rencores en un laberinto cada vez más intrincado: las palabras dejan de producir eco al ser sustituidas por gritos contundentes, el silencio se impone sin concesiones, al primer golpe siguen otros cada vez más frecuentes y más intensos, y al avanzar a ciegas, buscando inútilmente una luz al final del túnel, cada tropezón revive el escozor de antiguas y nuevas heridas. Las lágrimas humedecen las almohadas o se condensan en horribles pesadillas. No se ve la salida. Todo parece un caos, un pantano insalvable.

La vida en pareja es algo sumamente complejo. No corresponde con los finales siempre felices de los cuentos infantiles, con los sueños e ilusiones adolescentes, ni con las esperanzas de una vida dichosa y apasionada que muchos jóvenes llevan a su boda. ¿Por qué? ¿Cómo podemos explicar estas disparidades? ¿Qué pasa en la vida de una pareja que destruye ilusiones y destierra alegrías? ¿En dónde quedan los sueños del noviazgo de tener un amor único y verdadero para toda la vida? ¿En qué momento y por qué desaparecen las miradas de "borrego a medio morir" y las manos tiernamente enlazadas? ¿Cuándo se dejan de lado los planes para un futuro prometedor y en su lugar se instala la resignación ante una rutina áspera, incluso desquiciante? ¿Por qué las palabras ceden paso a los regaños y manotazos? ¿Cómo es que la violencia se instala en la pareja y despliega todo un abanico de manifestaciones? ¿Y por qué continúa la vida en común? ¿Qué significa todo esto en la vida de las mujeres? ¿Y en la de los hombres? ¿Es posible —¡y realista!— pensar en un cambio?

Éstas y algunas otras preguntas guían las reflexiones contenidas en este libro. Cuando un hombre y una mujer establecen una relación de pareja (haya o no matrimonio, y a veces aunque no vivan juntos), se abre ante ellos una amplia gama de posibilidades que incluyen la amistad, el amor y, aunque la sola palabra nos ponga la carne de gallina, también el odio. Así, en muchos casos es posible observar cómo, al cabo del tiempo, se fortalecen los vínculos de solidaridad, afecto, cariño, confianza y camaradería. El planteamiento parece idealista, pero en realidad es posible construir un lazo de confianza y nutrirlo con una buena comunicación y el ánimo de compartir y comprender. Habría que subrayar —y lo haremos de manera reiterada en las páginas que siguen— la palabra *construir*; no hay nada dado de antemano, todo se va generando en la cotidianidad y, como cualquier otra construcción, requiere mantenimiento continuo. Existe también la posibilidad de que la relación de pareja se reduzca precisamente a una buena amistad.

Por otra parte, es posible encontrar parejas vinculadas por un amor profundo, en toda la extensión de las palabras, en el que se combinan los sentimientos y el deseo erótico. También, parece idealista, pero la gran mayoría de las parejas conoce por lo menos una etapa en la que no existe algo más gratificante que convivir con la persona amada y compartir con ella diversos aspectos de la vida, incluida por supuesto la sexualidad. Lo que sí suena idealista es que esa sensación se pueda prolongar indefinidamente; el amor, igual que la amistad, se construye y alimenta en la vida diaria.

Al hablar de sentimientos amorosos, conviene hacer algunas precisiones. En primer lugar, es muy frecuente confundir la pasión —el deseo incontenible, el arrebato, el placer erótico— con el amor, que es un sentimiento mucho más profundo y que se refiere a la persona en su totalidad; más allá del arrobamiento inicial, el amor se edifica sobre la afinidad, los gustos compartidos, los proyectos en común, el simple placer de estar con la otra persona y la atracción y compatibilidad sexual. Se trata, pues, de cosas distintas que en modo alguno son excluyentes; la pasión es un ingrediente fundamental del amor, pero no el único. La segunda aclaración se refiere al carácter omnipresente que se le ha conferido al amor; existe una gran variedad de comportamientos que pretenden justificarse en su nombre. Así, vemos cotidianamente celos excesivos, control, interrogatorios pormenorizados, prohibiciones, reclamos, etc., y todo en nombre del amor. También, hay que tener presente que el amor coexiste con otros sentimientos y actitudes (por ejemplo, el egoísmo, la arrogancia, la timidez, la sensación de inferioridad) y que no tiene efectos mágicos: un hombre alcohólico seguirá siendo alcohólico aunque esté enamorado y sea correspondido; y lo mismo puede decirse de cualquier persona, con las virtudes y defectos que tenga.

Por último, hay parejas que establecen y mantienen una dinámica muy destructiva, cuyo telón de fondo es la más absoluta incomunicación. La incomprensión echa raíces y se extiende en un silencio que denota indiferencia, desinterés y condena. En ocasiones, este silencio sólo es interrumpido con insultos, humillaciones, burlas y reclamos. De las ofensas y la descalificación a los golpes sólo hay un paso. Y una vez que la violencia física se instala en la relación, es muy difícil que las cosas cambien —aun cuando exista la voluntad genuina de ambas partes para lograrlo— si no se cuenta con apoyo especializado. Además, cuando hay maltrato, se vive un aislamiento progresivo; hay una incapacidad para comunicarse y pedir ayuda, incluso a las personas más allegadas. El encierro, real o virtual, tiene graves consecuencias. La más inmediata es que se vuelve cómplice de la violencia.

Esta obra pretende abordar, de una manera clara y sencilla, lo que ocurre en una pareja *al cerrar la puerta*, en ese espacio privado que tiene múltiples significados: lo íntimo, lo secreto, lo inaccesible, lo ignorado y rechazado, lo cálido, lo propio.

La trampa de la intimidad

Al cerrar la puerta es posible disfrutar un espacio íntimo, gozoso y cálido. La noción de intimidad remite a la idea del nido de amor, tan ensalzado por músicos y poetas. Un lugar íntimo brinda seguridad y bienestar; proporciona un remanso de paz, un refugio del mundo exterior y, por lo tanto, la posibilidad de rechazar —aunque sea momentáneamente— sus normas, sus ritmos, sus exigencias. Así, al llegar a lo íntimo del hogar, una persona puede quitarse los zapatos, aflojarse la ropa y hacer lo que le plazca sin tener que preocuparse de qué dirán los demás.

Si es una pareja la que tiene un espacio íntimo, cada cual puede disfrutar de la presencia, la cercanía, la calidez, las caricias, la solidaridad y la entrega del otro sin intromisiones de ninguna índole. Es común observar que las parejas jóvenes, cuando apenas inician su vida en común, insistan en tener un espacio propio. "Casados" —se dice— significa casa de dos. O también "el casado casa quiere". Muchas mujeres que han tenido que pasar una temporada con sus suegros refieren lo difícil que puede resultar la convivencia —aun cuando las condiciones sean buenas en general— precisamente por la falta de intimidad. También, los varones experimentan esa incomodidad y anhelan convertirse, lo más pronto posible, en el hombre de la casa.

Sin duda, toda pareja necesita intimidad, pero la otra cara de la moneda puede ser engañosa. Al cerrar la puerta, se siente la soledad, sea para disfrutar un momento agradable o para padecer uno penoso. En la intimidad, queda lo que no será visto ni escuchado por otros: las frases cariñosas y las palabras soeces, los abrazos y los empujones, las expresiones de afecto y las de rechazo, las caricias y los insultos, la ternura y la amargura, los besos y los golpes. Es un arma de doble filo; se goza, pero también puede padecerse. Ésa es la trampa de la intimidad: muy sutilmente puede convertirse en encierro. No sólo permite callar, sino que obliga al secreto. Si nadie se entera de lo que ocurre entre cuatro paredes, tampoco será fácil encontrar una mano amiga, un hombro solidario.

Para una pareja que vive una relación amorosa intensa, o por lo menos en convivencia armónica, *cerrar la puerta* será siempre la posibilidad de estar a solas, porque en cualquier momento podrán decidir cuándo, en qué condiciones y a quién abrirla. En cambio, cuando se ha instalado el maltrato, parece que la cerradura se traba y que ya no es posible lanzar señales al exterior ni recibir retroalimentación alguna. La intimidad se transforma en un búnker de silencio: rígido, impenetrable.

Un asunto privado

Todo lo que sucede al *cerrar la puerta* del hogar es un asunto privado. Escuchamos esta afirmación continuamente y de formas variadas, desde el dicho tan conocido que previene que "la ropa sucia se lava en casa", hasta consejos más sutiles en torno a la discreción, a fin de que cada pareja resuelva sus propios asuntos. Esto tiene varias consecuencias que, por lo general resultan negativas e incluso dañinas para quienes viven una situación de maltrato. En primer lugar, las personas más cercanas (la familia de origen, las amistades previas al matrimonio, los compañeros de trabajo, los vecinos) no quieren enterarse de los golpes, las humillaciones, los gritos y los llantos que se producen al otro lado de la puerta; no quieren registrar esa violencia y prefieren pensar que es algo ajeno. No querer ver ni oír puede resultar más cómodo o más seguro. Y de ahí deriva la segunda consecuencia: no comprometerse. Si no se escucha siquiera un gemido, mucho menos se escuchará una solicitud de ayuda. No enterarse significa también no involucrarse, no participar del problema ni tampoco de la solución.

Finalmente, debemos señalar que esta actitud de desviar la mirada y encogerse de hombros no es exclusiva de las personas que rodean a la pareja. Alcanza también a las instituciones. En realidad, es muy reciente la creación de oficinas gubernamentales —centros de apoyo psicológico y asesoría legal, refugios, líneas telefónicas de emergencia— cuya finalidad es prevenir la violencia familiar y proporcionar atención especializada a víctimas y agresores. Durante muchos años se pensó —y, como veremos, la idea no ha sido del todo eliminada— que lo que ocurriera adentro de la casa, incluyendo casos extremos de violencia, era un asunto privado en el que nadie, mucho menos el Estado, podía ni debía intervenir. Se trata de una reminiscencia que muchos países latinos conservan del derecho romano, el cual, en relación con la familia, se limitaba a regular las cuestiones patrimoniales (dotes, administración de bienes, herencias y legados) y dejaba que cualquier otro asunto fuera resuelto por el *pater familias*. Es ampliamente conocido que estos personajes ejercían un poder ilimitado, al grado de que podían disponer incluso de la vida de sus esposas, descendientes y esclavos.

Aun en la actualidad, cuando existe una conciencia cada vez más clara de los nocivos efectos del maltrato, es frecuente que las puertas de las instituciones —que son las encargadas de brindar apoyo, recibir denuncias, velar por el bienestar familiar— simplemente se cierren ante una petición de ayuda. En general, hay que tocar varias puertas antes de encontrar una escucha atenta y respetuosa, un consejo imparcial y sin prejuicios, y un apoyo cálido y desinteresado.

Las otras puertas

Una puerta se cierra para gozar del amor y la intimidad, pero a veces esa misma puerta impide salir para pedir ayuda. En otras ocasiones, son las puertas de las instituciones las que se van cerrando ante cada solicitud de apoyo. Pero también están las otras puertas, las que se cierran por dentro con una suavidad que nos devuelve la esperanza de reencontrar la seguridad del espacio íntimo. Así, tenemos la puerta del consultorio médico, donde después de una revisión cuidadosa y las preguntas necesarias, se puede identificar cada lesión junto con la causa que la produjo y el nombre completo del agresor. Encontramos también la puerta del despacho jurídico, donde pueden conocerse las opciones legales más confiables y seguras en cada caso y los tiempos reales de los procedimientos. Está la puerta del consultorio de psicoterapia, donde es posible recibir apoyo para elaborar el plan que permita construir —de nuevo la palabra inevitable— otra forma de vida más segura y más plena.

Finalmente, está la puerta que habrá de cerrarse para dejar fuera cualquier expresión de maltrato, desde la agresión verbal disfrazada de broma inocente, hasta el uso de armas de fuego. Como veremos, el proceso no es lineal ni sencillo, pero sí es posible.

En las páginas que siguen, haremos un recorrido por diversos espacios —es innecesario subrayar que casi siempre a puerta cerrada— para ver cómo se construye una relación de pareja proclive a la violencia y cómo puede erradicarse ésta. Empezaremos en la infancia, a fin de recordar que, desde la edad más temprana, se asignan roles y tareas diferentes a los niños y a las niñas, y las consecuencias de este trato desigual. Paso a paso, se van conformando esquemas de relación que, al cabo del tiempo, dan como resultado hombres abusadores y mujeres deseosas de complacerlos. El proceso es tan suave, está tan extendido y se realiza de manera tan continua, que ni siquiera se percibe como un patrón de desigualdad, y mucho menos de violencia. Hombres y mujeres consideran como naturales muchas expresiones de maltrato sólo porque no hay golpes, y siguen vigentes los modelos de educación y socialización diferenciados por género.

En el segundo capítulo, veremos la dinámica del noviazgo y cómo desde las primeras citas puede haber señales de actitudes de control y dominación, las cuales pueden derivar a su vez en una relación de violencia. Es importante identificar y atender estas señales.

En el tercer capítulo, analizaremos cómo se va conformando la cotidianidad de la vida en pareja, cómo se fortalecen los roles de género aprendidos desde la infancia y reforzados en la adolescencia, y cómo se afianzan las actitudes de control —sobre las decisiones, el cuerpo, la sexualidad— que se gestaron en el noviazgo. En particular, analizaremos el control del dinero como un elemento clave para entender que muchos conflictos pueden desembocar en violencia. En el cuarto capítulo, el panorama planteado nos permitirá abordar los diferentes rostros del maltrato: emocional, sexual y físico.

Posteriormente, veremos las consecuencias que genera la violencia tanto en la vida de las mujeres como en la de los hombres, así como las dificultades para salir de la relación. Por último, comentaremos las posibilidades reales para desterrar la violencia y construir relaciones más equitativas, con formas más saludables y efectivas de resolver conflictos. El proceso no es fácil, entre otras cosas porque no se trata de patologías personales sino de modelos sociales de relación y, por lo tanto, son esos modelos los que deben ser cuestionados y desafiados. Tampoco es imposible lograr un cambio; vale la pena tener en mente que no hay nada inamovible, que todo es construido y, por lo tanto, puede ser modificado.

Para finalizar, conviene aclarar que las historias utilizadas para ilustrar diferentes aspectos de la vida en pareja, con énfasis en la violencia, son ciertas en su totalidad. En otras palabras, todo lo que aquí se cuenta ocurrió en realidad. Es difícil elegir, entre tantas y tantas vivencias de maltrato, unos cuantos episodios que permitan dar cuenta de la complejidad de ese mundo extraordinario que es la vida en pareja. Además, si bien cada historia es única, es posible advertir rasgos comunes que nos hacen pensar en patrones sociales de comportamiento; de otra manera, las historias no servirían. Con todo esto en mente, la solución adoptada fue delinear ocho personajes principales —es decir, cuatro parejas— que reúnen las características fundamentales de las relaciones que vamos a abordar. Así, por ejemplo, el relato de Diana no corresponde a una sola persona cuyo nombre se haya modificado, sino a varias, cuyas vivencias similares y complementarias permiten armar un relato único.

Una vez hecha esta aclaración, deseo expresar mi agradecimiento a todas las mujeres y a todos los hombres que en diversas circunstancias me confiaron sus malestares y alegrías, su dolor y sus esperanzas.

Las relaciones familiares y los mandatos de género

l conjunto de expectativas que se formulan desde que nace una persona —y a veces desde antes, cuando se tiene noticia del embarazo— varía sensiblemente según se trate de una niña o de un niño. Es muy común hablar del rosa y del azul, pero el tema va mucho más allá de los colores y la decoración de las habitaciones. Los consejos, las enseñanzas, los comportamientos que se permiten o se prohíben y hasta los gustos que se van inculcando desde que las criaturas son lactantes, son muy diferentes.

En un experimento, se le mostró a un grupo de personas adultas un bebé vestido de azul; como es de suponer, el grupo dio por hecho que era un varoncito y le dijeron cosas como "¡Qué niño tan fuerte!", "¡Y cómo mueve las piernas, va a ser futbolista!", "¡Uy, parece que está enojado!" En la segunda fase, al mismo bebé lo vistieron de rosa y las reacciones fueron muy distintas; cambiaron las expresiones, el tono de voz y hasta los gestos se hicieron más delicados: "¡Mira qué muchachita tan tierna!", "¡Qué mirada tan dulce!", "¿A quién le estás coqueteando?" Si era niña o niño es un dato irrelevante; lo que vale la pena destacar es cómo cambian los mensajes (verbales y no verbales) y las cosas tan distintas que se esperan de uno y otra. Este trato diferenciado se produce incluso en ambientes familiares que se consideran igualitarios.

En las páginas que siguen, vamos a ver algunos mandatos de género que se producen y se extienden de una manera tan suave y reiterada en la vida cotidiana, que acaban por cubrir con un manto de naturalidad las relaciones entre hombres y mujeres. Entonces, pensamos que las cosas son como son porque no pueden ser de otra manera, y se nos olvida que en realidad las estamos construyendo. Posteriormente, vamos a ver en qué consiste la figura del jefe de la casa, con sus exigencias y prerrogativas, y a partir de estas reflexiones, abordaremos el tema del matriarcado, un mito tan difundido como persistente, pero en el fondo bastante frágil.

Las siguientes historias ilustran las vivencias infantiles. Dejemos la palabra a Luis y a Sofía, dos jóvenes urbanos contemporáneos.

Desde la más tierna infancia

Cuando era niño, aprendí que no podía estar quieto. No digamos un día entero, una sola mañana sin correr era impensable. Desde el amanecer, empezaban los juegos, las más de las veces solo, porque mi hermana Sofía pasaba horas en la cocina con mi madre, le ayudaba a doblar la ropa o jugaba a cosas que yo nunca entendí. Yo formaba mis soldados, alineaba las tropas y hacía estallar una guerra; organizaba una excursión por mares y montañas que mi imaginación colocaba entre la sala y el pasillo, o me refugiaba en la cueva que creaba bajo la mesa del comedor; además, tenía casas y puentes armables de juguete, una gran colección de carritos, un caballo hecho con el palo de una escoba y muchos otros objetos que simplemente eran juguetes potenciales.

Sin duda, lo mejor era el recreo. Correr por el patio escolar, que siempre me pareció enorme, con el aire fresco de la mañana en la cara, era el momento más feliz del día. Cambiaban los personajes —policías y ladrones, indios y vaqueros, buenos y malos— pero fundamentalmente era lo mismo: correr sin parar, moverse a toda velocidad. No importaba si me había tocado perseguir a alguien o evitar que me atraparan. Tampoco importaba quién ganaba y quién perdía. Al final, todos estábamos igual, agotados pero contentos.

En esa época, aprendí que muchas cosas del mundo de mamá estaban vedadas para mí. Yo la veía arreglarse frente al espejo con un esmero que me daba curiosidad y, aunque me cuesta reconocerlo, también un poco de envidia. Sus frasquitos de colores me parecían líquidos mágicos, me fascinaban sus cremas de diferentes aromas y texturas, así como su extenso equipo de maquillaje: polvos, brochas, labiales, sombras y rubores. La ilusión de compartir el instrumental duró tan sólo una salida de casa.

Yo tenía cuatro años la única vez que me atreví a pedirle un cosmético a mi mamá. Vi sus uñas color carmesí y me fascinaron; estaba seguro de que causaría sensación entre mis amigos. Llegué al jardín de niños, abanicándome en una actitud de clara presunción. Me sentía soñado. Sin embargo, el gusto fue muy efímero, pero la vergüenza perduró. La maestra me llevó con la directora y me regañaron en serio, con el tono que utilizaban cuando alguien había hecho algo realmente grave. Me frotaron las uñas con fuerza y me advirtieron que no debía pintarme nunca más. Entonces, aprendí que los niños no podíamos maquillarnos ni disfrutar los cambios que va teniendo un rostro decorado con sombras y brillos.

Aprendí también que si algún niño sentía gusto por los cosméticos, los juegos de té o las muñecas, era tachado de raro. Y en ese contexto, raro quería decir afeminado, y afeminado era un insulto. Además del rechazo y las burlas de los amigos, las miradas furtivas de las niñas y las risas de todos, había una gran preocupación. Las maestras se alteraban y el asunto llegaba hasta los padres, o más bien, las madres de familia. Nunca entendí por qué el hecho de que las niñas quisieran jugar con soldados o carritos no era tan grave como el hecho de que los niños quisieran maquillarse o cocinar.

Yo siempre tuve cuidado de no ser afeminado. Para ello, había que alejarse de las niñas. A veces, alguna maestra intentaba juntarnos, pero era aburrido y a nadie le interesaba. Ellas no corrían igual ni veían los mismos programas que nosotros; no sabían jugar fútbol, les daba miedo que la pelota les pegara en el rostro, que alguien les diera un puntapié o un codazo y lloraban por cualquier cosita. Y claro, cuando un niño se quejaba porque lo habían lastimado, porque le habían metido un gol o su equipo había perdido, de inmediato, le decíamos que parecía niña. Para un niño, no había nada, absolutamente nada, que le ofendiera más que eso. Hasta el más debilucho de los compañeritos era capaz de encenderse de ira y descargar un puñetazo contra el que le dijera que parecía niña. O peor aún: "vieja". Las "viejas" eran las mujeres de cualquier edad o condición: la maestra o la directora, las madres de familia, la señora que vendía golosinas a la salida, la empleada de la papelería, pero sobre todo las niñas, las que iban a la misma escuela, que muchas veces sacaban mejores calificaciones que nosotros y a quienes nunca llamaríamos compañeras.

Nunca me pregunté de dónde venía todo ese desprecio por las mujeres y lo femenino. Es más, pasaron muchos años antes de que pudiera verlo como desprecio. Al igual que la mayoría de los niños, jugaba con mis amigos, formaba equipo con ellos, me cuidaba mucho de no llorar ni mostrar debilidad para que no me dijeran que parecía niña, y me burlaba de los chillones, los miedosos, los débiles, los mariquitas. También, me echaba a correr a toda velocidad cuando alguien gritaba "vieja el último". Correr. Correr. Eso era la vida. No detenerse un solo minuto.

○ ○ ○

Curiosamente, cuando era niña lo que tuve que aprender y recordar en todo momento fue eso, que yo era *una niña*. Me lo repetían todo el tiempo. Cada vez que quería correr, brincar, subirme a un árbol, echarme en el arenero, trepar en la araña metálica del parque y hasta darme vuelo en el columpio, escuchaba esa frase que parecía tener un contenido que se explicaba por sí solo: "Eres una niña". Lo escuché sobre todo de mi madre y de mi abuela, pero también de las educadoras y maestras, y hasta de alguna empleada doméstica. Poco a poco, fui aprendiendo lo que eso significaba. Ser una niña se refería a todo un catálogo de conductas, un deber ser y un no deber ser, lo que se esperaba y estimulaba, y lo que se rechazaba o de plano se prohibía.

Tengo tres años. Es mi primer día en el jardín de niños y siento víboras en la panza. Hay una mezcla de excitación, timidez y nerviosismo que me hace tartamudear, me llena de sudor las manos y hace que el rubor suba hasta las mejillas. Mi madre me deja en la puerta, y con una caricia en el cabello me dice que voy a estar bien, que voy a tener nuevos amiguitos y que me voy a divertir. Rápidamente, descubro que las cosas no son tan sencillas; la maestra separa a las niñas de los niños y, además, insiste en las diferencias: las niñas debemos ser más delicadas y dibujar flores y mariposas (no los monstruos que aparecían en la tele), colorear sin salirnos de los bordes y recortar con mucho cuidado. Parece que por ser niñas debemos tener una mayor habilidad manual y gustos orientados a "lo bonito". Suena el timbre y los gritos por el júbilo del recreo llenan el salón. Y aquí llega una nueva advertencia. Los niños pueden salir; las niñas se quedan unos minutos para ayudar a la maestra a recoger el material y preparar la siguiente actividad. Cuando salimos al patio, los niños corren sudorosos de un lado a otro, felices, dueños del espacio. Me gustaría formar parte de ese grupo y explorar cada rincón del jardín, los pasillos, las escaleras y los salones... pero soy una niña.

Encuentro a varios chicos que tienen una bolsa de canicas y me uno a ellos. Hacemos surcos en la tierra, dibujamos círculos de distintos tamaños y acordamos reglas sencillas. Antes de terminar el juego, les ofrezco llevar mi colección al día siguiente; tengo más de 20 canicas de distintos tamaños y colores. Empiezo a describirlas, cuando una de las educadoras, con dulzura y a la vez con firmeza, me dice que ése no es un juego para niñas. Me regaña por haberme llenado de tierra las manos y las rodillas, por haber ensuciado el vestido y los zapatos y, sobre todo, por jugar con los niños. Yo soy una niña.

A la hora de la salida, vuelve a sonar el timbre y de nuevo me siento feliz, pero ahora ya sé que antes de correr hacia la puerta, tengo que ayudar a recoger el material, a poner en su lugar las sillas y las mesas, y a guardar las cosas en el estante.

Un solo día en el jardín de niños y ya existía un malestar al que no sabía cómo nombrar. Cada día posterior era una suerte de reiteración: las niñas debíamos ser ordenadas y limpias, teníamos que ayudar a la maestra a acomodar las cosas y, lo que me resultaba más inexplicable, no debíamos correr, sudar ni ensuciarnos. Teníamos que estar sentadas con las piernas juntas, muy modositas, y jugar a la comidita, a las muñecas y cuando mucho a la matatena. En otras palabras, se trataba de imitar el mundo de mamá —un mundo muy estereotipado, ahora lo comprendo— y hablar, hablar, hablar... Lo que no podíamos hacer era actuar. Eso estaba reservado a los niños. Además, la ropa que nos ponían correspondía claramente a esos mandatos. ¿Cómo iba a poder correr si traía un vestido de moño y unos zapatos con suela de cuero y una correa que me apretaba el tobillo? Y encima usaba un peinado sostenido con gel y otros dos moñitos en las trenzas.

Aún no cumplía cinco años y ya tenía claro lo que significaba ser una niña. Al igual que muchas otras chicas, envidiaba las prerrogativas de los varones y me sentía impotente, me daba mucho coraje que se nos impusieran tantas limitaciones y que siempre tuviéramos una responsabilidad extra. Sin embargo, con el tiempo, me acostumbré. Y no sólo eso. Llegué a pensar que las cosas eran así por naturaleza, que esa división de tareas que a los cuatro años me parecía tan extraña, de alguna manera era inevitable y que ni siquiera tenía caso pensar en algo diferente.

○ ○ ○

Cuando era niño, aprendí que debía ser valiente. Y ser valiente tenía varios significados. Para empezar, no quejarse. Ya les conté cómo nos burlábamos de los niños que lloraban o hacían pucheros. Nadie quería estar entre los cobardes, los miedosos, los gallinas. El valiente permanecía de pie, veía de frente y estaba dispuesto a llegar a los golpes, aun sabiendo que el contrincante era más fuerte, más corpulento o más agresivo. Ser valiente era no quejarse por el dolor físico, fuera éste resultado de una caída, de un golpe accidental o intencional o de un tropiezo. Era difícil, pero se lograba apretando los dientes y echando mano de toda la concentración posible para reprimir las lágrimas.

Ser valiente era tampoco quejarse por el dolor emocional, que en la infancia podía provenir del rechazo de los amigos, la expulsión temporal de la pandilla, la burla de los compañeros o la pérdida de algún objeto querido. También, esto era difícil: encogerse de hombros, fingir indiferencia, decir que no importaba nada y enseguida enfrascarse en otra actividad.

Finalmente, estaban conjuradas las quejas por los golpes que recibía el orgullo. Caerse de la bicicleta, por ejemplo, era bastante peor si ocurría en público, y especialmente si ese público estaba formado por niñas; la vergüenza era agobiante. Fallar un tiro penal en el fútbol, ser el último en una carrera o reprobar un examen eran retos a la valentía. ¿Qué hacer en estos casos? Tratar de no llorar y de que no se asomara siquiera un atisbo de incomodidad o vergüenza. Algunos lo lograban; a otros nos delataba el rubor, el tartamudeo o un nudo en la garganta. No quejarse era una parte difícil del ser valiente que había que sostener cotidianamente.

Y si no podíamos quejarnos de lo que nos ocurría, menos aún de lo que estaba por venir. En otras palabras, ser valiente significaba no tener miedo, o por lo menos dominarlo. Es difícil saber, aún ahora, dónde acaba el control y empieza a desbordarse el sentimiento. A fuerza de reprimir y negar el miedo, nos convencemos de que no lo sentimos. Y de ahí a creernos invulnerables no hay más que un paso. En la infancia, el miedo provenía de los exámenes, las competencias deportivas, los encuentros no siempre amistosos con otras pandillas, las travesuras y maldades. Al entrar en la adolescencia, se perfilaba la necesidad de ser aceptado por el grupo. Si algo nos atemorizaba era el rechazo de los amigos, porque eso significaba ser todavía muy infantil o parecer niña. Y por supuesto que todos queríamos ser hombres. En esta proeza de volvernos hombres, manteníamos a raya el miedo —que no se notara nunca— y asumíamos riesgos que ahora parecen absurdos. Por ejemplo, saltar al pasto desde una altura de dos metros y medio, entrar en bicicleta a una vía rápida, colgarnos de la parte de atrás de un camión o trolebús para no pagar boleto (lo que coloquialmente se llama "ir de mosca"), o echarnos a la piscina desde un trampolín aun sin saber nadar.

Había otras actividades que hacíamos sólo porque estaban prohibidas (por ejemplo, robar cualquier cosa de la tienda) y otras más que eran francas groserías, pero que en los adolescentes se veían como algo normal: gritarles cosas a las muchachas, burlarnos de los viejitos, imitar con sarcasmo los ademanes de las señoras y reírnos de los discapacitados. Ni por error se nos ocurría desafiar a hombres adultos ni confrontar a muchachos mayores que pudieran responder agresivamente. Andábamos en busca de una identidad, pero no éramos tontos.

Ahí precisamente estaba la última característica de la valentía: la rudeza. Ser valiente significaba no temer a los golpes, estar dispuesto a dar y recibir y, sobre todo, a guardar silencio sobre cualquier trifulca.

En síntesis, ser valiente significaba no quejarse nunca, no tener miedo de nada, ser intrépido y ser rudo. Con todo eso, cualquiera de nosotros podía recibir el calificativo de macho, que escuchábamos como el mejor elogio posible. ¿Las niñas? No nos preocupaban ni remotamente. Ni siquiera las tomábamos en cuenta. La vida —la nuestra, esa que estábamos descubriendo a cada paso— estaba en otra parte. El mundo nos pertenecía. Y todavía habrían de pasar varios años antes de que las mujeres nos interesaran realmente.

○ ○ ○

Cuando era niña, aprendí que los niños —y en general los hombres— eran mucho más importantes para nosotras de lo que nosotras seríamos jamás no sólo para ellos, sino para nosotras mismas. Parece un juego de palabras, pero para la mayoría de la gente, ahora lo sé, es claro como el agua. Los hombres son importantes para sí mismos y, sobre todo, para las mujeres en muchos sentidos, que varían a lo largo del ciclo vital, pero que están siempre presentes. Las mujeres, en cambio, no somos tan importantes para ellos y ni siquiera para nosotras mismas. Y eso es algo que podemos advertir desde la más tierna infancia. Ya les conté cómo fue mi primer día en el jardín de niños y cómo las niñas aprendimos a ayudar a las maestras y *atender* a nuestros compañeros. Pero esta situación era más marcada en casa.

Para empezar, y con el tiempo aprendí que era una tarea interminable, estaban los trabajos domésticos. Desde muy chica aprendí a tender la cama, a recoger la ropa sucia y meterla en el cesto, a ordenar mi cuarto, a poner y levantar la mesa, y a sacudir los muebles. Después, me enseñaron a barrer, a trapear, a lavar los trastes y alguna ropa, y por último, aprendí a cocinar. Sin duda, todas estas habilidades han sido particularmente útiles en mi vida adulta, pero desde niña me he preguntado por qué sólo a las niñas nos enseñaron —con esmero, dedicación y la correspondiente dosis de regaños— los quehaceres domésticos, en tanto los niños disfrutaban de una libertad que yo, al igual que muchas de mis compañeras, francamente envidiaba. No me llevó mucho tiempo entender las razones más aparentes, aunque sigo sin llegar al fondo del asunto. Las mujeres tenemos que aprender una serie de tareas *para* atender a los hombres.

A los ocho años, yo debía tender mi cama y ayudar a mi mamá a tender la de mi hermano Luis antes de ir a la escuela. Debía recoger los platos del desayuno y dejarlos en el fregadero; antes de comer, ayudaba a poner la mesa y, por supuesto, a servir. Después, recogía la mesa y lavaba los platos, turnándome con las otras mujeres.

A los diez años, además, tenía que colaborar con la limpieza de la casa dos veces por semana, tender la ropa, lavar algunas prendas a mano y ayudar en la cocina. A los doce, ya tenía asignadas tareas de costura. Y así sucesivamente. A cada momento, aprendía algo nuevo y con el aprendizaje venía aparejada una nueva función.

En las casas de mis amigas, había ligeras variaciones, pero en el fondo era lo mismo. Algunas chicas tenían que tirar la basura, hacer pequeñas compras para la comida o asear el espacio de la mascota; otras ayudaban a cuidar al bebé o a la abuelita que vivía en casa; otras más lavaban la ropa u ordenaban los armarios. Sí. Había cierta variedad, pero la constante era la misma: el trabajo de la casa era un asunto de mujeres o, como decían los hombres, "era cosa de viejas". A los diez años, ya tenía bastante claro que el funcionamiento del hogar era responsabilidad nuestra. Era una responsabilidad que, como todas las tareas desempeñadas por mujeres, los hombres simplemente menospreciaban. Hay que decir que en este punto siempre había alguna ambigüedad. Muchas veces mi padre festejó el platillo que mi madre había preparado, elogió cómo habíamos puesto la mesa y dijo que gracias a nosotras —sus mujercitas— la vida era buena y él era feliz. Otros hombres de la familia agradecían nuestras atenciones. Sin embargo, no eran capaces de mover un dedo para acomodar su ropa, lavar un plato, calentar un guisado o servirse un vaso de agua. Si no lo hacían para sí mismos, mucho menos para alguien más. En otras palabras, agradecían los servicios, pero a cierta distancia, porque jamás los veían como algo propio. Y había algo más: nunca lo consideraron un trabajo. Esto último lo aprendí mucho después. A mis diez años sólo sabía que era una carga de la que no había escapatoria posible.

○ ○ ○

Cuando era niño, aprendí que debía portarme bien: ser educado, tener buenos modales, pedir las cosas por favor (la palabra mágica), agradecer cualquier servicio recibido, responder con cortesía (sobre todo a los mayores), obedecer a mis padres y a mis maestros, hacer las tareas escolares, respetar a las niñas, etc. A veces, la insistencia en un determinado comportamiento —por ejemplo, bajar los codos de la mesa, usar bien los cubiertos, decir "gracias"— podía llegar a cansarme pero, en general, no era tan difícil ceñirse a las normas del buen proceder. Era más severa la presión de los amigos y las bandas. Con ellos aprendí que muchas cosas prohibidas en otros contextos eran altamente valoradas entre los compañeros. Ya hablé de los riesgos que en nuestra visión preadolescente interpretábamos como muestras de valentía. Sin llegar a esos extremos, entre amigos decíamos groserías y nos disputábamos la ocurrencia de la mayor vulgaridad; jamás usábamos frases de cortesía y hasta nuestros nombres de pila eran sustituidos por una mala palabra; entre nosotros había, por así decirlo, una gran confianza corporal: nos empujábamos, nos saludábamos con un leve puñetazo en el brazo y con cualquier pretexto soltábamos un codazo o un golpe ligero con la mano abierta. En todo esto no había violencia ni agresión alguna; era simplemente la rudeza de un grupo de niños haciéndose hombres.

Aprendí a moverme con absoluta naturalidad en dos mundos cuya dinámica era totalmente diferente. Jamás le contesté mal a una profesora y la única vez que una señora —madre de una niña de la escuela— me escuchó una grosería, enrojecí de vergüenza hasta la raíz del cabello. En cambio, con los amigos fácilmente lanzaba una ofensa a una muchacha en la calle, por lo regular en relación con su aspecto físico, celebraba con una sonora carcajada el piropo excedido de alguien más, y me salían sin sentir las malas palabras.

En la noción del buen comportamiento había también un rechazo a la violencia. El niño agresivo, iracundo e impositivo podía llegar a ser temido en algunas circunstancias, pero en realidad no era admirado. Ser violento era mal visto por todos, pero también lo era ser dejado. Mi padre me lo decía con absoluta nitidez: "Tú no busques pleito, pero si alguien te busca... que te encuentre". En otras palabras, no se valía ser violento sin una razón, pero prácticamente se exigía una respuesta violenta ante una provocación. Y como es fácil suponer, el terreno de las provocaciones era de suyo resbaloso. Había muchísimas actitudes que podían interpretarse como provocaciones, de acuerdo con el contexto y las circunstancias, pero había por lo menos dos que no fallaban: ofender a la madre y desafiar la masculinidad. No sé cuántos pleitos a la salida de la escuela se originaron por frases como estas: "La mamá de Juan está muy fea", "Tu mamá tiene una cara bastante vulgar, ¿sabes qué parece?", o bien "Te ves como marica con ese suéter", "Hablas como niña", "Mírenlo, ya va a chillar como vieja". Los pleitos a la salida de la escuela, por lo regular coreados y festejados por las pandillas de pertenencia de ambos contrincantes y algunos curiosos, formaban parte de la vida escolar. Eran relativamente comunes y nunca vi que llegaran a mayores. Además, siempre tuve la impresión de que se prohibían de dientes para fuera, pero ni la directora ni las maestras querían suprimirlos realmente. Al igual que nuestras expresiones infantiles de rudeza y los peligros que nuestra imaginación hacía crecer, los pleitos de adolescentes eran una forma más de forjar la hombría.

Por último, esa parte del buen comportamiento referente a respetar a las niñas era la más fácil de cumplir. A nadie le interesaba jugar con ellas ni incorporarlas a la banda; a veces, les pedíamos apuntes para los exámenes finales o platicábamos brevemente antes de entrar a clase. Por supuesto que las respetábamos. Nunca las tratamos mal... ni bien. Francamente, no queríamos saber nada de ellas. Vivíamos felices en nuestro club de Toby. Y ahora que lo pienso, ellas tampoco querían saber nada de nosotros; también vivían felices en su club de Lulú. Años después, entendí que el mandato de respetar a las niñas tenía una clara connotación sexual. ¿Y por qué a ellas nunca les dijeron que nos respetaran?

○ ○ ○

Cuando era niña, aprendí que ciertos modales y comportamientos eran más valorados e incluso más exigidos en nosotras que en los niños. Las niñas teníamos que ser más ordenadas, más limpias, más cuidadosas, tener mejor letra y estar de buen humor. Por supuesto, muy pocas lo lograban, y no siempre. Por ello, nunca dejé de escuchar esa famosa frase cuyo contenido se iba definiendo conforme pasaba el tiempo: "Eres una niña". Los gestos, el tono de voz y hasta la expresión corporal se endurecían sensiblemente si se percibía una falta de entendimiento o de adecuación a las normas.

Yo debía mantener mi clóset en orden, así como mis libros y útiles escolares. Debía limpiar mis zapatos, lavar mis tenis y cuidar que en los calcetines no se dibujaran líneas grises de tierra y polvo. Debía hacer la tarea con buena letra, sin tachones ni manchas, y dedicar particular esmero a las labores manuales: copiar o calcar dibujos con mucho cuidado, pegar estampas o ilustraciones, colorear hasta los detalles más finos y aprender a coser, bordar y tejer. Por supuesto, también era bien visto sacar buenas calificaciones o por lo menos aprobar los cursos sin problemas. El corolario de ser una buena niña era ser buena alumna. Cuando la maestra nos felicitaba porque alguna actividad había salido muy bien o elogiaba el comportamiento de alguna de nosotras, nos sentíamos francamente orgullosas. Si el elogio llegaba hasta la casa, la dicha era casi inigualable.

Sí. Era importante ser una niña bonita, pero era más importante ser buena y portarse bien. Esto último se traducía, para empezar, en orden y limpieza. Ya les conté que muchas veces me tocó ayudar a mi mamá a recoger las cosas de Luis, doblar su ropa, tender su cama y hasta lavar sus calcetines. Él no lo hacía porque nadie le enseñó a hacerlo y, por lo tanto, tampoco se lo exigían; según mi madre y mi abuela —y con esto me refiero también a las abuelas del mundo—, "los hombres son así", o bien "ya sabemos cómo son los hombres". En esos comentarios se tejía también una especie de complicidad; las mujeres de distintas edades podíamos hablar de los hombres como si fueran un colectivo uniforme, con una serie de características inamovibles, que podían o no gustarnos, pero que finalmente debíamos aprender a manejar, tolerar e incluso a sacarles provecho. De estas charlas con mujeres adultas, las niñas y adolescentes obteníamos diversas enseñanzas: cómo seducir, manipular, chantajear, aprovechar.

La otra parte de ser una niña bien portada era, por así decirlo, una cuestión de matiz. Había una serie de comportamientos prohibidos tanto para los niños como para nosotras, pero en diferentes grados: "Si en un niño se oyen mal las groserías, ¡imagínate en una niña!", "Está mal que los niños se peleen y lleguen a los golpes, peor, mucho peor, las niñas", "Si no aceptamos que un niño le conteste mal a su maestra, mucho menos una niña". Y la misma regla diferenciada se aplicaba por gritar, empujar a alguien, robar una golosina, hurgar en la bolsa de la mamá, mancharse la ropa, derramar un vaso de refresco, etc. Todo esto lo escuché muchas veces en mi infancia, me lo reforzaron con ahínco en la adolescencia y lo interioricé con tal naturalidad que ni siquiera me di cuenta de cuándo empecé a repetirlo, a veces directamente con palabras, y en muchas otras ocasiones sólo con una mirada de extrañeza y descalificación.

Finalmente, ser una buena niña implicaba callar. Esto tenía una faceta bastante obvia, que era tener buena conducta. Hablar en clase, por ejemplo, era mal visto en los niños, pero era peor en las niñas. Sin embargo, el mandato de callar tenía otras aristas que se relacionaban directamente con la presencia masculina. Desde la más temprana infancia las mujeres vamos siendo entrenadas para no hablar cuando hay hombres presentes. Tampoco hay muchas situaciones en las que realmente convivamos de igual a igual, pero si llegamos a estar sentados a la misma mesa para comer, o nos detenemos a la salida del cine para comentar una película, o en un descanso hablamos de las clases, es notorio cómo se repite esta lección. Los hombres hablan mucho más, con más autoridad —como si todos fueran peritos en todos los temas—, a mayor volumen y muy frecuentemente interrumpiéndose. Las mujeres escuchamos lo que dicen ellos y, si acaso hay alguna discrepancia, nos la guardamos prudentemente, la comentamos después entre nosotras o, cuando mucho, la insinuamos con timidez.

El cuadro tiene muchas variantes, pero el aprendizaje para las niñas es claro. A la postre, mujeres y hombres tenemos la convicción de que las voces masculinas están más autorizadas para dejarse oír y las femeninas tienen otra función: son voces de apoyo, de relleno (comentarios sin sustancia que se van intercalando en lo importante) y las más de las veces inaudibles.

Paralelamente, las niñas aprendemos a hablar todo el tiempo. Ya lo dije antes; mientras los niños corrían y jugaban (desde el preescolar), las niñas hablábamos sin parar. Pero a la vez aprendimos a callar. La paradoja es sólo aparente y superficial. Las niñas, las adolescentes, las mujeres adultas hablamos entre nosotras, pero callamos cuando hay hombres, ya que las conversaciones entre mujeres son despreciadas de manera generalizada: no son pláticas, son chismes.

Por último, recuerdo que cuando era niña aprendí a llorar. No sé muy bien cómo ni quiénes me lo enseñaron. Supongo que de nuevo tendría que citar a las abuelas del mundo. Sin darme cuenta, entendí que las lágrimas eran bien vistas en las mujeres, siempre y cuando siguiéramos un principio de límite y oportunidad: en qué momento hacerlo y hasta dónde llegar. A veces, basta un sollozo y un breve gemido; a veces, hay que dejar caer algunas lágrimas casi en silencio, sin darles mucha importancia; en otras ocasiones, conviene exagerar el esfuerzo por mantener la calma y seguir hablando, pero entrecortadamente, y en otras más de plano hay que llorar "a moco tendido", de manera inconsolable. Hay muchas otras variantes que se van adecuando a las circunstancias y perfeccionando con la práctica; por ello, siempre hay que recordar los límites. Si se llora con mucha frecuencia y por cualquier cosita, se pierde efectividad.

En pocas palabras, desde que somos niñas aprendemos cuándo, cómo y con quiénes usar la voz... y las lágrimas.

○ ○ ○

Las narraciones de Luis y Sofía podrían continuar con muchos detalles y matices. En realidad, hablan por sí solas, pero conviene puntualizar algunos aspectos. A los niños se les enseña una y otra vez a ser activos, valientes, decididos, responsables y autosuficientes; a las niñas, de manera complementaria, se les enseña a hablar y, sobre todo, a callar, a cumplir con las tareas domésticas, a atender a los hombres y a consultar cada paso que quieran dar. Estos aprendizajes resultan muy funcionales en sociedades muy conservadoras: alguien habla y alguien calla, alguien pregunta y alguien responde, alguien decide y alguien acata. En síntesis, una persona manda y otra obedece.

Hablamos de aprendizajes para subrayar que todo es construido; lo vemos como natural, pero en realidad lo vamos asimilando paso a paso. En el decenio de 1930, en un trabajo de campo realizado en varias comunidades de Samoa, la antropóloga Margaret Mead comprobó que las relaciones entre hombres y mujeres eran totalmente distintas a las conocidas en las sociedades occidentales, y que incluso actividades que pueden parecer resultado de un instinto, como el amamantamiento, eran realizadas de maneras muy diversas y con la participación de hombres y mujeres. Desde entonces, la investigación antropológica ha aportado sustanciosa evidencia del carácter de las relaciones intergenéricas en la familia y la comunidad; las tareas que se asignan a hombres y a mujeres varían sensiblemente según la cultura de que se trate (así, en un lugar los hombres tejen canastas y las mujeres son agricultoras, y en otro es exactamente al revés), pero la valoración diferenciada es una constante: siempre se da mayor reconocimiento al trabajo desempeñado por los hombres.

Si las funciones de las que hemos hablado fueran alternadas, si se eligieran en un clima de libertad, si se tomaran o dejaran al gusto de cada persona (independientemente de que fuera hombre o mujer), las cosas serían muy distintas. El problema que se advierte con claridad es que son rígidas y excluyentes. Los niños no pueden maquillarse, jugar con muñecas, llorar ni mostrar debilidad; las niñas no pueden ensuciarse, decir groserías, practicar juegos rudos ni hablar fuerte. Los límites son muy precisos. Por ello, hay que insistir en cómo se valora cada actividad y cómo se va aceptando el poder como algo inevitable en la cotidianidad.

Sin duda, las cosas han cambiado sensiblemente durante los últimos años. No obstante, conviene señalar dos aspectos fundamentales para entender las relaciones de pareja que se establecen en la juventud y en la vida adulta. En primer lugar, a los varones se les impide cualquier expresión de emociones que no sea mediante la ira o el enojo. Además, siempre deben estar listos para la acción. Si juntamos estos dos elementos (acción más enojo), el resultado es una clara predisposición a la violencia, sea contra sí mismos, contra otros hombres o contra las mujeres y todo lo femenino. Michael Kaufman ha profundizado en los costos, para la sociedad, las familias y los hombres, que genera esta "tríada de la violencia masculina", para decirlo con sus propias palabras.

En segundo término, a las mujeres se les enseña a atender de muy diversas maneras a los hombres; ellas viven para los demás. Aprenden a manipular y a chantajear, pero no a comportarse asertivamente ni a tomar decisiones. ¿Cuál es la consecuencia de todo esto? En la vida adulta, vemos hombres impositivos, dominantes, irascibles, y mujeres complacientes, inseguras, deseosas de aceptación.

Ya a mediados del siglo pasado, Simone de Beauvoir lo planteaba con claridad en su libro *El segundo sexo*: no será posible hablar de equidad, en ningún sentido, si las mujeres no logran afirmarse como sujetos. Y esta afirmación implica, necesariamente, ser para sí y no para otros.

A los niños se les define por oposición a los adultos, pero las exigencias se dan en positivo. A las niñas, además, se les define por oposición a los niños; ser niña significa no ser niño, y por ello las exigencias toman la forma de prohibiciones. Así, ellos saben que en algún momento serán mayores y podrán liberarse de muchas restricciones; ellas, en cambio, saben que aun como adultas tendrán que consultar, atender y pedir permiso a los hombres.

Una visión somera de este cuadro nos permite entender que, como Sofía, muchas niñas envidien las prerrogativas de sus hermanos o compañeros, que las mujeres busquen cada vez más espacios de desarrollo personal y profesional, y que las parejas de diversas edades, clases sociales y lugares de residencia, sigan prefiriendo hijos varones.

El jefe de la casa

Después de pensar en su infancia y en las cosas que seguía escuchando a diario, Sofía abrió la puerta al segundo timbrazo y se encontró con un muchacho de veintitantos años que quería hacerle varias preguntas, pero antes quiso saber su edad, para asegurarse de que la información fuera confiable. Diecisiete años. Faltaba uno para ser aceptada sin contratiempos, pero no había nadie más en casa. Unos minutos después, estaba pensativa, no porque no supiera la respuesta, sino porque nunca se había cuestionado al respecto; ni ella ni nadie, al parecer. ¿Quién era el jefe de familia? En su casa, nunca habían tenido elecciones. La idea se antojaba interesante: una fecha designada para las votaciones, dos meses de campaña, presentación de un programa de actividades y tareas a desarrollar durante la gestión, informes periódicos, rendición de cuentas... ¿posibilidades de reelección? Esto último habría que pensarlo cuidadosamente.

Podrían establecerse periodos claramente definidos y hacer de la jefatura del hogar un cargo rotativo, por lo pronto entre los adultos. Claro, a ella le faltaba todavía un año, pero desde ahora podía empezar a delinear sus proyectos. En ese punto de sus cavilaciones, el empleado de la oficina del censo la interrumpió: "Señorita, ¿me puede decir, por favor, quién es el jefe del hogar?" La respuesta fue inmediata: "Mi papá. Se llama Luis. Él es el jefe... de momento". El muchacho sonrió al escuchar el último enunciado, pero no sospechó que, sin proponérselo, había sembrado una semilla de incertidumbre que rápidamente se convertiría en inconformidad.

¿Por qué alguien es el jefe de la casa? ¿Cómo se le confiere ese cargo? ¿Qué atributos debe tener una persona para ser considerada cabeza de familia? Sobre esto último, Sofía fue desechando, una a una, las características que en una visión ideal debía tener el jefe de familia: tiempo, conocimiento de los demás, provisión económica, propiedad de la casa, edad y experiencia.

La persona que pasaba más tiempo en la casa era la madre. En efecto, estaba más horas y minutos en ese espacio físico que todos llamaban casa, pero sobre todo, dedicaba ese tiempo a hacer cosas para que ésta funcionara. Esto quedó bastante claro en los recuerdos de Sofía que anotamos en páginas anteriores: todos los quehaceres domésticos recaían en los hombros de las mujeres, y la madre era la organizadora de esas tareas. Ella se encargaba de que todo estuviera limpio y ordenado, de que la comida estuviera lista y, en general, de que el lugar que compartían fuera agradable. Y a nadie se le había ocurrido pensar que por el hecho de organizar y mantener la casa a buen ritmo, le correspondiera el título de jefa.

¿Qué hacía el padre cuando estaba en casa? Se instalaba frente al televisor, leía el periódico y luego lo dejaba encima del sillón todo desordenado, hacía cuentas en la cocina o se encerraba horas en el baño. A veces, desde donde estuviera, pedía que le llevaran un vaso de agua, una cerveza o un cenicero. Y jamás se preocupaba por recoger siquiera sus cosas. Por algo era el jefe. Lo único que hacía —eso sí, con absoluta devoción— era lavar su coche; aspiraba hasta los huecos más recónditos, pulía los vidrios, enceraba la carrocería y sacaba brillo a las defensas y molduras. Un día, su esposa le preguntó por qué no dedicaba la mitad de esa energía a limpiar algún cuarto de la casa, y por toda respuesta recibió una carcajada.

El tiempo y la dedicación no eran, pues, factores determinantes.

Era difícil saber quién conocía mejor a los integrantes de la familia. Cuando Sofía y Luis eran niños, sin duda, era la madre quien se hacía cargo de que se les aplicaran todas las vacunas, de que la alimentación fuera balanceada y nutritiva, de que los niños se levantaran a tiempo para ir a la escuela, hicieran sus tareas, prepararan sus exámenes, etc. Ahora que eran adolescentes, la vigilancia se había reducido en algunos aspectos, pero la madre seguía conociendo los gustos de cada cual y a veces trataba de complacerlos. Hermano y hermana platicaban más entre ellos y hasta compartían secretos. En términos generales, la comunicación en esa casa no era mala, pero el padre no dejaba de ser una figura ausente. Nunca había sabido, por ejemplo, a qué jugaban sus hijos ni quiénes eran sus amigos más cercanos; jamás había revisado una tarea ni asistido a una junta escolar; la convivencia con sus hijos se limitaba a ver juntos la televisión y salir de vez en cuando al cine o a cenar. Tal vez con su hijo varón tuviera un trato más cercano, pero era difícil saberlo, porque Luis le tenía un poco de miedo.

Ahí Sofía se anotó un punto. Al pensar en el conocimiento que cada cual tenía de los demás, se dio cuenta de que ella misma era una persona observadora y que siempre se había preocupado por saber qué hacían, qué pensaban y cómo se sentían los demás. Si en algún momento se aceptaba su idea, éste sería un elemento favorable para su campaña. Tal como estaban las cosas, el tiempo que pasaba cada persona en casa y el conocimiento que tenía de los demás parecían ser dos caras de una misma moneda. Y esa moneda no era importante para decidir la jefatura del hogar.

El tercer aspecto parecía más prometedor. El padre era el jefe de la casa porque era el proveedor económico. Apenas formuló Sofía el enunciado y se dio cuenta de que por lo menos habría que matizarlo. Sí, su padre era un hombre trabajador y cumplido, pero también su madre trabajaba y también aportaba dinero. De hecho, había buscado

un empleo porque su marido había perdido el suyo y la familia necesitaba el ingreso. Después no había querido renunciar por razones que
no vienen al caso y que Sofía desconocía, pero el trabajo doméstico no
había disminuido —obviamente— y tampoco se había compartido.
Alguna vez, escuchó el reclamo del padre: "Con el pretexto de que vas
a trabajar..." Sí, el empleo remunerado de la madre era el causante de
todo lo que al padre no le gustara en el hogar y, por lo tanto, motivo
de pleito.

A medida que seguía pensando en el tema económico, se con-
fundía más. ¿Dónde estaba parado cada quién? Tanto el padre
como la madre tenían empleos remunerados y ambos aportaban
dinero al hogar. Sofía no quiso detenerse a calcular los porcentajes
porque eso habría enredado las cosas todavía más. La madre hacía
todos los quehaceres domésticos con ayuda de Sofía, quien a estas
alturas ya sabía que eran interminables. Después, aprendería el término "doble jornada"; por lo pronto, sólo anotaba —con sorpresa,
porque nunca lo había registrado realmente— que su madre trabajaba más, de hecho casi el doble que su padre. Y como corolario,
estaban las quejas. La madre podría reclamarle al marido que fuera
despilfarrador o descuidado, que anduviera de vago con los amigos, que llegara tarde y mil cosas más, pero nunca lo acusó de trabajar. La sola idea sonaba absurda. En cambio, el padre, con la mano
en la cintura, podía despreciar el empleo de la esposa y oponerse
incluso a que lo realizara. Claro, por algo era el jefe. Ni siquiera
durante los ocho meses que duró su desempleo perdió ni disminuyó su jerarquía.

El tema de la propiedad de la casa fue un poco más sencillo.
Ellos vivían en una casa rentada, pero Sofía conocía, por sus amigas,
situaciones muy diversas. Había familias que ocupaban una vivienda prestada, otras que estaban pagando un crédito entre todos, otras
más que vivían con la familia extensa, y también otras que tenían
casa propia. Entre estas últimas, la escritura en cuestión a veces
estaba a nombre del padre, a veces de la madre y a veces de ambos.
En ninguno de los casos que Sofía repasó mentalmente había una
variación significativa. En otras palabras, el jefe seguía siendo el

padre y esposo, independientemente de que fuera inquilino, propietario o arrimado.

Con el desánimo que se puede imaginar, Sofía sopesó la última variante que había considerado: edad y experiencia. Después de todo el análisis previo, no le costó mucho despachar ambos datos como irrelevantes. El padre podía o no ser mayor que la esposa, y el hecho no tenía consecuencias; cuando la abuela o alguna tía vivía con la familia, la jefatura del hombre adulto seguía intacta. Aun con ese conocimiento, y a sabiendas de que si lo decía en voz alta la tacharían de idealista, Sofía pensó que sería muy interesante que el jefe fuera la persona con más experiencia, siempre y cuando tuviera el ánimo y la disposición de compartir esa riqueza vital. Y con ese pensamiento llegó al final, pero la inquietud persistía.

Después del ejercicio de reflexión que hizo Sofía, primero recordando sus vivencias infantiles y luego cuestionando la jefatura del hogar, tenía una clara sensación de injusticia. Entonces, reiteró su propuesta inicial de que la jefatura del hogar fuera un cargo rotativo y buscó a Luis, su hermano menor, para tener por lo menos un aliado. No logró convencerlo. A sus quince años, Luis ya sabía lo que eran los privilegios masculinos, aunque simplemente los tomaba como algo dado, no precisamente como privilegios. Todo ese discurso sobre el funcionamiento del hogar, el tiempo invertido en la casa y el conocimiento de los demás le parecía totalmente absurdo, carente de lógica y sentido común. No entendía las quejas de la hermana, que siempre había sido la consentida del padre (nunca la regañó ni le levantó la mano como a él) y a fin de cuentas alguien la iba a mantener. Esto último es una creencia común que, como veremos más adelante, por lo regular no se cumple; las demandas de alimentos que saturan los juzgados familiares dan cuenta de ello. Luis pensaba que había tenido la suerte de ser hombre, lo cual significaba que ahora su única obligación era estudiar y que tarde o temprano tendría que hacerse cargo de sostener una familia. No lo veía como un espacio de poder; eso lo daba por sentado. Lo que le parecía más importante era la parte económica, una responsabilidad que a sus quince años ya sentía como propia.

Sin duda, las cosas se ven de manera distinta según la posición de quien observa. En estas últimas reflexiones de los hermanos, volvemos a ver la fuerza incuestionable de los mandatos de género.

○ ○ ○

La situación que se vivía en casa de Sofía y Luis no era única. El jefe de la casa es el hombre adulto. No hay campañas ni elecciones, mucho menos plebiscitos. El jefe es el jefe y punto. El hombre adulto es el jefe de la casa principalmente porque es hombre; una mujer sólo es jefa en ausencia del hombre —mujeres solas con o sin hijos, viudas o divorciadas— y a veces ni así. En ocasiones —y esto se aprecia en muchas comunidades rurales— ante la ausencia del padre por muerte, abandono, migración o divorcio, el hijo mayor (que puede tener, por ejemplo, 16 años) de inmediato sube de rango. Lisa y llanamente, pasa a ser el jefe. ¿Qué significa esto? ¿En qué consiste esa función? ¿Cuáles son las obligaciones y los derechos que derivan de tal investidura?

El jefe de la casa puede tomar decisiones para sí y para el resto del grupo en una gran variedad de materias. En pocas palabras, puede mandar y hacerse obedecer. En general, es el único que puede decidir libremente sobre sí mismo y sobre los demás. Hay muchas mujeres que no pueden decidir sobre su tiempo (principalmente por el que deben pasar en casa para garantizar su buen funcionamiento), sobre sus amistades (si el esposo las desaprueba, se puede desatar su ira), sobre sus gastos (esto depende de las necesidades concretas que tenga la familia en cada momento), o incluso sobre su trabajo (de nuevo el tema de los horarios, el ambiente laboral, etcétera). Cada aspecto de su vida, por mínimo que sea, tiene que ser consultado con el marido.

Esta (in)capacidad de decidir se advierte hasta en los detalles más simples. Por ejemplo, un hombre puede tranquilamente llamar a su esposa para avisarle que va a comer fuera ese día y que llegará a casa por la noche. El motivo puede ser que tiene mucho trabajo, se prolongó una junta en la oficina, se le hizo tarde para cumplir otro compromiso, se encontró con un amigo, o simplemente desea comer solo en un restaurante. La esposa agradece la atención de la llamada y la cotidianidad sigue su curso sin contratiempos. Pero una mujer difícilmente disfruta de esa mínima prerrogativa, ya que para poder comer fuera tiene que hacer un sinnúmero de arreglos y, además, justificar su ausencia. El ejemplo es muy sencillo y por ello resulta ilustrativo.

El jefe de familia puede decidir por todos. Entre otras cosas, puede aceptar un empleo que implique un cambio de domicilio, puede suprimir las vacaciones porque le surgió un imprevisto o puede hacer gastos a discreción. Al fin y al cabo, es el jefe.

Muy ligado al tema de las decisiones está la relación de mando y obediencia. Si el jefe de familia decide, esto significa que también puede dar órdenes y exigir que se cumplan. Los aspectos familiares que pueden ser objeto de tales mandatos y exigencias son muy variados: las actividades de la esposa y la pareja ("mi jefe y su mujer vienen a cenar la próxima semana"), la recreación de la familia ("el domingo no podremos ir al cine, tengo mucho qué hacer"), las conversaciones ("no quiero volver a hablar de lo mismo"), cuánto dinero se gasta ("no voy a poder darte completo el gasto, te dejo lo que tengo"), en qué se gasta ("la alfombra de la sala va a tener que esperar, porque acabo de cambiar las vestiduras de mi coche") y hasta qué ropa usan los demás ("no me gusta ese vestido; creo que el color no te queda bien"). La lista podría seguir hasta llegar prácticamente a todos los rincones de la vida cotidiana. El psicólogo Luis Bonino Méndez ha estudiado con detenimiento esas maniobras masculinas de dominio (directas o indirectas) que buscan reafirmar una identidad basada en la creencia de la superioridad de los hombres, a las cuales denomina, de manera muy gráfica, "micromachismos de la vida cotidiana"; su peligro está en la reiteración que, como veremos en el capítulo 4, puede llegar a ser devastadora.

Los mandatos de género que se aprenden desde la edad más temprana se articulan con la figura del jefe de familia. En múltiples prácticas cotidianas, se naturaliza el poder que subyace a la toma de decisiones y a la relación de mando y obediencia. Ambas se aceptan entonces sin mayores cuestionamientos. Todo esto responde a un patrón social. No se decide en el interior de cada familia. Pueden registrarse algunas variaciones de forma, pero esencialmente se llega al mismo punto: el ejercicio del poder, la toma de decisiones y la exigencia de cumplir ciertos mandatos son atribuciones masculinas.

El mito del matriarcado

Es común que en muchas culturas occidentales todavía se hable de la organización social y familiar conocida como matriarcal. En el fondo, se dice, las mujeres son las que mandan. Hacen creer a los hombres que ellos tienen el poder sólo para que se confíen, pero ellas están detrás del trono y siempre logran imponer su voluntad de muy distintas maneras (coqueteos, sonrisas, seducciones, manipulación y chantaje). Esta creencia, aún muy popular, trae aparejadas varias consideraciones: la mujer es la reina del hogar, ella decide cómo educar a sus hijos y, en general, tiene el control de todo lo que sucede en la casa; ese espacio tan importante que es el hogar es el dominio de la mujer.

La creencia en el matriarcado es una idea muy arraigada que, de manera poco sorprendente, coexiste con los mandatos de género y con la aceptación sin cuestionamientos del jefe de familia. Sin embargo, los pilares que la sostienen son bastante frágiles.

En primer lugar, si bien existe toda una maquinaria que nutre el imaginario social con la idea de que la mujer, y específicamente la madre, es la reina del hogar, un análisis somero de sus tareas y, en general, de su campo de acción revela que se trata de una reina sin autoridad. En el apartado anterior, vimos que el hombre de la casa es quien realmente puede decidir, tanto para sí mismo como para los demás. El terreno en el que pueden moverse las mujeres resulta muy acotado; se limita a una parte de la domesticidad y al cuidado de los hijos. Es una carga, más que una prerrogativa.

Así, la reina del hogar tiene que lograr —a veces sola y a veces con el apoyo de otras mujeres— que la casa esté ordenada y limpia, y que los niños estén sanos, bien alimentados y se porten bien, sobre todo cuando está el padre en casa. La reina del hogar tiene que hacer malabares para que el dinero alcance para cubrir las necesidades básicas de todos, y si ella misma percibe un ingreso, por lo regular, tiene que aportarlo en su totalidad para cubrir los gastos del hogar. La reina debe estar siempre sonriente y de buen humor para recibir al marido que llega cansado después del arduo trabajo del día, y hacer todo lo que esté a su alcance para impulsarlo en su carrera. Como es la reina de la casa, debe estar dispuesta a recibir a los invitados de su esposo y acompañarlo en sus compromisos. Como es la reina, tiene una jornada laboral de por lo menos 12 horas diarias —en general, alrededor de 14— de lunes a domingo y de enero a diciembre; no hay vacaciones, seguro médico ni pensión de retiro. Es más, ni siquiera hay un reconocimiento real del trabajo realizado; cuando mucho una sonrisa y un abrazo como muestras de gratitud por las atenciones recibidas. ¿Quién querría un reinado como ese?

Sin duda, hay mujeres seguras y autosuficientes. Cada vez es más frecuente verlas en muy diversos cargos laborales, conduciendo un vehículo propio y manejando su chequera. Asimismo, hay mujeres capaces de dar órdenes y conseguir la total obediencia de los hijos y la anuencia del marido. También, hay mujeres chantajistas y dominantes que logran manipular a sus esposos o compañeros. Sin embargo, conviene recordar que los mandatos de género, la organización interna de una familia y la correspondiente designación de un jefe obedecen a un patrón social, no individual. Aun estas mujeres seguras, autosuficientes, chantajistas o dominantes se encuentran sujetas a una forma de organización social que está por encima de sus propias decisiones; en otras palabras, habría que preguntarles si ellas mismas se consideran jefas de hogar, si le dejarían esa prerrogativa al marido o si en todo caso lo considerarían un cargo compartido; habría que preguntarles a los maridos si ellos las aceptan y reconocen realmente como jefas, y también habría que preguntarles a los hijos. Y aun suponiendo que todas las respuestas fueran afirmativas —cosa muy poco probable— no por ello dejarían de ser honrosas excepciones, esas que siempre existen para confirmar la regla.

En general, aun con las capacidades adquiridas, el trabajo desarrollado y las múltiples responsabilidades a cuestas, las mujeres siguen consultando e incluso obedeciendo a sus maridos o compañeros, con lo que ratifican la designación de éstos como jefes de familia. Al hablar de los pactos patriarcales y la fuerza que en muchas sociedades tiene la palabra caballero —por cierto, sin equivalente para las mujeres—, la filósofa española Celia Amorós señala que todo esto tiene un efecto igualador para los hombres en una posición de poder. Desde el más pobre hasta el más opulento, desde el obrero más explotado hasta el empresario más prominente, todos los hombres adultos tienen un espacio donde pueden mandar y hacerse obedecer. Y es a partir de este efecto igualador que pueden salir de sus casas al mundo público, donde todos son ciudadanos. El *hombre de la casa* es algo más que una figura poética o una metáfora. Alude a un poder real; la reina del hogar es sólo simbólica.

Por último, conviene apuntar que ese poder real del que hemos hablado se constituye y ejerce en todos los ámbitos de la vida. De esta manera, antes de hablar de matriarcado, habría que reconocer algunas desigualdades. En el terreno político, las mujeres sólo ocupan el 4% de las presidencias y primeras magistraturas; en los gabinetes internos, aumenta el porcentaje, pero en muy contadas ocasiones rebasa un tercio. ¿Podemos hablar de matriarcado cuando las mujeres están prácticamente excluidas de las decisiones políticas?

En el ámbito económico, tendríamos que señalar por lo menos dos aspectos. El primero se refiere a las diferencias salariales; los porcentajes varían según la profesión u ocupación, pero los espacios laborales donde hay paridad salarial —traducción e interpretación, por ejemplo— se cuentan con los dedos de una mano. En las ingenierías, las mujeres ganan, en promedio, el 60% de lo que perciben los hombres; las llamadas profesiones femeninas (trabajo social, enfermería, educación), por ese solo hecho son menos reconocidas y retribuidas. En las profesiones liberales, se advierte también la disparidad por género, porque la mayoría de la gente prefiere contratar a un abogado, a un médico o a un arquitecto que a sus colegas mujeres. De nuevo, vemos los mandatos en operación.

El otro aspecto relacionado con la economía alude al destino de los recursos. En otras palabras, ¿en qué gastan su dinero los hombres y en qué las mujeres? Diversos estudios han revelado que en tanto los hombres aportan, en el mejor de los casos, una parte de su sueldo al hogar, las mujeres ingresan la totalidad, y sólo excepcionalmente se reservan una cantidad para su propio consumo. ¿Es posible hablar de un matriarcado que se ejerce desde la pobreza?

En lo cultural, basta una mirada rápida para identificar la gran cantidad de lugares masculinos, como la cantina, el estadio, el bar, el taller, etc., en contraste con los típicamente femeninos, como el salón de belleza. Aunque los espacios suelen ser excluyentes, el trato que reciben unos y otras al entrar en un lugar ajeno es muy distinto. Es muy probable que una mujer en la cantina o el estadio sea hostigada o agredida con la mirada, las palabras e incluso con las manos. En cambio, un hombre en un salón de belleza suele ser respetado y hasta consentido. Hay muchos otros sitios que aparentemente son neutros, como los restaurantes, pero el trato que se da a las mujeres es notoriamente mejor cuando llevan escolta masculina. ¿Quién no ha escuchado que a dos o tres mujeres que se dirigen al capitán de meseros se les pregunte si van solas? ¿Significa esto que la matriarca no puede moverse? ¿No puede salir de su lugar? ¿No puede prescindir de la compañía masculina?

Finalmente, regresamos al espacio doméstico, donde se aprenden y reafirman los roles y se concreta la jefatura. En los capítulos siguientes, vamos a revisar con detalle diversas formas de desigualdad que pueden desencadenar comportamientos violentos. Por ahora, basta señalar que investigaciones realizadas en muy distintos lugares del mundo reportan, de manera sistemática, que una de cada tres mujeres que vive en pareja es golpeada por el compañero íntimo. En México, la Encuesta Nacional sobre Violencia contra las Mujeres, llevada a cabo en 2003, reveló lo siguiente: una de cada cinco entrevistadas (21.5%) sufrió alguna forma de maltrato de pareja en los doce meses inmediatos anteriores; una de cada tres ha sufrido violencia de pareja en un periodo más largo, y dos de cada tres han sido golpeadas alguna vez en su vida. ¿Es posible seguir pensando en la reina del hogar? ¿Una reina golpeada, maltratada, humillada?

Con todos estos datos, podemos afirmar, sin un asomo de duda, que el matriarcado es sólo un mito.

2

La dinámica del noviazgo

Las relaciones de noviazgo constituyen una experiencia muy importante en la vida de toda persona. La emoción de una llamada telefónica esperada durante horas, la salida al parque, al cine o al café, la caminata por una calle empedrada con las manos unidas o el beso furtivo que marca el comienzo de la intimidad son vivencias que, por lo general, se recuerdan con gusto y alegría; nutren la inspiración de la poesía romántica sentida y apreciada por varias generaciones, y se instalan en la memoria, que al cabo de los años las devuelve con un ropaje de nostalgia.

Sin duda, es una etapa agradable y emocionante que trae consigo descubrimientos y suspiros intermitentes cada 35 segundos. Sí, pero hay algo más que suele pasar inadvertido cuando se habla del amor romántico: las relaciones de noviazgo son también un laboratorio de la interacción entre hombres y mujeres. En este capítulo, veremos cómo se inician las relaciones de pareja, cómo se dan los procesos de enamoramiento, cómo se van adecuando las rutinas y construyendo un estilo de vida en común y, de manera destacada, cómo empieza a gestarse una dinámica que puede desembocar en

maltrato. Desafortunadamente, las señales de una violencia en cier-
nes suelen pasar inadvertidas, y después se pagan las consecuencias. Empecemos entonces por el principio.

Las primeras citas: empieza el juego

En las primeras citas, van colocándose, de manera paulatina pero
constante, cada uno de los ingredientes con los que habrá de cocinar-
se, regularmente a fuego lento, la relación de pareja. En estos encuentros iniciales, hay emoción y nerviosismo, se presenta una especie de
ansiedad gozosa por todo lo que se está descubriendo —más bien
construyendo— y se conoce la sensación inigualable de vivir permanentemente a veinte centímetros del piso. En esa primera fase que
conocemos como enamoramiento, el noviazgo tiene efectos mágicos;
produce alucinaciones, permite evadir la realidad corporal y exacerba las sensibilidades hasta niveles impensables. Así, una persona
enamorada flota todo el tiempo, coloca en la persona amada —que
a fin de cuentas no es más que un ser humano— todas las virtudes
que produce su imaginación, piensa continuamente en lo que harán
juntos y, en pocas palabras, alcanza a tocar el cielo con las yemas de
los dedos.

El enamoramiento es una vivencia de dicha suprema, de gozo
inenarrable. Sin embargo, el noviazgo es algo más que desafiar la
fuerza de gravedad con el impulso de las pasiones; es también el
espacio en el que se ponen en práctica los mandatos de género
adquiridos desde la más tierna infancia, aprendidos en la cotidianidad y reforzados de manera constante. En otras palabras, los jóvenes inician una relación de noviazgo como hombres, con todo lo que
ello implica socialmente, y las chicas lo hacen como mujeres, con
todo lo que significa ser mujer en cada cultura.

Si recordamos las reflexiones de Luis y de Sofía, vertidas en el
capítulo anterior, veremos que los varones tienen, de manera destacada, la presión de ser fuertes física y emocionalmente, así como
autosuficientes y seguros de sí mismos, en tanto que las mujeres son
instruidas para ser encantadoras, complacientes y agradables. Con

este equipaje, cuyo peso y volumen puede variar pero no desaparecer, los y las adolescentes incursionan en las relaciones de pareja. Esto significa que los muchachos tratarán siempre de resolver cualquier problema que se presente, cuidar a la chica que está con ellos y darle seguridad; paralelamente, las muchachas tratarán de adaptarse a las circunstancias que vayan dándose y de complacer con todos sus recursos al hombre que las acompaña.

Además, existen mandatos diferenciados en torno a la sexualidad. Éste es el aspecto en el que se aprecian con mayor claridad las expectativas divergentes. A los hombres se les construye como seres hipersexuales, lo que significa que siempre deben estar dispuestos y deseosos de tener una relación, de ver, tocar y sentir, de pensar continuamente en sexo y, de manera especial, acumular una gran experiencia en este terreno. Curiosamente, lo que importa no es convertirse en buenos amantes —por lo menos no necesariamente—, sino haber tenido muchas mujeres. Ser hombre significa ser superactivo en la cama, no recordar los nombres de las amantes ni saber el número de hijos (esto último se da mucho en sociedades machistas muy estereotipadas). Ser hombre implica también separar el sexo del corazón. Luis recordaba que desde la escuela primaria les enseñaban a respetar a las niñas y que eso tenía una clara connotación sexual. Los hombres aprenden así a clasificar a las mujeres en dos grandes categorías: las que pueden ser queridas y, por lo tanto, son respetables, y las otras, aquellas con quienes se puede ejercer la sexualidad. La noción de respeto se traduce entonces en una negación de todo contacto erótico y, por lo tanto, del deseo sexual de las mujeres consideradas respetables.

La versión complementaria es infundida cuidadosamente en las chicas. Ellas aprenden que deben cuidarse y, lo que es más sintomático porque casi parece caricaturesco, *darse a respetar*. Su comportamiento debe ser, en cualquier momento y circunstancia, el de una señorita decente y respetable. Señorita quiere decir virgen, decente quiere decir sin deseo sexual, y respetable quiere decir que los hombres entiendan las dos primeras cualidades. Más adelante, veremos qué engañoso resulta el juego de *darse a respetar* cuando una mujer sufre una agresión sexual, porque entonces es considerada culpable: lisa y llanamente no supo *darse a respetar*.

Las relaciones de noviazgo se inician con estas nociones de lo que se espera de los hombres y de las mujeres en el campo de la sexualidad. Pero todavía hay algo más: los hombres han aprendido que lo más importante para ellos es labrarse un porvenir exitoso en el terreno laboral y económico; las mujeres han interiorizado hasta la médula que lo más importante para ellas es hacer un buen matrimonio: en eso consiste un buen porvenir.

Como puede verse, las expectativas y los anhelos de un joven y de una chica que se encuentran en el sitio acordado para la primera cita —la entrada de la cafetería, la salida de la escuela, la estación del metro, la casa de ella— son muy diferentes. Las llamadas telefónicas, las caminatas románticas y el roce de los labios tienen un significado totalmente distinto para cada protagonista.

La amistad, el amor y el odio no surgen de un día para otro en una pareja; se construyen paso a paso en un proceso que, aunque pueda parecer exagerado, se inicia desde las primeras citas. En las páginas que siguen, veremos los rasgos más característicos de las relaciones de noviazgo que establecieron Esperanza, Diana, Carlos y Soledad con sus respectivas parejas.

Amigos... y algo más

Esperanza conoció a Leonardo el primer día de clases en el bachillerato. Después de un semestre de platicar en los descansos, ir juntos por un refresco a la cafetería y esporádicamente quedarse un rato a la salida para sacar copias o preparar un examen, él le preguntó directamente, sin preámbulos, si quería ser su novia. Curiosamente —dados los antecedentes, o más bien la escasez de antecedentes—, Esperanza no se sintió sorprendida. Lo miró con dulzura y, siguiendo las normas que escuchó varias veces de su abuela, le dijo que se tomaría el fin de semana para pensarlo. El lunes siguiente, también sin preámbulos, expresó su afirmativa y Leo le tomó la mano. Así, empezó un noviazgo que duraría siete años y culminaría en el altar.

La rutina de ambos como estudiantes registró pocos cambios. La única diferencia notoria era que ahora se saludaban de beso y se tomaban de la mano mientras charlaban. Él empezó a visitarla en su casa algunas tardes y los sábados salían a pasear. Sus familias veían con beneplácito ese noviazgo sano y tranquilo, y muy pronto se dio por hecho que habría boda. Cuando, años después, alguien les preguntó cómo habían decidido casarse, los dos se encogieron de hombros y se echaron a reír, porque genuinamente no lo recordaban.

Durante el tiempo de noviazgo, Esperanza y Leonardo cultivaron una amistad apacible y sin contratiempos. Mientras fueron compañeros de clases, gran parte del tiempo que compartían se iba en estudiar y hablar de las materias; al iniciar las carreras universitarias, sin darse cuenta de cómo había empezado a hacerlo, Esperanza le ayudaba a elaborar resúmenes y cuadros sinópticos, a capturar sus trabajos en la computadora y, en general, a ser buen estudiante. Y no es que Leo fuera irresponsable; por el contrario, siempre había sido de los mejores promedios de su clase. Ahora contaba además con el apoyo de su novia, que siempre lo alentaría en sus esfuerzos.

Leo jugaba tenis dos veces por semana. Casi siempre lo acompañaba Esperanza, que se sentaba en las gradas con las novias de los demás jugadores; generalmente, hablaban de ellos y lo guapos que se veían en sus atuendos deportivos. Esto duraba aproximadamente dos horas los martes y dos los jueves. Luego, estaban las compras. Ella iba con él a las tiendas y lo ayudaba a escoger playeras, camisas, sacos y lociones.

En resumen, Esperanza fue acomodándose a los horarios, estilos de vida, necesidades y gustos de Leonardo. Sí, era una pareja muy bien avenida, cuya vida transcurría en completa —tal vez excesiva— armonía. Pero, ¿por qué Leo no ayudaba a Esperanza con sus apuntes y tareas? ¿Por qué no capturaba sus ensayos finales? ¿Por qué ni siquiera sabía a ciencia cierta qué carrera estaba estudiando ni cuáles eran sus materias? ¿Por qué no la acompañaba a sus entrenamientos ni a realizar sus compras? Y lo más importante de todo, ¿por qué a ninguno de los dos le sorprendía la falta de reciprocidad?

Como puede verse, en esa armonía que día a día iban forjando Esperanza y Leo se reproducen con absoluta transparencia los mandatos de género. Aunque ambos eran estudiantes universitarios, simplemente se daba por hecho que la carrera realmente importante era la de él, ya que le permitiría ser un profesional; la de ella también contaba —recordemos que el corolario de ser una buena niña era ser una buena alumna— pero era algo secundario. Lo fundamental para uno sería el trabajo profesional y para la otra el matrimonio. Y entre sus virtudes, una buena esposa cuenta con la de apoyar al marido, impulsarlo hacia el éxito. Esperanza cubría con creces, desde el noviazgo, esta máxima del esquema más tradicional de una pareja.

Leo, por su parte, era atento, amable, caballeroso y educado. Él también cumplía cabalmente su función de darle seguridad. Sabía que se casaría con ella y se sentía contento de haber encontrado una mujer que además de guapa era comprensiva y solidaria, incondicional. Como dictan los cánones en un espacio tradicionalista y conservador, Esperanza y Leonardo eran novios de mano y beso. Se les veía abrazados por la calle, se besaban a hurtadillas en la cocina y se lanzaban miradas de ardiente deseo, pero su primera relación coital fue en su noche de bodas.

Todo parecía funcionar bien. Sin embargo, Esperanza se sentía muy insatisfecha desde que el noviazgo era realmente joven. Siempre tenía la sensación de que faltaba algo y la ilusión de que pronto aparecería. No había recibido una declaración de amor como las que veía en las películas y adicionada con su propia imaginación, pero pensó que después, con el trato y la confianza, Leonardo tendría detalles románticos y frases cariñosas con ella. Primer error. Él no le preguntaba por sus estudios ni sus intereses profesionales, pero ella creyó que si sacaba el tema, poco a poco lograría interesarlo. Segundo error. Él hablaba de las presiones que sentía y eventualmente de sus planes profesionales —mitad realistas, mitad ilusorios— y ella pensó que cuando él estuviera más tranquilo y relajado, le preguntaría por sus propios planes. Tercer error.

Seguramente hubo más errores y desencantos en las vivencias de Esperanza, pero en particular ocurrieron dos eventos a los que nunca les prestó la debida atención. El primero de ellos fue bastante simple, pero tuvo consecuencias insospechadas. Ella tuvo la oportunidad de hacer un trabajo en el verano y aceptó de inmediato, entusiasmada y feliz. Era una actividad absorbente (guía y traductora de grupos de estudiantes que venían de distintos países a participar en un programa de iniciación científica) que requería mucho tiempo y mucha energía. Además, lo mejor era que estaba muy bien remunerada. Cuando Esperanza le contó a su novio, de manera acelerada por la emoción, que había estado entre las elegidas, se sorprendió muchísimo al darse cuenta de que él, lejos de felicitarla y sentirse orgulloso de ella —que era lo que Esperanza realmente deseaba— reaccionó con fastidio y mal humor; cuando se enteró de lo que ganaría, sencillamente se puso furioso. Jamás lo había visto tan enojado. Estaba irreconocible.

Con lo que hemos revisado hasta aquí, parece claro que lo único que hizo Esperanza fue transgredir los mandatos de género que tan celosamente se habían integrado a su relación. El éxito profesional y económico suelen ser prerrogativas o incluso exigencias masculinas. Si un hombre obtiene un buen empleo o un buen salario, tanto él como su pareja sienten el orgullo y el deseo de festejarlo. Si es la mujer quien consigue tales prebendas, es mejor que lo guarde en secreto —absurdo, como si fuera algo vergonzoso— y en todo caso espere el momento oportuno para comentarlo con él. La función de ella es apoyar, no competir y mucho menos rebasar. Esperanza corrió el riesgo, comentó su éxito en la continuidad de un impulso y el resultado fue catastrófico pero previsible: desencadenó la ira del compañero.

El otro incidente fue mucho más delicado y doloroso. Una noche, a la salida de un centro comercial, dos sujetos la habían asaltado y, para usar sus propias palabras, "casi la habían violado". En un lenguaje liso y llano, el "casi" significaba que no había sido penetrada. Le habían quitado su dinero, la habían manoseado descaradamente, la habían despojado incluso de su ropa interior, pero el sonido de la alarma de un automóvil cercano los había hecho escapar. El miedo que generó esa pesadilla la acompañó durante muchos años y en realidad nunca desapareció completamente. Además, la reacción de Leonardo fue otra pesadilla. Estaba iracundo y, como suele suceder, la culpó a ella. Le recriminó andar sola en la calle, no haber corrido vigorosamente, no haberse enfrentado a golpes —luchado hasta la muerte— con sus agresores, no haberse *dado a respetar*. Mientras él la regañaba, desesperado, ella lloraba amargamente, con la certeza de que él nunca comprendería lo que le había ocurrido. Entonces, Leonardo guardó silencio por unos minutos, la abrazó y le dijo que sólo necesitaba tiempo, pero que sí podría perdonarla. Esperanza lloró con más sentimiento; a la impotencia se sumaba la rabia.

Años después, el tema de la agresión sexual ocuparía un lugar central en la terapia de ambos, pero en ese momento, cada uno por su parte y atendiendo sus propios motivos, decidió enterrarlo. Dos meses después del suceso, fijaron la fecha de la boda.

El poder de la seducción

Nicolás decía de sí mismo que siempre había sido un hombre del montón, totalmente estándar. No se había destacado como estudiante ni como deportista, no era particularmente intrépido ni valiente, no era bueno para los golpes ni habría podido ser el líder de una pandilla; es más, ni siquiera pertenecía a una, aunque tampoco era tan solitario. Lo que no decía, más por timidez que por cualquier otra razón, era que le gustaba la imagen que el espejo le devolvía cada mañana mientras se rasuraba.

Diana lo conoció en una fiesta y, de inmediato, se sintió atraída por su sencillez, sus comentarios breves y su risa optimista y contagiosa. Simplemente le parecía encantador. Ella era una mujer segura y decidida, activa y llena de ideas. Además, era organizada y eficiente; esas dos características, de las que siempre se sintió muy orgullosa, al cabo del tiempo, se volverían un arma de doble filo.

En esa primera fiesta, bailaron, conversaron animadamente y salieron juntos, abrazados. Una semana después, tuvieron el primer intercambio sexual y, a partir de ese momento, se vieron todos los días, sin una sola excepción, durante los tres años que precedieron a la convivencia bajo el mismo techo.

Nicolás siempre había hecho lo que se esperaba de él: ir a la escuela, pasar las materias, mantener un promedio de ocho, comportarse de manera adecuada y respetuosa, jugar baloncesto, salir con los amigos, estar presente en las comidas de los domingos, etc. Era un buen muchacho. Jamás había dado problemas ni se había metido directamente en un lío. Además de todas estas características —que hacían que él se sintiera del montón—, había algo que ni siquiera había advertido cuando empezó su relación con Diana, a los 20 años cumplidos: no tenía ninguna iniciativa. Siempre había sido dócil y hasta obediente, pero nunca se le ocurría emprender algo. Podía hacer muchas cosas, pero requería una guía constante.

Fue precisamente en ese punto donde Diana se enganchó. Ella tenía ideas, metas y proyectos para dar y regalar; desde los 14 años, había empezado a lamentar que no viviría lo suficiente para realizar todos sus sueños, para dar continuidad a sus planes ni ver que se concretaran los resultados. Si a Nicolás le faltaba iniciativa, a ella le faltaba tiempo. En otras palabras, estas actitudes básicas ante la vida parecían ofrecer una complementariedad perfecta. Al poco tiempo de iniciar la relación, Diana ya había asumido como propia la tarea de organizar la vida de Nicolás. Él cursaba el último año de una carrera técnica y ella le ayudó —es una forma de decir que hizo por lo menos el 80%— a organizar sus horarios, adquirir útiles escolares y buscar los libros de texto de segunda mano, ya que así podría ahorrarse cierta cantidad que, a su vez, le permitiría costear el transporte. Todo estaba cuidadosamente calculado. Le ayudó también a organizar sus apuntes y le dio técnicas de estudio para aprovechar el tiempo al máximo. Huelga decir que cuando finalmente Nicolás obtuvo su diploma de técnico en computación, Diana se sintió incluso más orgullosa que la madre, porque sabía que le correspondía una buena parte del mérito.

En cuanto finalizaron los festejos, le *ayudó* a elegir trabajo y a decidir qué era lo que más le convenía. Después de una quincena que Nicolás despilfarró tranquilamente y sin culpa, Diana decidió enseñarle a organizar su dinero, gastarlo adecuadamente y destinar siempre una cantidad, aunque fuera pequeña, para el ahorro. Cada explicación iba acompañada de un gesto cariñoso y numerosos ejemplos de lo bueno que sería hacer las cosas que ella decía y las perniciosas consecuencias de echar en saco roto sus consejos. Nicolás entendió claramente cada detalle y habría podido ponerlo en práctica sin contratiempos ni dificultades, pero encontró una solución más fácil: le pidió a Diana que lo hiciera directamente. A partir de entonces, Nicolás le entregaba su salario íntegro —el "sobre cerrado", como él mismo decía— y se desentendía de todo. Diana le daba una pequeña cantidad para sus gastos diarios y el resto lo administraba ella sin que él tuviera injerencia alguna.

Al cabo de año y medio, Nicolás había terminado la escuela, encontrado un buen trabajo y ahorrado mucho más de lo que habría podido juntar por sí mismo. Tenía una rica vida sexual con una mujer que continuamente le decía que era encantador, y realmente se sentía querido y cuidado. Su autoestima mejoró notoriamente, así como sus relaciones con el resto de la gente. Se sentía feliz.

Diana, por otra parte, llevaba varios años trabajando en un despacho de contadores, donde por sus méritos incuestionables —de nuevo el orden y la eficiencia— se había ganado el respeto de los compañeros y la confianza de los jefes. Esto último se reflejaba en el incremento de responsabilidades y también, aunque es justo decir que en menor medida, de salario. En el terreno amoroso, había conocido hombres impositivos y autoritarios que descalificaban su trabajo, minimizaban sus virtudes o cuestionaban sus proyectos. Además, hay que decir que el carácter fuerte de Diana era más que suficiente para que cualquier pretendiente se sintiera, por lo menos, aturdido. En Nicolás tenía un admirador y ese solo hecho alimentaba su ego con creces; era más bien callado, por lo que ella podía explayarse en cualquier tema; constituía una compañía real, frecuente y cálida; y para coronar el cuadro, habían logrado un buen acoplamiento sexual. Sí, Diana también se sentía feliz.

Como vemos, esta pareja pasó de la atracción inicial a la pasión, al enamoramiento y a la construcción de una vida en común. A cualquiera de los dos que se le hubiera preguntado si se había enamorado realmente, habría contestado con un sí rotundo. De eso no hay duda. El noviazgo de Nicolás y Diana se alimentaba con las ilusiones, las palabras y las caricias de dos jóvenes enamorados. Sin embargo, hubo varias señales de que la relación podía deslizarse hacia un terreno peligroso, las cuales no sólo fueron desatendidas, sino que ni siquiera se registraron.

La primera de ellas es bastante obvia. Diana asume el control de la vida en común —horarios, paseos, dinero— sin sopesar las consecuencias. Nicolás, que siempre había necesitado dirección e impulso, tranquilamente, se desentiende de toda decisión. Más adelante, veremos las consecuencias que esta forma de relación ocasionó en cada integrante de la pareja y la familia, pero por ahora baste señalar que ambos la tomaron como algo dado.

Un segundo aspecto es el consumo de alcohol. Ambos disfrutaban de una botella de vino con una rica comida, un par de tequilas en una tarde fresca o lluviosa, o de plano la embriaguez el sábado por la noche. No es de extrañar que también en este aspecto Diana fuera más controlada y que algunas veces tuviera que ir a buscar a Nicolás, porque él no se sentía en condiciones de manejar o "moverse solo". Esta frase es muy representativa, si recordamos su necesidad de guía constante e instrucciones precisas. El consumo excesivo de alcohol, aunque no era frecuente, sí fomentaba su desenfado y poco a poco lo hacía más desobligado. En una ocasión, ocurrió un incidente que Diana batalló mucho para poner en palabras. Después de una fiesta en la que ambos habían bebido, Nicolás quiso tener actividad sexual; ella se negó porque prefería dormir, pero fue tal la insistencia de él que acabó cediendo. Apenas entraron en el cuarto, él la empujó sobre la cama, prácticamente le arrancó la ropa y la penetró por el ano. El grito —de sorpresa, rabia, angustia, impotencia, horror, coraje— se estrelló contra la puerta cerrada. Pasaron años antes de que Diana se atreviera a llamar a ese hecho por su nombre: violación.

Otros detalles, que ocurrieron con relativa frecuencia y que a la postre cobrarían la factura, fueron menos evidentes y por lo tanto más ignorados. A medida que Nicolás fue adquiriendo seguridad, empezó a opinar, cada vez con más autoridad e intransigencia, sobre el aspecto físico de Diana: "No te queda bien ese tinte, se ve hasta un poco vulgar", "Hace tiempo que no te depilas, ya se ve la sombra", e incluso en una reunión con amigos llegó a decir: "Ustedes no la han visto sin maquillar, no se la imaginan". En otra ocasión, Diana se sintió incómoda porque la presentó con sus compañeros de la escuela como "una amiga de hace tiempo"; más tarde, cuando le pidió una explicación, él se encogió de hombros y la abrazó mientras esbozaba esa sonrisa que Diana llegaría a conocer tan bien: "No sé por qué lo hice; supongo que tengo miedo de que esto se acabe demasiado pronto... que no puedo creer que sea verdad tanta belleza".

Veamos un último episodio. Una noche, Nicolás llegó a casa de Diana a la hora acostumbrada, sólo que venía cargado con seis carpetas. Había errores en la contabilidad de la pequeña empresa donde trabajaba, y gentilmente había ofrecido que su novia podría revisar los libros, identificar las fallas y proponer los correctivos necesarios. Diana se sorprendió un poco, pero a los 15 minutos ya tenía el material extendido sobre la mesa del comedor y había puesto manos a la obra. Terminó cerca de medianoche. "Estaba seguro de que tú podrías —dijo Nicolás—, no hay problema que no puedas resolver".

Esa última frase pareció ser una máxima que día a día se actualizaba en la relación.

El peligro de las simulaciones

Carlos siempre ha sido el prototipo del caballero. A cualquier mujer que lo acompaña le abre la puerta del coche, la ayuda a ponerse el abrigo, le enciende el cigarrillo, le cede el paso, la lleva siempre hasta su casa y espera a que la puerta se cierre por dentro antes de arrancar el motor. Es, en suma, un hombre galante. En sus relaciones de noviazgo, su amabilidad se intensifica, lo que le permite esconder exitosamente cualquier ánimo de control.

Además de caballero, Carlos es un hombre muy inteligente que antes de cumplir los 40 años ya ocupaba la gerencia de mercadotecnia en una empresa prestigiosa. Siempre se ha enorgullecido de estar entregado a su trabajo y, además, de no tener vicios. Declara sin ambages que es feminista ("algo en lo que siempre he creído") y que defiende la igualdad en todos los órdenes de la vida. Estas características lo hacían, en lo que algunos llaman la flor de la edad, un soltero altamente codiciado. En las reuniones de la oficina y los brindis de fin de año, el hecho se comentaba entre risas y buen humor y, como puede suponerse, la vanidad de Carlos se inflaba sin mesura, pero sólo sonreía y comentaba que estaba muy contento viviendo solo.

Conoció a Pilar en un bar y sintió un súbito arrobamiento. Al día siguiente, le comentaría a su mejor amigo y confidente que esa chica "tenía una carita preciosa, dulcísima, y (que) esta vez no sabía qué iba a pasar". El amigo sonrió con desenfado, porque estaba acostumbrado a los enamoramientos de Carlos que, en promedio, duraban 20 días. "No es muy inteligente —agregó el susodicho—; ayer me di cuenta de eso". El comentario era sintomático, pero el amigo no quiso seguir preguntando. Ya se le pasaría.

Pilar era varios años menor que Carlos y vivía con una tía soltera. Había dejado los estudios universitarios porque, como ella misma decía, prefería ser milusos. Vendía diferentes cosas (artesanías, productos de belleza, artículos para el hogar) de manera informal y gastaba cada billete en cuanto llegaba a su mano. "El dinero va y viene", decía con un dejo de displicencia. Desde hacía un par de años, había empezado a cultivar el pasatiempo de la fotografía, que resultaba muy divertido pero bastante caro. Pilar disfrutaba mucho paseando por la ciudad, generalmente a pie, y en taxi sólo cuando lograba vender algo, entrar en un café y leer una revista, ir al cine, salir a bailar con amigos y, en general, aprovechar cada minuto de su tiempo libre —que era mucho— para relajarse y divertirse. En su primera cita con Carlos, le sorprendió la expresión de él —una mezcla de horror y extrañeza— cuando le dijo que lo que realmente le gustaría era vivir como turista permanentemente.

Ese mundo, con esas aspiraciones que Carlos no titubeó en calificar como reducidas, parecía lo opuesto al ambiente donde él se desenvolvía. Sin embargo, las diferencias y contradicciones resultaron ser aparentes y superficiales; además, en un primer momento, constituyeron el imán perfecto para el carácter de Carlos. Ya dijimos que era caballeroso y engreído; tenía una acentuada inclinación a dar consejos a diestra y siniestra. Muy congruente con el entrenamiento de género que lo había formado desde la cuna, se sentía responsable de toda la gente que lo rodeaba (su madre viuda, sus dos hermanas mayores, la empleada doméstica y las nueve personas que trabajaban en su gerencia) y pensaba que tenía la obligación de resolverlo todo, absolutamente todo. Tal vez, por eso, de todo tenía una opinión que, aunque supiera que no estaba bien fundamentada, defendía a capa y espada, como verdad indubitable. No es difícil suponer que con un autoconcepto tan alto, la seguridad individual rápidamente se convirtiera en una arrogancia cuyas caras más visibles eran la intransigencia y la intolerancia. "No puedo creer que haya alguien tan idiota", decía cada vez que regresaba a su oficina de una junta, atendía una llamada, veía a un proveedor o comentaba algún suceso de la política nacional. Su secretaria aprendió a escuchar la frase como quien oye llover.

Junto con esa arrogancia, Carlos había cultivado la certeza —en todo caso lo era para él— de que la vida, los proyectos, el porvenir de todas esas personas que lo rodeaban serían mucho, muchísimo mejores si lo escucharan y le hicieran caso, es decir, si actuaran exactamente como él les indicaba. Y fue esa convicción la que hizo que se enganchara con Pilar de una manera tan fuerte. "¿Qué haces —le había dicho, más que preguntado a su amigo— si encuentras a alguien que va por la vida sin rumbo?" Esta vez, el compañero respondió: "Preguntarle si le gusta. ¿Tú sabes lo que ella quiere?" "Ese es el problema, que ella no sabe lo que quiere". Otro comentario sintomático que cayó en la conversación sin producir resonancia alguna.

Carlos había encontrado en Pilar la oportunidad de moldear a alguien a su antojo. En un lapso bastante breve, él ya había decidido —después de diagnosticar de manera contundente que ella no podía hacerlo— lo que se tenía que hacer. Había elegido una escuela privada donde ella podría tomar cursos especializados que no exigían licenciatura y que se anunciaban como el último grito de la fotografía y el video. Además, le había conseguido un empleo con un amigo de él, lo que la tendría ocupada por lo menos siete horas al día. Así, no tendría malos pensamientos, como dijera la abuela. Esa noche, la invitó a cenar y, justo antes de que llegaran los postres, le anunció que le tenía una sorpresa, un regalo especial; enseguida, le mostró los documentos y concluyó con una frase entusiasta: "Empiezas el próximo lunes".

Pilar no se sintió precisamente halagada con esa iniciativa de Carlos, pero hacía mucho tiempo que nadie se preocupaba por ella de esa manera. En otras palabras, no lo registró como imposición y ni siquiera advirtió la intención de controlar —que después le parecería evidente—, sino que tomó el gesto como un detalle cariñoso. Ese "espléndido regalo" hizo las veces de declaración de amor y, a partir de entonces, ambos se consideraron pareja.

La relación que establecieron Carlos y Pilar es muy similar a la de Diana y Nicolás. Tanto Carlos como Diana asumen directamente toda iniciativa en la pareja y tienen actitudes de control: Carlos decide qué y dónde va a estudiar y trabajar Pilar, en tanto que Diana organiza el tiempo y el dinero de Nicolás. Sin embargo, hay algunas diferencias que es importante puntualizar para entender cabalmente todo lo que ocurrió después en cada una de estas parejas que, por cierto, tomaron rumbos muy distintos.

Diana considera que Nicolás tiene un gran potencial y decide impulsarlo; como veremos en los siguientes capítulos, sus métodos no fueron precisamente eficaces, pero ella deseaba genuinamente que Nicolás creciera, que se sintiera seguro de sí mismo, que se diera cuenta de las capacidades que tenía y, lo más importante, que se hiciera cargo de su vida y asumiera ciertas responsabilidades. Diana lo consideraba un hombre encantador, que podía dar mucho de sí, lo quería profundamente y deseaba apoyarlo en cuerpo y alma.

Carlos, en cambio, siempre se sintió superior a Pilar y decidió encauzarla según sus propios intereses y expectativas ("ella no sabe lo que quiere"). Si alguna virtud le reconoce a Pilar es precisamente la docilidad. Diana actúa desde el cariño y el reconocimiento del otro; Carlos, desde un egoísmo sin calificativos. Él estaba sentando las bases de una relación —que Pilar aceptó gustosa— en la que ella empezara pidiendo opinión y acabara pidiendo permiso. Al cabo del tiempo, sin embargo, tanto Diana como Carlos caerían en sus propias trampas o, dicho de una manera más coloquial, a ambos les saldría el tiro por la culata.

Como hemos dicho, Pilar era alegre y desenfadada. No le costó mucho esfuerzo acoplarse a las sugerencias de Carlos, aceptó de muy buen grado sus atenciones y aprendió a sacarle provecho a esa situación en la que se mezclaban la egolatría, la bonanza económica, ciertos placeres a los sentidos y una incipiente adicción al trabajo. Sin duda, Carlos y Pilar encontraron un esquema de complementariedad que resultaba muy funcional. Y sin duda, hubo también algunos detalles a los que ninguno de los dos prestó la debida atención.

Desde las primeras citas, Carlos hizo un par de comentarios sobre la infidelidad inevitable, *natural* en los hombres. En una ocasión, citó incluso los resultados de experimentos realizados con gorilas y chimpancés, los cuales demostraban —según la interpretación del caso— que un efecto claro de la producción de testosterona era la búsqueda relativamente frecuente de una nueva pareja, algo así como una marcada tendencia hacia la infidelidad. El nexo con el comportamiento humano no parecía muy nítido, pero a nadie le importó; no lo especificaron los zoólogos que condujeron la investigación, y no llamó la atención de Carlos ni la de Pilar, quien con una sonrisa dejó pasar el comentario.

Por otra parte, Carlos solía referirse a sus (múltiples) novias anteriores con un profundo desprecio. A una la había dejado porque no sabía conducirse apropiadamente en las situaciones sociales que demandaba el trabajo de él; otra había reaccionado con ingratitud después de los esfuerzos de Carlos por educarla con refinamiento; otra más había rechazado las invitaciones y cercanía de la madre y las hermanas de él, y así sucesivamente. En síntesis, él sentía que siempre había sido generoso y, a pesar de ello, incomprendido.

Paralelamente, pasó inadvertido el hecho de que Pilar jamás había podido —o querido— conservar un empleo por más de seis meses y que siempre confiaba en su cara bonita para obtener lo que quería. Además, y el tiempo demostraría que esta tercera característica tenía más peso que las dos anteriores, Carlos pasó por alto que a su novia le gustaba vivir bien y gastar dinero... ¡y de qué manera!

Aunque el noviazgo estuvo a punto de fenecer un par de veces, siempre acababan arreglándose con una buena comida, un paseo exuberante y un caudal de besos que impedían que salieran las palabras. La sexualidad en general funcionaba bien, aunque ninguno de los dos la habría calificado de excepcional. Al cabo de 14 meses de un noviazgo agitado, emocionante y también marcado por la comodidad, Carlos la invitó a compartir su casa. Para ambos fue otro "regalo espléndido", similar a la capacitación y el nuevo empleo.

El fantasma del abuso

Óscar y Soledad eran compañeros de trabajo en un banco. Ella era cajera principal y él subgerente de sucursal. En una comida de la oficina, compartieron mesa, platicaron animadamente y se lanzaron miradas de franca coquetería. A la semana siguiente, empezaron a comer juntos y al poco tiempo se hicieron novios. Esto último significaba que también por las tardes salían juntos y pronto las rutinas de ambos coincidieron los fines de semana; en realidad es sólo una manera de decirlo, porque sería más preciso puntualizar que fue Soledad quien se adecuó rápidamente a las necesidades, compromisos y deseos de Óscar. Además, todos los domingos comían en casa de él, costumbre que se prolongó durante años.

Óscar era tranquilo, mesurado y respetuoso. En el banco, la gente apreciaba su buen trato; no gritaba ni descargaba puñetazos sobre la mesa, no ofendía a nadie ni hacía reclamos injustificados. Jamás pedía favores personales. Era, en síntesis, un buen jefe y un buen compañero de trabajo. Además, la sucursal bancaria donde laboraba fue de las primeras en eliminar despachos privados y separaciones artificiales, así que todos los trabajadores eran visibles a propios y extraños; en otras palabras, era como si todo el personal estuviera en escaparate, en exhibición permanente. Óscar no advirtió la presión que esto significaba para él hasta que cambió de trabajo. Mientras tanto, hacía esfuerzos por controlar sus enojos y sólo apretaba las mandíbulas y subrayaba cada palabra.

Como puede suponerse, el banco ocupaba una buena parte de las conversaciones de la joven pareja. A veces, criticaban a algún compañero, se quejaban de la presión y lo difícil que era atender a tanta gente y conservar la sonrisa, o hacían planes de compras a corto y mediano plazo, aprovechando los créditos de la institución. En menos de tres meses de haber iniciado el noviazgo, ya se asomaba, entre palabras, risas y miradas significativas, el tema del matrimonio. Por ello, cuando súbitamente apareció la oferta de un nuevo empleo para Óscar, en una empresa dedicada al comercio exterior, no dudó en aceptarla. Años después, recordaría que no se detuvo un minuto a pensar en las actividades, el ambiente laboral, los horarios ni las responsabilidades concretas que implicaba el cargo; sólo puso atención en el salario: el "número clave", como solía llamarlo. Y explicaba esto en función de la boda, que ya empezaba a delinearse como un plan específico.

Si a alguien se le hubiera ocurrido pensar que el cambio de empleo implicaría una mayor libertad en la relación, una sensación de que estaban las ventanas abiertas para recibir el aire fresco de nuevos temas de conversación, nuevas amistades o nuevos compromisos, incluso un mayor gozo en cada encuentro, los hechos demostrarían lo erróneo de esos augurios tan optimistas. En un nuevo espacio —incluso literal: una oficina cuya puerta podía cerrar a voluntad— con mayores responsabilidades y mejores ingresos, Óscar empezó a tener actitudes dominantes y controladoras que se instalaron en la relación con una gran suavidad, como si fueran inevitables. Soledad las recibió con un encogimiento de hombros y una sonrisa apenas esbozada, porque siempre fue una persona callada, ensimismada, melancólica y —algo que sorprendió a Óscar cuando la vida matrimonial ya había recorrido un buen trecho— muy rencorosa.

Óscar recibió su primera quincena y, con la alegría del aumento, compró cosas muy variadas sólo por darse el gusto, le hizo un regalo a su mamá e invitó a sus amigos varias rondas etílicas en una cantina conocida y frecuentada por todos. La segunda quincena, con menos ansiedad y más cálculo, se presentó en casa de Soledad con un enorme ramo de flores; le dijo que se sentía muy feliz de estar con ella y, al despedirse, le entregó un sobre con varios billetes cuidadosamente acomodados: "Esto es *para* que te compres ropa —le dijo con una voz muy suave, casi rozándole el oído— *para* que cuando yo venga a verte te encuentre siempre bien arreglada, *para* que tengas algo más que el uniforme del banco". Antes de que ella se diera cuenta de lo que acababa de ocurrir y pudiera reaccionar de alguna manera, él ya había encendido el motor y emprendido la marcha. A Soledad le llevó varios minutos reponerse de la sorpresa, pero finalmente decidió aceptar la dádiva como un acto de generosidad, y al día siguiente compró un suéter y un pañuelo.

Sin duda, en este gesto de Óscar, que se presenta en un momento muy temprano de la relación (a los cuatro meses), hay una señal muy clara de peligro. Él empieza a controlar un aspecto tan personal como es la elección de la ropa, y además deja claro que ella debe arreglarse *para* él. También, hay una crítica velada a su apariencia (por algo quiere mejorarla), pero sobre todo una actitud de dominio. En un acto que dura menos de un minuto, él afianza una posición de poder económico y de decisión sobre la otra persona. No siempre hay señales tan nítidas y precisas, pero aun cuando se presentan, como en este caso, simplemente se dejan pasar. Soledad tuvo un momento de sorpresa que rápidamente desencadenó una serie de dudas, pero ella prefirió ignorarlas y optó por una interpretación más conveniente para sí misma y para la relación: "Él me quiere; por eso se preocupa por mí y por mi aspecto. Se ve que la relación va en serio".

A ese primer detalle le siguieron muchos otros, que de igual manera encendieron focos intermitentes en el tablero de la relación, pero precisamente por ser intermitentes, no recibieron la atención debida. Para empezar, Óscar interrogaba a Soledad sobre sus compañeros de trabajo y de vez en cuando expresaba comentarios de celos y desconfianza: "¿Segura que no tienes nada que ver con Paco? No me da buena espina ese muchacho". "Pero si tú lo conoces —replicaba Soledad, azorada—, fue tu compañero durante años". "Por eso no me da buena espina." Con palabras así de incomprensibles para su novia, Óscar preguntaba varias veces lo mismo, como buscando que cayera en una contradicción, e incluso a veces se presentaba en el banco de improviso. Todas estas actitudes, principalmente las visitas inesperadas, tenían un doble efecto que, al igual que otros aspectos del noviazgo, Soledad había preferido no remover ni cuestionar. Por una parte, se sentía querida y halagada ("si no me quisiera, no me celaría"), pero por otro lado no podía evitar una incomodidad que incluso llegaba a ser muy profunda; se sentía vigilada, casi acosada ("¿por qué me pregunta tanto?"), pero sobre todo, culpable ("yo no he sabido expresarle mi amor ni hacer que se sienta seguro").

En general, los miércoles no se veían, porque Óscar jugaba dominó con sus amigos de toda la vida, y sólo por algo realmente extraordinario dejaba de asistir a ese compromiso semanal que ya llevaba un tiempo de haberse instalado en su agenda y que se prolongaría por muchos, muchos años más. Soledad aprovechaba esa tarde y noche para hacer algunas compras, ir al salón de belleza, pintarse el pelo, darse un baño de tina o colgarse una hora del teléfono con una amiga. En síntesis, parecía muy sano que los dos tuvieran un espacio propio, totalmente independiente de la pareja. Sin embargo, Óscar se apareció un día exactamente igual que como lo hacía en el banco, sin avisar y esperando ser atendido de inmediato. En cuanto Soledad oyó su voz —saludando amablemente a la mamá de ella, como acostumbraba— colgó el teléfono y saltó para abrir la puerta del clóset y elegir rápidamente el atuendo con el que sustituiría el pantalón y la camiseta de la gimnasia. Diez minutos más tarde, bajó radiante, segura de su apariencia, pero nerviosa porque no atinaba a identificar la reacción que tendría su novio. Él se puso de pie, le besó ambas manos y con la suavidad que acostumbraba le espetó: "Te ves espléndida. Ojalá que la próxima vez que venga *ya estés* arreglada y no tengas que improvisar". Acto seguido, sacó las llaves del auto y se dirigió a la puerta sin decir una palabra más.

De nuevo el enojo no alcanzó siquiera a manifestarse, porque Soledad decidió esconderlo en una tristeza plana y sin contratiempos. Era mucho más fácil entornar los ojos, reprimir los sollozos y morderse un labio con una sensación de impotencia y desilusión, que dejar que saliera el coraje y tratar de identificar sus causas. Fiel a su entrenamiento de género, Soledad permaneció un rato en silencio con un solo pensamiento en la cabeza: "Le fallé, él quería encontrarme arreglada y presentable... y yo le fallé, fracasé".

Un aspecto más que se sumaba a estas actitudes de control se advertía en los viajes de trabajo que hacía Óscar. No eran muy frecuentes y la mayoría de las veces duraban dos o tres días. Además, él siempre tuvo cuidado de no dejar sola a su novia el fin de semana; en una ocasión, hizo dos transbordos y regresó el sábado a las cinco de la mañana prácticamente sin dormir, pero era preferible la desvelada que la ansiedad que le producía estar lejos, imaginando cosas que ni siquiera se atrevía a poner en palabras. Eso sí, de cada nuevo lugar que visitaba le llevaba un regalito a su novia, en general, una artesanía o una caja de dulces típicos.

La sexualidad siempre fue un terreno abrupto para la pareja, lleno de obstáculos y dificultades. Prácticamente, al día siguiente de su sentida declaración, Óscar le pidió a Soledad que se acostara con él, pero ella se asustó. Rechazó la propuesta por varias razones: quería que se conocieran mejor, sentirse segura de que la relación iba en serio y, fundamentalmente, de que habría boda. En el fondo, Soledad tenía miedo de que él se burlara de sus sentimientos, de que sólo estuviera jugando con ella, de que divulgara con los amigos y conocidos del banco que era una chica "fácil" y, en síntesis, de que todo acabara mal. Ella había tenido algunas relaciones anteriores y había rechazado, exactamente con los mismos argumentos, las invitaciones sexuales que había recibido. Desde la adolescencia —de nuevo en virtud de los mandatos de género—, había decidido que guardaría su virginidad para su marido. Óscar no insistió mucho, pero dijo algo sobre las ventajas de ser hombre y no tener que ceñirse a esas reglas absurdas. En general, era cariñoso, pero muchas veces Soledad se sintió sofocada por los abrazos, pensó que él sellaba sus labios con un beso porque no le interesaba lo que ella tuviera que decir, y lo más grave, en varias ocasiones, recibió bofetadas disfrazadas de caricias y jalones escondidos en supuestos abrazos.

Para concluir el relato de este noviazgo, sólo hay que reiterar que las relaciones de abuso, como cualquier otra, también se construyen. Hubo muchas señales de alerta que pasaron totalmente inadvertidas: la exigencia del arreglo personal, la celotipia infundada, las visitas intempestivas, el trato rudo. Al cabo de los años, cada uno de estos hilos se enredaría con los otros en una madeja imposible de deshacer, y ambos pagarían las consecuencias, lamentables e injustificadas, de una relación cifrada en el maltrato.

Un foco en el tablero

Las historias que hemos relatado en las páginas anteriores son sólo algunos ejemplos de cómo inician sus relaciones de pareja los jóvenes y las chicas. Es innecesario señalar que en modo alguno se pretende que estas secuencias agoten las posibilidades existentes. Por una parte, conviene aclarar que existen múltiples formas de relación y que no podemos descartar la integración de noviazgos equitativos y saludables para ambos integrantes de la pareja; sin embargo, esos casos no son predominantes y tal vez ni siquiera ocupen un porcentaje significativo. Sería más acertado considerarlos como excepciones. La razón de esto es muy simple, pero muy compleja en otro sentido. Es simple porque las relaciones no se forman en el aire, sin asideros de distinto tipo, ni en islas desiertas; cada persona llega al noviazgo con una serie de experiencias y lecciones repetidas (a veces incluso memorizadas) que simplemente está poniendo en práctica. En pocas palabras, todo noviazgo es social, responde a determinados patrones de comportamiento y recibe aprobación o rechazo de las personas más allegadas, según el grado de adecuación a las normas. Esa es la parte simple. El otro sentido, el complejo, se refiere a lo difícil que puede resultar desafiar o incluso cuestionar los mandatos en torno a la pareja; en ocasiones, ni siquiera se asoma una crítica a estos modelos de cómo ser un buen amigo, un buen compañero, un buen novio y, a la postre, un buen marido, así como el correlato de la buena compañera y esposa, precisamente porque los hemos interiorizado hasta los huesos; los llevamos debajo de la piel y afloran como si fueran parte de una naturaleza única, inmodificable.

En el otro extremo, es posible observar relaciones de noviazgo en las que se vive, de manera cotidiana y en forma creciente, una violencia grave. Sin duda alguna, existen jóvenes que golpean bárbaramente a las muchachas que dicen amar, y que pueden llegar a una situación extrema. Por ejemplo, en una escuela de bachillerato, dos maestras se armaron de valor para denunciar a uno de los estudiantes —que recién había cumplido 18 años— porque quemaba a su novia con un cigarrillo encendido; la mujer en cuestión, que también era alumna del plantel, tenía cicatrices permanentes en los antebrazos y el cuello. A sus 16 años, no se atrevía a esbozar una queja, mucho menos a terminar la relación, porque sentía un miedo terrible de la reacción de él. Algunos otros incidentes —ocurridos en diversos estratos sociales— muestran que el temor de la alumna de bachillerato no era infundado. En efecto, se sabe de hombres que han asesinado a las jóvenes que osan rechazarlos; en una universidad pública mexicana, se alzaron voces de indignación y repudio hacia el crimen cometido por un estudiante del último semestre de licenciatura contra su novia y compañera de clases. Un primer factor desencadenante de la ira fue que ella resultó embarazada y se negó a interrumpir la preñez; la consecuencia inmediata fue una golpiza que la dejó aturdida, hecha un ovillo en un rincón de la habitación donde discutían, y con lágrimas que le corrían hasta el pecho. Ella decidió que deseaba conservar a su bebé, pero jamás cohabitaría con un golpeador. Dos días después, encontraron su cadáver con varias perforaciones de balas de alto calibre.

La crónica de horrores podría continuar hasta formar un libro completo. Sin embargo, los casos más espeluznantes, los que condensan las expresiones más brutales de la violencia extrema, no son los más comunes —¡afortunadamente!— y por lo tanto distan mucho de ser representativos. Entre la equidad y el sano compromiso, por un lado, y el asesinato alevoso y premeditado, por el otro, encontramos que la gran mayoría de las relaciones de noviazgo aglutinan componentes de amistad, amor, pasión y, en ocasiones, el germen del maltrato.

De esta manera, las historias elegidas y elaboradas para abordar la dinámica del noviazgo nos permiten ilustrar diversos aspectos que encienden un foco en el tablero, precisamente, porque contienen una señal de alarma.

Las expectativas Desde el inicio del capítulo, señalamos que hombres y mujeres empiezan —y continúan— una relación de noviazgo con ideas muy diferentes. Lord Byron planteaba una imagen muy similar con muy pocas palabras: "El amor no es en la vida de un hombre más que una ocupación, mientras que en la mujer es la vida misma". Y Friedrich Nietzsche desarrolla un poco más este planteamiento en *La gaya ciencia*: "La misma palabra amor significa, en efecto, dos cosas distintas para el hombre y para la mujer. Lo que ella entiende por amor es muy claro: entrega total en cuerpo y alma, sin restricciones. El hombre (...) es ese amor el que quiere (y espera) de ella; lejos está de pretender para sí el mismo sentimiento".

De una u otra forma, más sencilla o más rebuscada, ambos autores sostienen que las mujeres aman sin condiciones, que eso es su vida y que por ello se entregan en cuerpo y alma. Los hombres esperan ser amados de esa manera (sin restricciones), pero ellos no pretenden hacerlo; la sola idea los haría parecer débiles, sensibleros, irracionales... femeninos.

En efecto, cada quien espera algo diferente. En general, las chicas desean un mayor compromiso de parte de los hombres, quienes a su vez hacen esfuerzos por alejarse un poco y conservar su independencia. Es frecuente que ellas hablen del noviazgo como tal y asuman la existencia de la pareja mucho antes que ellos. Cuando Nicolás presenta a Diana como "una amiga de hace tiempo", ilustra esta falta de compromiso.

Los muchachos pueden sentirse enamorados, escribir poemas o elegir algunos de autores reconocidos, llevar serenatas, enviar flores con una nota muy emotiva, y aun así tener la certeza de que su función, su papel en la vida, su porvenir está en otra parte. Qué maravilloso es encontrar una buena mujer y qué excitante es la experiencia de sentirse enamorados, pero siempre está la certeza de cuáles son las prioridades. Por otra parte, todo mundo conoce a un hombre que por lo menos una vez perdió la cabeza, en todos los sentidos posibles, por alguna mujer; no escuchó las recomendaciones de los hermanos ni de los amigos, mucho menos de la madre, y se alejó de la cordura. El hecho es frecuente, ampliamente conocido. Aun en estos casos, sería muy raro encontrar a un hombre dispuesto a dejarlo todo —escuela, trabajo, familia, futuro— en aras de una relación incierta; un hombre puede estar locamente enamorado, pero en la imagen —de suyo romántica— del amante arrodillado con un ramo de rosas o apostado al pie de la ventana, hay el ánimo de conquistar y posteriormente poseer. No es una entrega en términos de sumisión o abnegación, como diría Nietzsche, sino de conquista, con lo que la palabra tiene de comportamiento bélico y misterioso. El hombre enamorado es un poeta, pero sobre todo un guerrero.

Estas expectativas diferenciadas pueden apreciarse en todas las historias. Leonardo sabe que será profesionista y marido; Esperanza ayudará a su novio a convertirse en profesional y ella será esposa... y profesional. Nicolás también se sintió fortalecido por la relación, pero prefirió negarla en un momento dado. Carlos siente que su gerencia es una parte fundamental de sí mismo; la relación con Pilar es vista como un insumo que puede aprovechar para impulsar su propia carrera. Finalmente, Óscar busca el progreso económico y decide sus tiempos y sus actividades; una de ellas es la relación con Soledad, pero no parece ser prioritaria.

En las distintas expectativas de cada protagonista de la pareja en formación, se advierten los mandatos de género que vimos en el primer capítulo y, de manera privilegiada, las prerrogativas masculinas que raramente llegan a cuestionarse.

Los privilegios masculinos No vamos a repetir aquí cada una de las reflexiones que formuló Sofía sobre sus vivencias infantiles, pero sí conviene recordar su estupor después de realizar un somero análisis de la figura del jefe de familia. En las sociedades conservadoras y tradicionales —que por cierto son la mayoría—, los hombres tienen una serie de prebendas por el solo hecho de serlo. Una de las características más importantes es que dichas prebendas rara vez llegan a cuestionarse, precisamente, porque están cubiertas de un manto de naturalidad. En el siguiente capítulo, vamos a profundizar en el análisis de estos privilegios en la relación de pareja, y más específicamente en el matrimonio; sin embargo, desde ahora, vamos a señalar algunos rasgos de las relaciones de noviazgo que apuntan en este sentido.

En primer lugar, se encuentra el manejo de los tiempos y los compromisos, que está muy relacionado con las expectativas diferenciadas. Esperanza ajusta sus horarios y actividades a las necesidades de Leonardo; Diana organiza hasta los detalles más específicos de los compromisos de Nicolás; Pilar hace lo que Carlos le dice que haga ("empiezas el lunes"), y Soledad vive con la ansiedad de ser descubierta en falta.

En segundo término, es posible hablar de las iniciativas. En muchas culturas, corresponde a los hombres hacer una declaración amorosa, decidir los detalles de la cotidianidad, proponer matrimonio o tomar la iniciativa en el terreno de la sexualidad. Sin duda, ésta puede llegar a ser una carga muy pesada —como veremos más adelante, al analizar la violencia en la vida de los hombres—, sobre todo si va acompañada de la exigencia de resolver cualquier problema que se presente y de darle seguridad a la compañera. Se trata de un mandato de género que resulta un arma de dos filos; en otras palabras, es un privilegio que tiene un costo variable.

Por último, hay que mencionar la facilidad con la que, desde el noviazgo, muchos hombres imponen determinados comportamientos a sus parejas, las obligan a realizar alguna actividad concreta o les prohíben ciertas conductas. En el caso de Óscar, esto es muy evidente: le da dinero a Soledad para que se compre ropa y se arregle para él; Carlos decide la manera en que Pilar debe vivir su vida ("anda sin rumbo"); Nicolás no titubea en hacer que Diana trabaje varias horas en la noche sólo porque él lo ofreció, y Leonardo ni siquiera requiere esforzarse, da por hecho que Esperanza está para ayudarlo.

Estos privilegios no se discuten ni acuerdan en el interior de cada pareja; son normas sociales, formuladas de manera más o menos explícita, que se van incorporando en los noviazgos. No es que los hombres sean malos y las mujeres buenas, o al revés, sino que la misma sociedad enseña y estimula actitudes de poder y dominio en los varones, y de aceptación y condescendencia en las mujeres.

El don del dinero El manejo de los recursos económicos es siempre una fuente de poder, y las relaciones de pareja no están exentas de esta situación. Más bien ofrecen un escenario donde esta máxima se verifica con toda claridad. En las cuatro parejas cuyas historias de noviazgo hemos revisado, el dinero ocupa un lugar preponderante. En ocasiones, también puede resultar engañoso.

De nueva cuenta son Óscar y Carlos, quienes ofrecen los ejemplos más notorios. Para ambos es muy evidente que el dinero es un medio de control, sea para tener una posición destacada, para que la novia compre un suéter y una pañoleta, para pagar una cena deliciosa o cubrir una colegiatura. A los dos les gusta vivir bien, y para eso el dinero es bastante útil. Sin embargo, al cabo de algunos años, Carlos se verá abrumado por un estilo de vida que le demandará su esposa y que él no podrá sostener fácilmente, así como por sus propias exigencias —de nuevo los mandatos de género, ¡qué pesadilla!— de resolver la vida de su madre y sus hermanas.

Nicolás cede el control de los recursos a Diana, con lo que ella adquiere cierto poder, pero en el contexto de la relación, ese hecho fortalece una situación de dependencia. También, esto resultará engañoso.

Finalmente, Leonardo monta en cólera cuando se entera de que su novia ha conseguido un empleo muy bien remunerado. Aunque en ese momento no pudo descifrar el motivo real de su enojo, lo que había en el fondo era una mezcla de inseguridad y vergüenza por el hecho de que ella empezara a tener sus propios ingresos antes que él, y que la suma total no fuera precisamente despreciable. Ganar dinero u obtenerlo por cualquier medio, decidir qué hacer con él, acumularlo en una cuenta de banco o gastarlo a discreción son todas prerrogativas masculinas. Es bueno que las mujeres tengan un ingreso, pero lo mejor es que sea complementario o incluso marginal.

En el primer capítulo, al hablar del mito del matriarcado, ya anotamos algunas diferencias salariales por género. De nuevo, estamos frente a un fenómeno social que se reproduce con mayor o menor fuerza en situaciones concretas.

El papel de la sexualidad   Sin lugar a dudas, una experiencia básica, fundamental en la vida de todo ser humano, es la sexualidad. Sin embargo, apenas en las últimas décadas (a partir del decenio de 1960), su ejercicio ha empezado a liberarse de ataduras y restricciones de diversa índole. En efecto, el descubrimiento, la difusión y, en cierto sentido, el uso generalizado de métodos anticonceptivos han permitido separar la sexualidad como tal de la reproducción. Esto significa, por lo menos en teoría, que es posible buscar el placer erótico sin angustias innecesarias por un embarazo no deseado. Al hablar del placer femenino asociado con la capacidad real de las mujeres de controlar su reproducción, se ha llegado a decir que la píldora anticonceptiva ha logrado cambios mayores y más duraderos que cualquier movimiento feminista o liberacionista.

No cabe duda que el control de la reproducción trae consigo múltiples ventajas para las parejas que inician su vida en común o incluso su relación de noviazgo; no obstante, es posible observar que estos parámetros liberales del ejercicio de la sexualidad y la búsqueda del placer coexisten con distintos tabúes. Podemos decir entonces que una de las funciones de la sexualidad es corroborar una pasión y afianzar los vínculos afectivos; tal es el caso de Nicolás y Diana, que desde la primera etapa del noviazgo compartieron ese espacio de intimidad gozosa y conocieron mutuamente sus placeres, deseos y debilidades. Aquí puede verse una *puerta que se cierra* con gusto y emoción. Sin embargo, en un parpadeo, esto puede dar lugar a la violencia, cuando se ignora una negativa, se insiste hasta el punto de la terquedad y se impone una práctica no deseada, o incluso dolorosa. Entonces, *la puerta se cierra* contra la voluntad más íntima.

La relación sexual también puede ser un espacio de negociación. Curiosamente, Soledad considera —por los consejos recibidos una y otra vez de su abuela— que la virginidad es un bien preciado que debe conservarse. Ella teme que su novio deje de tomarla en serio si sucumbe a la proposición que no duda en calificar como indecorosa; en otras palabras, le asusta la idea de pasar de *mujer respetable* a una mujer que tiene relaciones sexuales, es decir, *no respetable*. Entonces, toma sus previsiones. Óscar parece no involucrarse mucho en esa discusión, pero deja entrever que la fidelidad no es recíproca (se congratula de ser hombre y no tener que preservar esa delgada membrana llamada himen). En este último punto coincide con Carlos, quien se refiere a los chimpancés y los gorilas como antecedente indudable del comportamiento humano masculino; Pilar hace caso omiso del comentario, como de muchos otros, porque realmente no le da mayor importancia. Aunque los detalles varían notoriamente en ambas parejas, es sintomático que se acepte sin mayores cuestionamientos la infidelidad de los hombres. Al parecer, es otro de sus privilegios.

En la relación de Esperanza y Leonardo, el tema de la sexualidad, como muchos otros, está ausente de sus conversaciones. Sin embargo, irrumpe sin censuras cuando se presenta la agresión sexual. De nuevo, Leonardo no tiene empatía con su novia y saltan los prejuicios y lugares comunes. El ejercicio de la sexualidad es también una prerrogativa masculina y para él, como para muchas otras personas —hombres y mujeres— es irrelevante el uso de la violencia; en todo caso, Esperanza dejó de ser una *mujer respetable*. Después, el mismo Leo tuvo que desarticular esta argumentación que le incomodaba y le resultaba tramposa, y decidió "perdonarla". Vale la pena mencionar que si bien hubo buenas intenciones de ambos, tanto para comentar y desmenuzar el tema de la agresión sexual como para continuar la relación, la comunicación se queda a medias, no logra llegar al fondo de las cosas —que por lo demás les resulta sumamente doloroso— y deciden enterrar el asunto. Sin embargo, al hablar de perdón de una manera tan burda y artificial, en la mente de Leonardo cristaliza una deuda, y en la de Esperanza se instala el rencor. Una y otro cobrarán altos intereses en la vida matrimonial.

En síntesis, la sexualidad es un aspecto muy importante de la vida en pareja, al que regularmente no le prestamos la atención debida.

○ ○ ○

Como puede verse, en todas las relaciones hay indicios de que se puede llegar al maltrato. Estas señales, de mayor o menor frecuencia y magnitud, ameritan hacer un alto en el camino y repensar seriamente el rumbo de las vivencias en común y los intereses personales. Algunos ejemplos frecuentes, que prenden una luz tenue en el tablero emocional o lanzan espirales de humo en el campo de las reflexiones solitarias —esas que suelen encontrar acomodo junto a la almohada— son los siguientes:

- Actitudes de control y dominio sobre muy variadas actividades.
- Prohibición —o sugerencia manipuladora y chantajista— de ver a ciertas personas o cultivar determinadas amistades.
- Interrogatorios pormenorizados y celos excesivos.
- Adicción al consumo de alcohol o de estupefacientes.
- Creencias estereotipadas sobre la relación de pareja y los papeles masculinos y femeninos.
- Falta de compromiso.
- Infidelidad.
- Negación de los sentimientos de la pareja, comparación negativa con otras personas, burla o ridiculización.
- Imposición de actividad sexual sin tomar en cuenta la voluntad de la pareja, o sometimiento a prácticas dolorosas o desagradables.

- Jalones, empujones, "bofetadas-caricias".
- Golpes de todo tipo y magnitud.

Sin duda, hay muchas actitudes que indican que algo no funciona bien. Lo más importante es analizar los propios sentimientos e identificar cualquier posible malestar en la relación. Si algo está generando incomodidad, molestia, enojo, tristeza o cualquier otra emoción negativa e insatisfactoria, es fundamental hacer un alto y analizarla. ¿Cómo me siento? ¿Qué sucedió exactamente? ¿Cuál es el origen de mi malestar? ¿Qué palabras, gestos, ademanes o acciones de mi pareja me produjeron esta molestia? ¿Por qué me parecen importantes? La lista de preguntas puede ser tan larga como nos dicte nuestra conciencia. Antes de empezar el interrogatorio, conviene tener en mente dos cosas: la primera es que si existe malestar es porque hay un problema; la segunda es que nada, absolutamente nada, de lo que haga una persona justifica que se le maltrate.

Si cada vez más gente se detuviera un momento a pensar en sus propias emociones y les diera un espacio real a sus sentimientos, necesidades y deseos, sin duda podríamos construir relaciones más equitativas. Como hemos visto, las ocho personas que nos han permitido conocer sus historias optaron por ignorar o minimizar las señales de peligro. Leonardo no quiso saber por qué le molestaba tanto la temporal bonanza económica de su compañera y estalló. Esperanza nunca cuestionó por qué seguía esperando actitudes románticas e interesadas de alguien que actuaba de otra manera. Nicolás simplemente se dejó llevar e hizo, como era su costumbre, lo que se esperaba de él. Diana nunca se preguntó por qué su compañero consideraba tan importantes el orden y la eficiencia ni por qué ella tenía que resolverle sus problemas. Carlos diagnostica lo que su novia *debe* hacer, en lugar de preguntarle directamente. Pilar nunca se interroga acerca de las imposiciones de Carlos y prefiere seguir el juego, aunque aparezcan algunas incomodidades que simplemente pasa por alto. Óscar jamás analiza por qué necesita controlar cada centímetro del espacio que comparte con Soledad ni qué pasaría si ella tuviera un espacio de acción más amplio. Finalmente, Soledad llega a identificar la molestia y un coraje que apenas se asoma tímidamente, pero tampoco se atreve a profundizar en sus sentimientos.

En síntesis, lo que cada una de estas personas —y seguramente muchas otras cuyas historias hemos recordado al conocer las vivencias recién descritas— hace o deja de hacer nos confirma que todo lo que ocurre en una relación de pareja es construido. No queremos pensar ni analizar lo que nos molesta o incomoda, no queremos poner en riesgo un noviazgo que ya lleva cierto tiempo y forma parte de nuestra vida, y tampoco queremos atender las señales de peligro. En lugar de ello —y ésta es una reacción increíblemente frecuente— pensamos que las cosas van a mejorar. No podemos explicar cómo se van a producir esos cambios ni qué implicaciones van a tener, pero nos dejamos llevar por la ensoñación de un futuro mejor. En muchas ocasiones, justo cuando se presenta una crisis, en lugar de hacerle frente y asumir las consecuencias, la pareja decide fijar la fecha de la boda.

Nuevamente vemos, en las expectativas de cada cual con respecto al matrimonio, la fuerza del género. Los hombres saben que una vez celebrada la boda, se convertirán en jefes de la casa y podrán ejercer la autoridad inherente al nombramiento implícito, lo que significa que podrán controlar cualquier situación que les desagrade, así como sugerir, proponer o, si lo consideran necesario, imponer un cambio. Las mujeres también confían en su nueva posición, pero no piensan en el mando —¡obviamente!—, sino en el impacto que puede tener el amor, sobre todo si se expresa cotidianamente. Con ello ponen en práctica una lección escuchada y repetida mil veces durante siglos, a pesar de su evidente fracaso: "Mi amor lo va a cambiar".

El mito del amor romántico

Entonces, ¿dónde quedó el amor romántico? Algunas personas se quedan esperándolo, aferradas a los cuentos en los que los valientes caballeros rescataban a princesas indefensas recluidas en torreones inalcanzables; otras utilizan versiones más contemporáneas de la misma anécdota, que sintetiza una relación de cuidado, protección y seguridad, a cambio de modestia, debilidad y sumisión. Por ello, en la actualidad, muchas chicas siguen admirando de una manera desbordante y hasta irracional a los cantantes o actores de moda, a los deportistas afamados o incluso a líderes políticos: hombres inalcanzables en quienes ellas depositan sus fantasías románticas. Sueñan que algún día recibirán la mirada anhelada y tal vez hasta algún beso ardiente; las más arriesgadas en este juego de imaginación llegan a construir una situación ideal —es un eufemismo para decir totalmente ilógica—, en la que el príncipe de sus arrebatos adolescentes llega a buscarlas para... y aquí hay que poner puntos suspensivos, porque la fantasía se salta esta etapa intermedia y apunta directamente al final: "Y vivieron felices para siempre".

Francesco Alberoni encontró actitudes como estas y muchas otras similares en jóvenes italianas consagradas a sus ídolos. Los muchachos reconocen la belleza, la dulzura, la atracción y otras virtudes en las divas del teatro o la música, pero sus fantasías están acotadas al terreno de lo sexual; no sueñan con vivir felices para siempre, ni siquiera con tener un tórrido romance. No. Cuando mucho imaginan, incluso detalladamente, una aventura lujuriosa. En los resultados de este trabajo de Alberoni, contenidos en su libro *El vuelo nupcial*, vemos de nueva cuenta la trama más repetida de los cuentos infantiles: el caballero conquistador al rescate de una mujer hermosa (para poseerla de manera carnal), y la espera paciente de la dama, dispuesta a entregarse en cuerpo y alma. La separación del deseo sexual y el sentimiento amoroso en los hombres se advierte con toda claridad.

Y podemos seguir transitando de un cuento a otro, hilvanando los detalles y la escenografía, pero estaremos siempre en la tierra de la fantasía y la imaginación. En la vida cotidiana, donde se llevan a cabo los encuentros entre personas reales —con rostros, nombres y apellidos, pero también con sus aprendizajes, modelos de comportamiento, nociones de un deber ser más o menos fuertes y estereotipadas— las cosas suelen ser muy distintas. Al abrir los ojos es posible comprobar que, por fascinante que sea soñar en vigilia, en el mejor de los casos, la imaginación únicamente nos deja un suspiro desolado.

¿Qué encontramos en nuestras historias? Esperanza se quedó esperando por lo menos un indicio de amor romántico: una declaración emotiva, el detalle de unas flores, una palabra cariñosa, un poco de interés por sus cosas; mientras tanto, se iba sintiendo cada vez más anulada como persona y, por lo tanto, más resentida. Leonardo ignoraba esa necesidad de su novia y seguía siendo el hombre pragmático que le gustaba ser. Diana y Nicolás prefirieron una pasión que poco a poco sería absorbida por el orden y la eficiencia, hasta llegar a un punto en el que ya no habría tiempo para besarse. Carlos se burlaba de esos sentimentalismos absurdos porque en su visión —y en la de Pilar— lo que no podía representarse con un signo de pesos no merecía demasiada atención. Óscar se sentía demasiado inseguro como para pronunciar la palabra amor, en tanto que Soledad prefería interpretar como románticos algunos gestos de control de su prometido, incluyendo el trato brusco y dominante.

En una visión de conjunto, es posible desterrar, o por lo menos matizar, el mito del amor romántico. A veces, se asoma en los primeros encuentros de la pareja y poco a poco se va desvaneciendo, como el humo de un cigarrillo; en ocasiones, coexiste con otras emociones; otras veces, sólo se insinúa ligeramente, como entre sombras y nebulosas, y otras veces más de plano se desconoce. El propósito de esta reflexión no es profundizar en el significado y los alcances del amor romántico, sino señalar con toda claridad que en el mejor de los casos es sólo un ingrediente de la relación y que no tiene poderes mágicos. Por sí solo, no hace que la violencia o el abuso desaparezcan ni tiene la potestad de transformar a la gente. En el siguiente capítulo, veremos cómo, al consolidarse las parejas por el matrimonio o la convivencia bajo el mismo techo, las asignaturas pendientes del noviazgo reclamaron una atención cada vez más urgente y los focos en el tablero se volvieron más brillantes.

3

La vida en pareja

La convivencia bajo el mismo techo, con sus múltiples aristas, sus aspectos divertidos, amorosos, rutinarios, difíciles y aun angustiantes, es lo que realmente consolida y da forma a una relación de pareja. No es lo mismo charlar en una cafetería, caminar abrazados por un parque o compartir la comida dominical con una u otra familia, que despertar juntos, en la misma cama y cubiertos por la misma sábana. Las rutinas se amalgaman a veces hasta llegar a fusionarse, los tiempos se confunden y aparecen nuevas actividades y expectativas para los dos. La vida en pareja marca un hito en toda relación y generalmente constituye una prueba de fuego. La sabiduría popular recoge la enseñanza de una manera sencilla y clara: "¿Quieres saber cómo es? Vive con él (o con ella) un mes".

En las siguientes páginas, veremos las distintas etapas de una relación que transita del noviazgo al compromiso matrimonial, la boda y la vida en común. Veremos que cada persona llega con todo su pasado a cuestas, que los roles de género tienen un magnetismo difícil de contrarrestar, que el control económico puede acrecentar las desigualdades en el interior de la pareja y que se siguen construyendo dinámicas de poder que pueden derivar en maltrato.

La boda

"El día de tu boda va a ser el más feliz de tu vida". ¡Cuántas mujeres habrán escuchado y creído a pie juntillas esta afirmación tan categórica! ¡Cuántas habrán puesto ahí sus ilusiones más íntimas, sus esperanzas más delirantes! ¡Cuántas adolescentes y jóvenes sueñan con ese día como el equivalente a la entrada al paraíso! A estas alturas es innecesario decir que son las voces de las abuelas las que están detrás, fieles a su costumbre de anticipar, organizar, dar consejos y advertir. La propuesta de matrimonio constituye en sí misma un ritual seguido de numerosos preparativos, en donde se van intercalando tradiciones y creencias, se deslizan viejos y nuevos consejos, se aventuran premoniciones y se conjugan muchos estados de ánimo. Huelga señalar que entre más tradicionales sean la pareja y sus respectivas familias, habrá un apego más marcado a las formas, y se formulará más claramente un deber ser para todo buen matrimonio.

Los motivos   ¿En qué momento decide casarse una pareja? Como vimos en el capítulo anterior, esto es muy variable. A veces, es simplemente lo que sigue, lo que corresponde hacer: ya se conocieron, ya transcurrió un tiempo razonable, ya concluyeron los estudios, o por lo menos él tiene un trabajo más o menos estable, y el paso siguiente es el matrimonio. En otras ocasiones, se pone fecha para la boda y todo se hace apresuradamente porque ya existe un embarazo en curso. Sucede también que el matrimonio se decide en un momento temprano de la relación, cuando la pareja vive el enamoramiento intenso y quiere permanecer unida el resto de su vida. Finalmente, recordemos que puede ser una crisis la que desencadena una decisión rápida; podría decirse que hay parejas que se casan por miedo a perderse, y durante un buen tiempo viven en el autoengaño.

Hay múltiples causas y múltiples formas de decidir una boda: amor, pasión, inercia, costumbre, presiones, embarazo, ilusión, etc. No es válido juzgar ni jerarquizar los motivos personales, pero sí conviene subrayar el peso de la voluntad individual. Lo ideal sería que cada quien decidiera, con absoluta libertad, si desea o no casarse, y cómo y con quién hacerlo. A veces, sin embargo, la voluntad está viciada, y en lugar de ser una decisión libre, la opción matrimonial se perfila como la única salida —o la más viable— a una situación difícil o angustiante. Desafortunadamente, aún existen muchachas que se casan *para* salir de su casa. El propósito es huir, pero no necesariamente avanzar. En otras palabras, están corriendo *de* un lugar pero no *hacia* una meta específica.

¿Qué busca una chica que se casa en esas condiciones? Sin duda alguna, la situación en el espacio donde vive su familia de origen y al que ella no desea pertenecer, es bastante difícil. Entre las principales razones que llegan a propiciar la huída podemos citar el agobio por las responsabilidades impuestas, la vigilancia estricta de los movimientos dentro y fuera de casa, las restricciones económicas, el trato discriminatorio con respecto a los hermanos, la falta de libertad y, aunque produzca una incomodidad extrema, la violencia en sus diferentes facetas. Varias encuestas y estudios de caso realizados en muy distintos contextos urbanos, recogen las voces de mujeres que refieren haber recibido golpes de diversa intensidad, tanto del padre como de la madre, hasta que cumplieron 18 años; otras hablan de los insultos y las burlas, así como las actitudes de control y dominio del padre y los hermanos; finalmente, hay quienes relatan dolorosos episodios de abuso sexual, incluso por varios perpetradores y durante varios años. En pocas palabras, hay mujeres que ven, en el matrimonio, la puerta de salida del infierno. No saben muy bien a dónde están entrando, pero sí de dónde quieren salir. Y *cierran esa puerta* con la confianza de que nunca tendrán que cruzar ese umbral de nuevo.

No deja de llamar la atención que sean las mujeres y no los hombres quienes quieran salir de su casa. Un breve repaso a las reflexiones de Luis y Sofía nos podría indicar algunas razones de esto; en efecto, los niños suelen ser más exigidos —incluso violenta-dos— por el padre, en una disciplina casi obstinada para forjar hombría. Recordemos que Luis apunta que su hermana era la consentida de su padre, que a ella nunca le levantaron la mano y que no tendría las presiones sociales y económicas para sostener un hogar. Sofía, por su parte, se sorprende de que su hermano no advierta su situación privilegiada y la considere algo natural y permanente, así como de su reticencia a pensar siquiera en un cambio. Las visiones son complementarias. Los hombres no buscan salir de la casa porque, en general, disfrutan de mayores libertades y prerrogativas que las mujeres; incluso la violencia física, que suele ser más grave y frecuente que la dirigida a las niñas, suele suspenderse en la adolescencia. Además, tienen la presión económica de formar un hogar con satisfactores mínimos. Por último, si desean salir de su casa, pueden hacerlo sin necesidad de casarse. Ese fue el caso de Carlos, quien vivía solo desde los 27 años y, como veremos, recibía muchos apoyos. Aunque también hay mujeres —cada vez más, aun cuando el número siga siendo reducido— que exploran la posibilidad de vivir solas, ellas no están exentas de la crítica y hasta el estigma social. Un dato más de las diferencias y las desigualdades.

En resumen, a las múltiples causas para abrir —y cerrar— la puerta que conduce al matrimonio, habría que agregar la expulsión familiar y subrayar, para nuestro análisis, la posible violencia.

La preparación Pensemos que la pareja, en un clima de autonomía que ciertamente no es lo que predomina, decide contraer matrimonio. Empiezan los preparativos para la ceremonia privada, familiar, en la que se verifica lo que pomposamente se denomina "la petición de mano". Es una costumbre antiquísima que subsiste hasta nuestros días, con muchas variantes y adaptaciones. No se aplica con el rigor que se le ha conferido en otras épocas, cuando el acuerdo económico era mucho más importante que el amor, pero se conserva el ritual.

En el derecho romano, que como vimos en la introducción de este libro, sólo regulaba ciertas cuestiones patrimoniales en materia familiar, la petición de mano ocupaba un lugar destacado. Un dato curioso es que como las familias deseaban proyectar una imagen de bonanza, pedían prestados varios objetos con el único propósito de presumir: exhibían cofres semiabiertos con joyas exuberantes y muy vistosas, telas muy finas y monedas de oro, pero todo lo devolvían intacto al día siguiente. Era el llamado préstamo *ad ostentasione*, cuya finalidad era, precisamente, hacer gala de una riqueza más anhelada que real.

En la actualidad, el novio, acompañado de sus padres, se presenta en casa de la novia para expresar sus intenciones ante los padres de ella. Son dos familias —ya no sólo dos personas— que acuerdan la fecha de la boda y las condiciones en que vivirá el matrimonio. Tradicionalmente, como el hombre sería el proveedor, se le formulaban preguntas relacionadas con sus ingresos, actividades y hábitos, con énfasis en la capacidad económica. En la misma lógica, la familia de ella entregaba una dote —costumbre milenaria que todavía pervive en muchas sociedades— para aligerar la carga económica de la pareja recién casada.

En lugares donde la tradición aún está vigente —por ejemplo, en algunas regiones de la India, Pakistán y varios países latinoamericanos—, los padres se ven muy presionados para reunir una cantidad decorosa y lograr así un buen matrimonio para sus hijas. Amnistía Internacional ha documentado el hecho con investigaciones de campo que han revelado todo lo que hay detrás de los conflictos por dotes: maltrato emocional, abandono, golpes y torturas, con el fin de presionar a la familia para que dé más dinero al marido despilfarrador, hasta llegar a los asesinatos disfrazados de accidentes de cocina. La misma organización humanitaria ha denunciado las consecuencias, para las mujeres, las familias y la sociedad, de tener que *comprar* un matrimonio. En estas culturas, la vida de las solteras no es precisamente envidiable; suelen ser presa fácil —socialmente autorizada— de actitudes de hostigamiento y violencia sexual.

Por otra parte, resulta peculiar —por decirlo de algún modo— la transparencia con la que se exhiben los mandatos de género masculinos. Las preguntas sobre su ocupación, ingresos y posibilidades de ascenso están orientadas hacia la protección y seguridad que debe brindar a la mujer y después a los hijos, ya que la procreación se considera uno de los fines del matrimonio, incluso el principal.

Con todas sus variantes y matices, la petición de mano sigue siendo una ceremonia importante para muchas parejas. La investigación antropológica reciente ha demostrado que en algunas comunidades rurales mexicanas, las mujeres logran cierto estatus por haber sido pedidas, lo que se traduce en el apoyo de los padres y padrinos, quienes incluso pueden intervenir si el marido resulta golpeador o abusivo. En otras regiones, se separa la petición de mano de la aceptación por parte de la novia, la cual se verifica en una fiesta más concurrida, donde se hacen públicos el compromiso y el inminente casamiento. A veces, a esta última se le denomina "compostura", término que alude a una suerte de arreglo o reparación e indica que ya todo está en perfecto orden. Por último, hay comunidades en las que, junto con la petición inicial de mano, el novio y su familia entregan algún regalo y luego reiteran el compromiso con otros obsequios y atenciones hacia la familia de la futura esposa; en general, esto dura siete meses. En cualquier caso, la ceremonia es un trato entre caballeros, un pacto patriarcal: el padre que cede a la hija y la entrega al novio, quien la recibe bajo la promesa de cuidarla. La cosificación de las mujeres en este ritual es bastante clara. Y eso que estamos en pleno inicio del siglo XXI y no en la época del derecho romano.

La pareja decide casarse. Los integrantes hablan con sus respectivas familias. Se lleva a cabo la ceremonia privada de petición de mano. Se cumple cierto protocolo y se fija fecha para la boda. Ya se recorrió un buen trecho, pero todavía falta mucho por hacer. No vamos a detenernos en cada detalle que requiere ser atendido en la preparación de una boda, porque la lista sería larguísima; lo que interesa destacar es cómo cambian las rutinas de todos —la pareja, las familias, las personas más allegadas— y cómo el noviazgo entra en otra etapa. Ya no hay mucho tiempo para pasear, tomar un café, salir con los amigos, ir a fiestas o simplemente convivir. La pareja se ve envuelta en un torbellino de compromisos que hasta se antojan innecesarios: alquiler de un salón, contratación de servicios de banquete y bar, músicos, invitaciones, etc. Si también hay boda religiosa, las actividades se multiplican. Todo esto, ya se dijo, es muy variable, pero por sencilla y modesta que sea una boda, siempre requiere inversión de tiempo, mucha energía y una buena cantidad de dinero.

Ahora los novios están comprometidos y la mayor parte del tiempo que pasan juntos se va en los preparativos del gran día. Esta etapa, puede durar unas cuantas semanas o varios meses; en muchos, casos llega a rebasar el año. Independientemente de la duración, lo que interesa resaltar es que tiene características peculiares que derivan, precisamente, del tránsito de novios a esposos. Y en el trayecto se suele acumular tensión y cansancio.

La ceremonia   Por fin llega la fecha anhelada. Amigos de ambas familias, parientes cercanos —y a veces no tanto—, compañeros de trabajo o de escuela, todo un mundo de gente se reúne para festejar el ingreso de dos personas en la vida conyugal. Más allá de los abrazos, las lágrimas de emoción, los detalles que cada cultura imprime a la fiesta, conviene revisar los discursos, socialmente legitimados y aceptados, en torno a la unión nupcial.

¿Qué dice el sacerdote? La Iglesia católica considera que el matrimonio es un acto solemne y, sobre todo, indisoluble. Hay varios símbolos de solidaridad, cuidado, amor, respeto y fidelidad. El hombre entrega las arras como muestra de que será un buen proveedor y la mujer las recibe en calidad de administradora. Los anillos simbolizan la fidelidad mutua, y el lazo, lo perenne de la unión. El discurso del cura subraya la importancia de permanecer juntos "en la salud y en la enfermedad, en lo próspero y en lo adverso". La unión es indisoluble: "hasta que la muerte los separe". Pero, ¿qué pasa si esa adversidad está cifrada en el desprecio, el maltrato cotidiano, la humillación constante? ¿Qué sucede si esa enfermedad es una adicción a los estupefacientes o al alcohol? ¿Y si la prosperidad es resultado de una actividad ilícita, por ejemplo, el narcotráfico o la venta de niños? ¿Hasta dónde debe realmente sostenerse el juramento, en términos éticos y morales? Cuando Sofía fue a la boda de una de sus amigas, se formuló estas y otras preguntas similares, pero recordó el triste final de sus reflexiones sobre la jefatura de familia y decidió guardar silencio. Aun así era extraño que no se cuestionaran las palabras del cura y que, de cualquier forma, en muchos casos que Sofía conocía, esos juramentos de amor eterno fueran letra muerta.

¿Y qué dice el oficial del Registro Civil? El discurso legal responde también a una tradición muy arraigada. El matrimonio es un acto solemne, pero no indisoluble. Una persona se puede casar varias veces, pero antes de la segunda unión, la primera debe ser disuelta por un divorcio legal. México fue de los primeros países en América Latina que reconoció el divorcio por determinadas causas, las cuales han ido aumentando a través del tiempo, a la vez que se han simplificado; con ello, las leyes civiles difieren con respecto al discurso religioso. La fidelidad, el amor, el respeto, la solidaridad, la provisión económica y la buena administración son valores reconocidos y ensalzados en la legislación, pero no tienen el carácter eterno que les atribuye la religión. Entonces, una pareja puede separarse y seguir todo un proceso legal —que, como veremos, no es precisamente sencillo— para divorciarse.

El día de la boda civil, el oficial del Registro Civil señala con claridad que la unión es moral y legítima, que ambos cónyuges se deben respeto y fidelidad, y que la sociedad espera que sean buenos padres de familia. Es curioso que en la parte medular de la ceremonia civil se diga: "Los declaro marido y mujer". De nuevo Sofía, con sus cuestionamientos irreverentes, se pregunta si no se es mujer antes de casarse, y en todo caso por qué las palabras "esposa" y "mujer" pueden usarse como sinónimos. ¿Significa que todas las mujeres son esposas? El hombre que se casa se convierte en marido, ¿y la mujer en mujer? De nuevo se quedó con la duda, porque nadie supo responderle; la abuela le acarició la cabeza y la miró con ternura, como diciendo: "Cuando crezcas lo entenderás". Pero Sofía entendía cada vez menos, y si algo crecía era su incomprensión.

Esperanza y Leonardo se casaron por el civil y por la Iglesia. Hicieron una fiesta para casi 100 personas y antes de que acabara la música, se escabulleron a la *suite* del hotel donde se hizo la recepción. Al día siguiente, viajaron a la playa, donde pasaron una sencilla luna de miel que duró cuatro días. Los dos venían de familias tradicionales y cumplieron cada detalle de los exigidos por los cánones de la buena sociedad. De los siete años que duró el noviazgo, los últimos 14 meses se destinaron a cubrir, sin prisas pero sin distracciones, cada una de las actividades que demandaba la organización de la ceremonia religiosa, el acto civil, la fiesta y, como veremos en el siguiente apartado, la elección y el acondicionamiento de la nueva vivienda.

Óscar y Soledad sólo se casaron por el civil. El jefe de Óscar fue testigo de honor y firmó el acta en medio de una multitud de casi 200 personas. Eran tantos los compromisos del novio, que pasó largas horas revisando listas y agregando invitados a cada momento. En los preparativos, que duraron poco más de tres meses, hubo una gran tensión, porque la boda parecía tener la utilidad adicional de impulsar la carrera de Óscar; le permitía, aunque fuera por un momento, que el personal directivo fijara sus miradas en él.

Tanto Esperanza como Soledad deseaban casarse y se sentían muy contentas de hacerlo. En particular, Soledad estaba feliz, porque siempre dudó, en mayor o menor grado, del compromiso real de Óscar; en otras palabras, desde que el noviazgo estaba en su primera etapa, Soledad tenía temor de ser abandonada. Esperanza sabía que se casaría con Leonardo; todavía un día antes de la boda, ansiaba una palabra de amor ardiente de su prometido, que por cierto no se pronunció. Sí, ambas estaban contentas y disfrutaron sus respectivas fiestas, pero si les hubieran preguntado, después de cinco años, si ese había sido el día más feliz de su vida, las dos habrían contestado con un NO rotundo.

La boda dura un día, pero la etapa previa deja su buena dosis de estrés, en la que se mezclan conversaciones a medias, reclamos y hasta enojos. Con todo ello, la pareja inicia su vida en común. Junto con la preparación de las ceremonias y la fiesta, se llevan a cabo la búsqueda y el acondicionamiento de un lugar propio, esa "casa de dos" que ya mencionamos. Y esta tarea también imprime su sello en la relación.

La casa

Al igual que la preparación de la boda, la búsqueda de un lugar que cada pareja pueda considerar suyo es muy variable. Algunas tendrán el apoyo económico de sus familias y buscarán una propiedad en venta, con lo que incorporarán la definitividad, o por lo menos el largo plazo, a la elección de vivienda. Otras tendrán que hacer un ajuste tras otro a su presupuesto e intentarán ceñirse a él. Otras más buscarán alojamiento —que se presume provisional y en ocasiones se prolonga por varios años— con la familia de uno o de otra. También, es posible que el novio —o en ocasiones la novia— cuente ya con un lugar donde vivir y sólo tengan que hacerse algunas adecuaciones para que la casa de uno se convierta en casa de dos. Cada una de estas posibilidades —y muchas otras que no anotamos— tiene sus propias consecuencias para la vida en pareja. Habría que preguntarse cómo se vincula cada persona con el espacio. ¿Los dos se sienten dueños del lugar y por lo tanto expresan opiniones sobre arreglos, cambios o decoración con la misma libertad? ¿Hay alguien que se sienta con más derecho porque paga la renta, consiguió el crédito o aporta más dinero? ¿El marido se siente por encima de su esposa sólo porque es, ahora sí de manera literal, "el hombre de la casa"? ¿Es la mujer quien siente que ahora tiene un espacio que le pertenece y que ha ganado estatus gracias a su condición de esposa?

Ninguna de las preguntas anteriores es trivial. Ya hemos señalado lo que significa ser jefe de la casa y las prerrogativas que conlleva. También dijimos que los hombres asumen el matrimonio como una parte —"una ocupación", diría lord Byron— de su vida, porque eso es lo que se espera de ellos, en tanto que las mujeres le dan —aun en la actualidad— una importancia mucho mayor. Mencionamos, finalmente, las expectativas diferenciadas con las que cada persona llega al matrimonio: "Va a tener que entender, si no es por la buena, será por la mala", o bien, "Mi amor lo va a cambiar, hará lo que le pida por mí y por nosotros". En todo este proceso, la casa ocupa un lugar central, precisamente porque es el espacio físico en el que se vive la cotidianidad, cristalizan los mandatos de género y se crean los vínculos más claros de amor o de odio. En pocas palabras, la casa es importante porque tiene una *puerta que cerrar*.

En un mundo igualitario, respetuoso de las diferencias y los gustos individuales, promotor de la autonomía y la asertividad, como ese que imagina Sofía antes de que alguien le pellizque un brazo y la haga despertar con un alarido, todas las decisiones se tomarían de común acuerdo, defendiendo lo importante y conciliando lo accesorio. En un esquema de utilidad y cálculo racional, podría pensarse que debe decidir la persona que pasará más tiempo en casa. Sin embargo, sabemos que los criterios más frecuentes no son la equidad respetuosa ni la utilidad racional. Entonces, vale preguntar: ¿quién decide en dónde vivir? ¿Quién aporta el dinero para la vivienda —sea renta, cuota o abono mensual— y qué significado tiene el hecho? ¿Cómo se distribuyen los espacios dentro de la casa? Y de nuevo, ¿qué significa y a dónde conduce esta asignación de lugares?

Esperanza y Leonardo vieron un departamento tras otro durante los meses que duraron los preparativos de la boda, y finalmente eligieron uno que reunía las cualidades que ambos habían acordado. Estaba cerca de donde vivía la familia de Esperanza (como ella quería), tenía un espacio *ad hoc* para el estudio de Leo (como él deseaba), contaba con un buen sistema de seguridad (para tranquilidad de ambos), tenía estacionamiento (para Leo) y no era muy grande (así Esperanza no se cansaría demasiado). Vemos que aun en las decisiones tomadas con calma y de común acuerdo, prevalecen los criterios de género: él desea un estudio y un estacionamiento, ella quiere estar cerca de su familia y que no haya mucho que limpiar.

Diana y Nicolás no se casaron por la iglesia ni por el civil. Al parecer, no le veían una ventaja real y sí el desgaste de preparar una boda. Como sabemos, Diana se encargaba de organizar el dinero de ambos y decidir en qué se gastaba y, sobre todo, cuánto se ahorraba.

Nicolás seguía siendo, a ojos de Diana, un joven desenfadado sin mayores ambiciones: trabajador pero sin iniciativa, tranquilo pero apocado, y dócil al grado de desesperar. Diana supuso que si él tenía mayores responsabilidades, adquiriría también otras cualidades y se volvería un hombre entusiasta, vigoroso y con una sana ambición. Entonces, le propuso que vivieran juntos y al poco tiempo él encontró la vivienda ideal: un estudio para ella, un taller para él (algún día incursionaría en la reparación de computadoras), una estancia agradable y una terraza. Ella aceptó la propuesta después de realizar los cálculos necesarios y definir cómo se pagaría esa renta. Nicolás no sabía con exactitud cuánto dinero ganaban entre los dos ni cómo lo gastaban; tampoco sabía cuánto costaba vivir como vivían ni por qué Diana llenaba de números tantas columnas. Es más: tampoco le interesaba. Sin embargo, tenía claro que él necesitaba un cuarto propio —el más grande de la casa— y fue él quien escogió la vivienda. Cuando años más tarde nació su primer bebé, Diana tuvo que reacomodar los muebles de su estudio para que cupiera la cuna, porque Nicolás no estaba dispuesto a ceder un solo centímetro de su espacio. Todo esto indica que Nicolás sí tenía algunas iniciativas y no estaba exento de ambiciones, sólo que Diana no quiso registrarlas como tales porque no correspondían con sus propias fantasías.

En la relación de Carlos y Pilar, el espacio siempre fue algo muy importante. Ellos tampoco se casaron, porque ambos se burlaban de los convencionalismos y los rituales. Les parecía un gasto inútil, totalmente innecesario. En algún momento de la relación, fue él quien decidió que podían intentar vivir juntos, porque sentía que ya casi sonaba la última campanada para la paternidad. Esto no tenía un sentido estrictamente biológico, porque estaba muy consciente de que como hombre podría engendrar todavía por varios lustros, pero quería disfrutar a sus hijos, jugar con ellos, verlos crecer y estimularlos en carreras exitosas. Además, no le gustaba mucho que Pilar viviera sola con una tía. Fiel a su carácter y a su actitud de no soltar —ni siquiera aflojar— el mango de la sartén, no dijo a su novia una sola palabra de estas reflexiones solitarias. Simplemente, comunicó una decisión que Pilar acató como quien recibe un regalo, ya lo dijimos.

Antes de que Pilar llegara con sus maletas de ropa y accesorios, su arsenal de cremas y cosméticos, su bicicleta fija y una mecedora que había heredado de la abuela, Carlos había dispuesto mentalmente la reorganización de muebles y armarios. La voluntad de Pilar y la rapidez de sus movimientos superaron con creces cualquier previsión. La noche misma de la mudanza, Pilar se sentía feliz en su nuevo espacio, y Carlos no podía manejar su desánimo. Él estaba abrumado. Se sentía invadido hasta el último rincón y sin la opción de dar marcha atrás. Y lo peor era que tenía clara conciencia de que la iniciativa había sido suya. La situación en conjunto parecía una broma de mal gusto, como si hubiera caído en su propia trampa.

Por último, veamos qué sucedió con Óscar y Soledad. Con lo que sabemos de su relación de noviazgo, del carácter controlador de Óscar y de la disposición de Soledad para complacerlo en todo (por lo menos aparentemente), no es difícil suponer quién tomó las decisiones y quién las aceptó con una sonrisa y una mirada dulce. Óscar eligió una unidad habitacional pequeña, con vigilancia continua, donde podía adquirir un departamento con el crédito bancario del que disponían ambos. En un sentido, el criterio de selección fue económico; después, calculó distancias, transporte y otros servicios, y por último puso atención a las características propias de la vivienda. En honor a la verdad, hay que decir que en este último punto sí consultó a Soledad, pero ella se limitó a decir, con los labios apenas entreabiertos, que cualquier cosa que él decidiera estaba bien: "Lo que tú digas, mi amor". Soledad había pensado que si él estaba a gusto en un lugar, precisamente porque lo había escogido, pasaría más tiempo en casa, de mejor humor y, como en los cuentos, vivirían felices para siempre.

Al poco tiempo de haber recibido el departamento, cuando aún no vivían en él, Soledad quiso sorprender a su prometido con un cambio que ella empezó a disfrutar desde que le surgió la idea. Pintó de distintos colores las paredes de la estancia: una de azul intenso; la del fondo, blanca, para que lucieran más los cuadros, y a la otra, que tenía un gran ventanal, le tocaron varios tonos de azul y blanco. Terminó exhausta pero feliz, y se regodeaba anticipando el entusiasmo y tal vez hasta una frase de felicitación de Óscar. No deja de ser triste que ya sepamos el final de este episodio, y eso que aún no se realizaba la boda. Óscar soltó una risita —mitad irónica y mitad condescendiente— y dijo que parecía una fonda de comida barata, pero que no se preocupara, que al día siguiente mandaría a alguien a "corregir el desperfecto". Después la abrazó y comentó que no le gustaba que ella maltratara sus "hermosas manitas". Una vez más, Soledad se atragantó lágrimas y palabras y no supo qué pasaba. Esa misma noche, su abuela —real o imaginaria, ya lo sabemos— le dijo que si se iba a casar, sería mejor que se encomendara a *San Aguantalotodo*. Y a ella no se le ocurrió preguntarse por qué tenía que soportar todo y qué recibiría a cambio. Ese tipo de interrogantes habría tenido lugar en la cabeza de Sofía, no en la de Soledad, pero tampoco habría sabido responderlas.

En todos estos sitios, en los que en breve se estrenarían varias vidas conyugales, estaban, imponentes, las puertas.

Al regreso de su luna de miel, Esperanza *cerró la puerta* de su casa y pensó en el tiempo que le llevaría poner todo en orden y organizar su rutina para hacer compatibles sus horarios de trabajo y sus responsabilidades como señora de la casa; una voz casi inaudible le susurró al oído: "Bienvenida a la doble jornada". Leonardo *cerró esa misma puerta* y pensó que el espacio no estaba mal, pero que en algún momento tendrían algo propio.

Nicolás *cerró la puerta* de la casa que compartiría con Diana y se dirigió a su cuarto, feliz con su habitación propia; el resto no le importaba. Diana *cerró esa misma puerta* con mucha emoción y alegría; sentía que esta nueva etapa de la pareja prometía mucho y estaba contenta de haber encontrado un lugar hermoso para vivir.

Pilar *cerró la puerta* de su nueva vivienda dichosa por haber salido de casa de la tía (donde había libertad, pero también varias restricciones) y por tener un espacio más cómodo, incluso lujoso, que irían mejorando juntos. Carlos *cerró la puerta* y se sorprendió al notar su deseo de llorar; a la sensación de pérdida que ya mencionamos, se sumaba la duda. "¿Habré hecho lo correcto?", se preguntaba una y otra vez en esa noche de insomnio.

Óscar *cerró la puerta* de *su* departamento con una sensación de éxito. Se sentía orgulloso de ser propietario, aunque tuviera una deuda enorme. Soledad *cerró la puerta* con un pensamiento que habría de repetirse varias veces: "Es cuestión de tiempo..." No lograba sentirse dueña del espacio.

Resulta claro que los lugares —¡y las puertas!— tienen un significado diferente para cada persona, que cada quien tiene sus propias expectativas y planes, y que en cada relación de noviazgo existe ya el germen de lo que será la vida en común.

La cotidianidad

Si algo aparece con toda claridad en la vida cotidiana —se verifica día con día en cada espacio de la casa y en cada momento en que convive la pareja— es la fuerza de los roles de género. Con respecto a estos, en el primer capítulo, Luis y Sofía nos contaron algunos aprendizajes que recibieron continuamente y sin descanso durante su infancia y su adolescencia; en el segundo capítulo, vimos cómo se ponen en práctica en las relaciones de noviazgo, y ahora veremos cómo se afianzan y ganan impacto cuando la pareja comparte el mismo techo. Así lo expresó Esperanza, enfáticamente, en su primera sesión de terapia, muchos años después de haberse casado: "Los roles te jalan... te jalan con una fuerza... y muy pronto estás haciendo lo mismo que la madre y la abuela... lo que juraste que nunca ibas a repetir... es increíble".

En efecto, en menos de tres segundos, las mujeres están a cargo de todo lo necesario para el funcionamiento del hogar y realizan prácticamente todos los quehaceres domésticos. Algunas lo asumen como algo inevitable, se encogen de hombros y hacen las cosas con buen ánimo, para no soportar la carga adicional de su mal humor. Otras se quejan de diferentes formas y grados, pero igual lo hacen. Algunas más intentan compartir las labores y refieren distintos avances, que la verdad pocas veces son significativos. Todas saben que por alguna razón que escapa a su control, que ciertamente no discutieron ni decidieron directamente, el cuidado del hogar simplemente es su responsabilidad.

De las parejas que analizamos en este libro, Leonardo jamás movió un dedo para que la casa estuviera limpia y arreglada; a veces, *acompañaba* a Esperanza al supermercado y cargaba las bolsas del carro a la cocina, pero ella acomodaba todo en las alacenas. Nicolás se escudaba en su inexperiencia ("lo siento, nunca aprendí") y las únicas actividades que realizaba de vez en cuando eran llevar la ropa a la lavandería y regar las plantas. Carlos *colaboraba* un poco más, pero tampoco tenía una idea muy clara del manejo de una casa, porque siempre había tenido el apoyo de varias mujeres: su madre le preparaba algunos platillos; a veces, sus hermanas le hacían una limpieza integral a su departamento; la vecina recibía el gas. Los hombres solos tienen esas prebendas que resultan impensables para las mujeres solas, por más colmadas de trabajo que estén. Viviendo con Pilar, a veces, lavaba los platos del desayuno y ambos pensaban que *la estaba ayudando*: "te lavo tus trastes". Óscar jamás realizó una sola tarea de la casa y, por supuesto, no tenía ningún interés en comenzar a hacerlo.

Las actividades, el esmero que se coloca en ellas, la energía que requieren y el tiempo que demandan son muy variables. Además, según la clase social, es posible contratar ayuda, sea para tareas específicas (por ejemplo, lavar y planchar), sea por horas, días o de planta. En cualquier caso, siempre que en el hogar haya una mujer adulta, ella será la responsable de su funcionamiento; sus únicas opciones son hacerlo directamente o pagarle a otra mujer para que lo haga y supervisarla.

Por mucho tiempo, se pensó que esa división de responsabilidades y tareas resultaba eficiente porque había complementariedad. Tal como señala el discurso religioso, el hombre cuida que nada falte en el hogar y la mujer se preocupa por su óptimo aprovechamiento. Sin embargo, la idea resulta engañosa —independientemente de que se cumpla o no— porque la provisión económica va asociada con un trabajo y tiene valoración social: un hombre que trabaja y lleva dinero a su casa es bien visto en la sociedad, que suele elogiar y reconocer tales atributos. También, se valora a la mujer que es buena administradora y hace que todo marche adecuadamente en casa, sólo que esas actividades de organización y buen funcionamiento del hogar no se consideran trabajo. Se reconoce a la esposa que sabe ahorrar y, sobre todo, a la que apoya realmente al marido.

Sin embargo, en los últimos decenios, las mujeres han ingresado en muchos campos y trabajan remuneradamente en una gran variedad de actividades. A nadie sorprende ya verlas en comercios de todo tipo, oficinas gubernamentales o privadas, e incluso en el sector industrial. En otras palabras, se han vuelto proveedoras económicas; una función que por tradición correspondía a los hombres, ahora es compartida. ¿Y qué ha sucedido con la actividad que tradicionalmente desempeñaban las mujeres? Ha quedado intacta. Ya nos lo dijo Sofía, con sus observaciones tan agudas, en el primer capítulo: el trabajo doméstico no disminuye ni se comparte; es más, su realización se vigila con más detenimiento. Entonces, se construye una nueva explicación, todavía más tramposa que la que acompaña la entrega de las arras: se dice que hay un trabajo mundano y remunerado, desarrollado convencionalmente por los hombres, pero hay otro más bonito, porque se realiza *por amor*, y que las mujeres lo hacen *para* los demás.

No queda muy claro en qué consiste trabajar *por amor*, salvo en lo más obvio que es la falta de retribución económica. En realidad, las mujeres realizan esas labores por costumbre, porque no les queda de otra, porque lo han aprendido desde la más tierna infancia y porque saben que nadie las hará por ellas. ¿Es posible imaginar a una mujer suspirando, emocionada, mientras lava un vidrio o pasa el trapo por un mueble? ¿Realmente hay mujeres que sienten la ansiedad que palpita en las sienes y el corazón desbocado porque llegó el momento de trapear? Parece una caricatura, es cierto, pero conviene subrayar que cuando se habla de trabajo por amor, se alude fundamentalmente a dos cosas: es gratuito y se hace *para* otros.

Esa imagen de la pareja heterosexual como fuerza y delicadeza, protección y debilidad, cerebro y corazón, no hace más que reproducir, de una manera gráfica e indubitable, los más burdos estereotipos. El hombre (fuerte, protector y racional) debe ser el sostén económico de la familia. Y la mujer (delicada, sensible y débil) debe ser el sostén emocional, lo que implica socializar a los hijos y apoyar en todo momento e incondicionalmente al marido.

Las mujeres se casan y obtienen esposos. ¿Qué significa esto para ellas? Básicamente, que ahora tienen a alguien a quien complacer, agradar y atender. Ellas pasan de un jefe a otro, de la tutela del padre a la del marido. Antes pedían permiso al papá, ahora buscan la anuencia del esposo. Soledad escuchó con toda claridad la advertencia y el consejo de resignarse a aguantarlo todo: cada detalle de la convivencia, cada gesto de autoritarismo, cada desplante; los límites de su tolerancia se fueron moviendo cada vez más hasta que su propia vida le pareció ajena, irreconocible. Esperanza también escuchó una vocecita suave, casi como un susurro, que le dio la bienvenida a la doble jornada. Su situación, como sabemos, no es única. Miles de mujeres contemporáneas se hacen cargo del cuidado y la organización de la casa, a la vez que desempeñan un trabajo remunerado. Cuando llegan los hijos, las tareas se multiplican, a la vez que aumentan las exigencias de los maridos, temerosos de sentirse desplazados. Entonces, la doble jornada se convierte en triple.

Los hombres se casan y obtienen esposas. ¿Y qué significa esto para ellos? Una esposa es alguien que mantiene la casa limpia y la ropa planchada y remendada, que está al pendiente de las citas con los médicos y otros especialistas, que sabe dónde está cada objeto personal que puede necesitar el marido, que hace las compras, prepara la comida y la sirve con una hermosa sonrisa en el rostro. Una esposa cuida y consiente al marido si éste se enferma, acompaña a la familia en las vacaciones y sigue atendiéndolos a todos, escucha con empatía cualquier incidente laboral o de tráfico y se ocupa de cada detalle de la vida social. Una esposa organiza la cena con el jefe, recibe a los invitados como magnífica anfitriona, sonríe hasta que se vaya el último de los comensales y habla maravillas del marido. Además, aguanta su carácter (irascible, neurótico, tenso o tímido) y soporta estoicamente sus infidelidades, porque una buena esposa sabe que los hombres —como los gorilas y chimpancés que mencionaba Carlos— no pueden ceñirse estrictamente a la monogamia; entiende claramente que ella es la catedral y las demás son capillitas y, como buena esposa, nunca se queja de las responsabilidades y los deberes de una esposa. A fin de cuentas, hace todo esto por amor.

Un aspecto central en toda pareja que vive bajo el mismo techo es el manejo del dinero. En el capítulo anterior, vimos cómo desde el noviazgo aparece el dinero como un instrumento de poder. En la vida en pareja, el ejercicio del poder puede llegar a cruzar los límites de la violencia.

El control económico

"¿Cómo te gustaría que fuera tu esposo? Esa es la pregunta que vamos a tratar de responder hoy. Imagina que frotas la legendaria lámpara de Aladino y aparece el genio de humo, con movimientos suaves y alargados. Escuchas su voz profunda y te das cuenta de que puede concederte ese deseo. Elige el marido que le pedirías al genio bondadoso, con todas las virtudes y atributos que tu imaginación te dicte. Sólo tienes que responder, para ti misma, cómo te gustaría que fuera el hombre con quien compartes tu vida..."

La sesión acababa de comenzar. Eran cerca de 40 mujeres que se reunían periódicamente para discutir asuntos como la vivienda, los servicios básicos (agua, electricidad, alumbrado, pavimentación) y la gestión ante las autoridades para ir cumpliendo los objetivos de la organización en la que participaban activamente, como parte del movimiento urbano popular. Habían logrado algunos avances en materia de seguridad y vigilancia, así como en la escrituración de sus departamentos; esta reunión era sólo para ellas. La gran mayoría trabajaban como obreras, en la prestación de servicios (sobre todo de preparación de alimentos) o se dedicaban a la venta ambulante de numerosos productos para el hogar y la salud. Todas tenían una pareja estable e hijos. En síntesis, eran mujeres con varias jornadas: ocho horas de empleo, el funcionamiento de la casa, la atención al marido, la crianza de los hijos y la militancia en la organización. Si hubiera estado cerca, Sofía se habría ido de espaldas al sopesar la energía inacabable de esas mujeres tan entusiastas.

La pregunta seguía flotando en el aire. La conductora continuaba guiando la reflexión; con una voz suave y modulada, buscaba que las participantes se relajaran lo suficiente —por lo menos en esos 20 minutos que les pertenecían— y desde ahí hicieran contacto con sus emociones y sentimientos más íntimos. Tenía especial cuidado de no manipular las respuestas ni encauzarlas de acuerdo con sus propios valores o creencias. Cada quien podía volar hasta donde su imaginación —y su ambición— le permitiera. Ese era el ejercicio: dar rienda suelta a la fantasía del marido ideal.

Llegó el momento de compartir deseos y peticiones al personaje mágico. Curiosamente, no hubo júbilo desbordante ni alegrías incontenibles. Casi todas las mujeres querían un hombre trabajador, que aportara dinero para el gasto familiar y que no llegara borracho a la casa. Hasta ahí llegaban sus anhelos. La conductora del ejercicio trató de llevar las cosas un poco más allá de ese límite que parecía demasiado realista y propuso cualidades físicas y de personalidad, pero sin éxito. Desde su punto de vista, las participantes se conformaban con muy poco, sobre todo, si el interlocutor era el genio complaciente que habita en una lámpara. En la elaboración posterior, las mujeres populares revelaron también su perspectiva: soñar con la entrega puntual del gasto era prácticamente un delirio, algo que sabían que jamás sucedería y que, por añadidura, no dependía de ellas. Ni siquiera de Aladino.

La experiencia con este grupo de militantes de una organización en modo alguno puede considerarse excepcional. Instancias oficiales de atención a la familia y en general dedicadas al bienestar social se enfrentan reiteradamente con la misma queja: los maridos —¡y padres de familia!— encuentran mil pretextos para no aportar dinero a la casa. Paralelamente, los juzgados familiares están saturados de demandas de alimentos, muchas veces infructuosas, porque hay personas que prefieren dejar de trabajar antes que dar dinero para sus hijos.

El manejo del dinero es un asunto complejo. La ecuación *dinero = poder* no puede formularse de manera absoluta, porque hay que tomar en cuenta muchos otros aspectos de la dinámica conyugal y familiar. Empecemos por ver en qué consiste el control económico y cómo se ejerce éste. Posteriormente, veremos que, en las cuatro parejas que nos han acompañado, el tema de la disposición y administración de los recursos económicos resulta una preocupación central.

La forma más evidente del control económico es la posesión directa de dinero, junto con la plena disposición de su destino. En general, cuando una persona tiene un buen ingreso, por ese solo hecho adquiere un poder reconocido en diversos ámbitos, incluido el familiar. Quien gana más tiene también la posibilidad de decidir cuánto y en qué se gasta; de esta decisión, dependerá el grado de control económico que se ejerza. Por lo regular, tal como anotamos en el primer capítulo en relación con el mito del matriarcado, los hombres tienen ingresos superiores, sea porque pudieron estudiar y capacitarse más, porque disponen de tiempo completo, porque tienen acceso a puestos elevados que, salvo escasas y honrosas excepciones, están vedados a las mujeres, o simplemente porque se da por hecho que los hombres *deben* ganar más que las mujeres. En realidad, los ingresos diferenciados por género, aun tratándose de trabajos iguales, son un hecho que a nadie sorprende. Hombres y mujeres sabemos que las cosas ocurren así y, al igual que Sofía cuando le repetían que ella era una niña, simplemente nos encogemos de hombros y poco a poco nos vamos acostumbrando, hasta que lo vemos como algo *natural*.

¿Qué se hace con ese dinero? ¿Cómo lo distribuye el marido proveedor y jefe de la casa? En una situación idónea para la construcción de la igualdad de la pareja, ambos planean, discuten lo que se tenga que discutir y asignan, de común acuerdo, ciertas cantidades a diferentes rubros: pago de renta o hipoteca, comida, recreación, arreglos para la casa, ropa, colegiaturas, honorarios médicos, etc. Cada pareja hará sus listas y establecerá sus prioridades de acuerdo con sus necesidades específicas y el monto del que realmente disponga. Es difícil saber cuántas personas funcionan con base en un esquema equitativo como éste, pero no es una fantasía ni tendría que requerirse la presencia de Aladino para desterrar de la relación el fantasma de la violencia económica.

Una situación paralela, aunque menos compartida, es la de los hombres cumplidos y responsables, que han acordado con sus esposas una cantidad para cubrir gastos básicos de la casa, y la entregan a tiempo con absoluta naturalidad. Curiosamente, tampoco es posible saber cuántos maridos y padres se comportan de esta manera, porque esta estadística no llega a los juzgados familiares ni a las instituciones de bienestar social. En otras palabras, qué bueno que existan hombres cumplidos y ojalá que cada vez sean más, para que disminuyan las cifras de los juicios por alimentos y para que muchas mujeres puedan soñar con algo más que el cumplimiento de un deber. Sin embargo, por el momento las cosas parecen ser un poco distintas.

La decisión exclusiva   La parte agradable de las relaciones igualitarias y de los maridos conscientes coexiste con otra realidad, más visible y más indignante, en la que los hombres gastan el dinero que reciben principalmente en satisfactores para sí mismos: ropa, carteras, lentes para sol, discos, teléfonos celulares, automóviles, un sinfín de accesorios y cualquier cantidad de cosas que son tan variables como los gustos individuales. También, gastan en consumos de restaurantes, bares y cantinas, o en general en bebidas alcohólicas. A veces destinan un porcentaje —que puede o no respetarse y que puede o no entregarse a tiempo— para el gasto familiar. Por irónico y aun absurdo que resulte, una gran cantidad de mujeres desconoce, rotundamente, cuánto ganan sus maridos. Al respecto, también hay que decir que muchos hombres no quieren *confesar* que tienen un ingreso pequeño, incluso raquítico, y prefieren esconder la vergüenza con una actitud de prepotencia y control. Recordemos que Luis, desde sus 15 años, ya sentía la presión de lo que significaría hacerse cargo del abastecimiento económico de una familia, con la exigencia adicional de ir aumentando los niveles de vida.

La disposición plena y directa de una buena cantidad de dinero es, pues, la forma más obvia de control económico. Sin embargo, sabemos que el monto no es lo más importante. Independientemente de las cantidades, es común observar las siguientes actitudes: no dar dinero, retrasar por varios días o incluso semanas la entrega del gasto, forzar a la mujer a pedirlo, entregar pequeñas cantidades, quejarse todo el tiempo de las peticiones de ella, entregar el gasto justo después de hacer el amor para que ella se sienta humillada, comprar directamente algunas cosas básicas de comida y pretender que eso es suficiente, entre otras.

El manejo de los recursos económicos varía mucho según el género. Cuando la mujer gana más, lo cual sucede en contadas ocasiones, la diferencia salarial suele crear conflicto en la pareja. El hombre puede sentirse disminuido o humillado, y trata de afianzar una posición de poder por otras vías: reduce o suspende de plano sus aportaciones, reclama atenciones especiales, critica con acidez cualquier nimiedad de la casa, ejerce diversas formas de violencia psicológica (que veremos con más detenimiento en el siguiente capítulo) y a veces llega incluso a los golpes. Lo que resulta determinante de conductas como estas y similares no es precisamente el monto, sino las diferencias; en otras palabras, los hombres de cualquier clase social pueden sentir esa mezcla de coraje y vergüenza que comentamos, y las mujeres —también de cualquier estrato— ensayan diferentes estrategias para ocultar el monto de sus ingresos o relativizar la importancia de sus funciones. Paralelamente, redoblan esfuerzos para que en la casa todo esté en orden y marche como debe ser. Así es el género: se actúa constantemente.

Las prioridades también son diferentes. Cuando a las mujeres de la organización popular se les preguntó en qué gastaban su dinero, soltaron la carcajada. La sola interrogante parecía absurda. "¿Cómo en qué? —dijo con asombro una de ellas— si tengo dos hijos". Los ingresos se van en comida, ropa para los niños, uniformes, útiles escolares y enseres domésticos; a veces, después de pensarlo mucho y con cierta dosis de culpa, las mujeres deciden comprarse algo para sí mismas —sea una prenda de vestir, un accesorio o un cosmético— y esconden el hecho como si fuera una falta imperdonable.

El gusto por lo ajeno   El control económico tiene otro aspecto tal vez más burdo: aprovecharse de los recursos del otro y disponer de ellos como si fueran propios. El ejemplo más claro son las herencias y legados que recibe uno de los dos y que el otro asume como si en realidad tuviera algún derecho sobre ese dinero; entonces, presiona, chantajea, utiliza a los hijos y hace todo lo que esté a su alcance para entrar en posesión de una herencia que en sentido estricto no le pertenece. En una ocasión, un paciente de mediana edad le comentó a su terapeuta cómo lo laceraba la sola posibilidad de que su esposa hubiera regresado, después de una separación de año y medio, al enterarse de que él había recibido un legado nada despreciable. Otro ejemplo es el de un hombre jugador que, presionado por las deudas derivadas de las apuestas, entregó como pago las joyas que la familia de su esposa había tenido durante más de un siglo. Y otra situación, más cercana a la cotidianidad, es la del desempleado que literalmente despoja a la esposa de su salario y de ahí, en el mejor de los casos, le asigna una cantidad para sus gastos.

Otras facetas del control económico son gastar compulsivamente, saturar las tarjetas de crédito, arriesgar el patrimonio familiar, comprar cosas sólo para sí mismo, acumular deudas y, como veremos en el caso de Diana y Nicolás, desentenderse de cualquier asunto monetario y seguir viviendo con el desenfado adolescente.

La visión patrimonialista   Óscar y Soledad iniciaron su vida conyugal con una meta muy clara: formar un patrimonio. Incluso antes del día de la boda, ya tenían una deuda considerable. Aunque el crédito lo habían obtenido los dos gracias a sus respectivos empleos, Óscar asumió como propia la gestión en conjunto: él pensaba que la casa era suya, que él era el propietario y también el deudor. Con esta actitud descalificaba a su esposa, quien también había trabajado arduamente, también resentía el descuento quincenal por el crédito y también había firmado el mar de papeles que les habían exigido. En la mente de Óscar, ella no contaba. Durante los dos primeros años de matrimonio, Soledad utilizaba su salario para comprar alimentos y algo de ropa, es decir, cosas que se consumen rápidamente. Con los ingresos de Óscar, se pagaban los abonos del vehículo y los electrodomésticos. Así, en el imaginario que ambos construyeron, Óscar se sentía dueño de *su* automóvil, *su* computadora, *su* equipo de sonido, *su* televisión, etc. Y Soledad literalmente no tenía nada.

Al inicio del tercer año de vida conyugal, apareció también, por insistencia de Óscar y deseo de Soledad, el primer embarazo. "Por fin se va a realizar mi sueño de tener a mi mujercita en casa, para que me reciba con un beso cuando llegue del trabajo y me sirva una sopa caliente. Con el bebé, ya no vas a poder seguir en el banco. Y se ve mal una cajera con semejante panza". Soledad trató de discutir y defendió enfáticamente que la figura de una mujer embarazada no era antiestética. Negociaron los tiempos: ella seguiría trabajando hasta el séptimo mes de embarazo y aprovecharía la licencia laboral por preñez, pero renunciaría al término de ésta. Cuando llegó ese plazo, Soledad se sintió muy desprotegida, a merced de lo que decidiera Óscar. Durante años, tuvo la certeza de que había cometido un error, porque junto con sus ingresos se iba la sombra de la autonomía.

Esperanza y Leonardo también tenían una visión patrimonialista, aunque no tan marcada. Desde el inicio de la vida conyugal, se dio por hecho, de manera implícita, que el ingreso importante era el de Leonardo y que el de Esperanza era complementario. Entonces, ella pagaba las compras de supermercado, los servicios y lo que hiciera falta en la casa, y él se hacía cargo de "lo importante": la renta (luego la hipoteca) y los bienes duraderos. La organización es muy similar a la de Soledad y Óscar; en ambos casos, ellos son los dueños de todo, en tanto que ellas ignoran el monto y el destino exacto de los ingresos de sus maridos. La principal diferencia es que Esperanza nunca dejó de trabajar, por lo que Leonardo jamás dio un centavo para los gastos de la casa. Tampoco consultó a su esposa sobre inversiones, posibilidades bancarias, necesidades concretas de la familia, gustos específicos, preferencias de actividades, etc. Leonardo actuaba fielmente, sin saltarse ni modificar una sola línea, el libreto del señor del castillo. Él recibe su dinero y lo gasta como quiere, sin preguntar opiniones ni escuchar consejos. Y desde esa posición, cualquier reclamo de Esperanza le parece injustificado, porque en su visión, las múltiples comodidades que disfrutan se deben a los esfuerzos de él.

En ambos casos, vemos con claridad los alcances del control económico. Hay que reiterar que son sólo un par de ejemplos de muchas posibilidades.

El gasto compulsivo Carlos siempre fue consumista o, como él decía, le gustaba vivir bien. Dada su vanidad y egolatría, no sorprende que tuviera una particular afición por comprar cosas para su persona, en el más estricto de los sentidos. No había semana que no llegara a la casa con una nueva loción, un producto especial para suavizar o dar brillo al cabello, un saco de lino, un traje de diseñador, unos lentes oscuros de marca exclusiva, etc. Había varios espejos en diferentes habitaciones de su departamento y Carlos disfrutaba al contemplar su imagen con fingido desenfado, como si fuera casual tropezarse con ese objeto que lo reflejaba casi a cada paso.

Otra de sus prioridades, lo cual tampoco era de sorprender, era el automóvil. Disfrutaba un modelo potente y bien equipado, incluso lujoso. Se había endeudado para tener un auto deportivo, con techo corredizo y reproductor de discos compactos; así combinaba la velocidad, la ostentación y la música. Entonces, compraba también accesorios para el auto y productos especiales para su limpieza y mantenimiento.

Además de su persona y su automóvil, Carlos gastaba una buena cantidad en discos, equipos de sonido, libros, material de papelería y aparatos para hacer ejercicio. Más tardaba en recibir su cheque quincenal que en comprar artículos variados o, lo que después se volvería una carga abrumadora, hacer los pagos de las tarjetas de crédito. Cuando empezó su vida en común con Pilar, llevaba años con ese ritmo de vida, pero no se sentía agobiado. No le preocupaba un ápice cuánto ni en qué gastaba cada mes. Su vanidad crecía al advertir que podía darse varios lujos gracias a un empleo bien pagado. Se sentía importante al gastar el dinero con absoluta despreocupación, como si éste surgiera por generación espontánea o creciera en árboles. Jamás en su vida había ahorrado un peso y no le encontraba sentido alguno a tener dinero en un banco, por ejemplo, si podía tenerlo en la forma de objetos bonitos, variados y costosos. Por añadidura, con frecuencia, le daba algo a su mamá —quien vivía de lo que había heredado su marido y de una pensión relativamente buena— o a sus hermanas, quienes esporádicamente le contaban alguna penuria económica y esperaban su respuesta cuantificable.

Todo parecía estar en orden en el terreno monetario. Carlos así lo veía, ya que nunca había pasado un aprieto. A esta situación de bonanza y de promesas de ascenso económico, se sumaron las nada modestas pretensiones de Pilar. Ya comentamos que desde el primer día de vida en común, Carlos se sintió invadido, y Pilar dueña del espacio. Si él tenía gustos exclusivos, ella lo rebasaba. Por supuesto que deseaba estrenar ropa y accesorios de diseñador, pero esa pasión por lo caro y lo extravagante, se extendía a las alfombras, las cortinas, los muebles, el diseño y los materiales de la cocina y los baños, etc. En cualquier lugar que estuvieran —fuera durante un paseo desenfadado el sábado en la mañana, una salida de un día a un pueblo cercano, un té a media tarde—, ella encontraba algo que se le antojaba: una pluma fuente, una nueva vajilla, un juego de cubiertos, cortinas para el estudio, un libro de arte y numerosos objetos cuyo valor crecía artificialmente por la ambición de Pilar. Una noche que regresaron a casa cargados de cuadros y litografías, Carlos recordó, casi con amargura, que al principio de la relación, Pilar le había dicho que aspiraba a ser una turista permanente. Sin duda, una actividad continua de todo turista que se ufane de tal condición es comprar cualquier cantidad de cosas sólo porque están ahí, en venta.

Para completar el cuadro, hay que recordar que Carlos era un hombre controlador y que había decidido varias cosas para su compañera, para empezar, estudios y trabajo. Él había pensado que viviendo juntos podría estrechar las redes de su control y hacer que ella trabajara más, fuera más productiva y lograra un mejor salario. De hecho, los únicos ingresos que percibía Pilar provenían del empleo que le había conseguido Carlos con uno de los proveedores de su gerencia. Sin duda, él tenía un control muy claro y una herramienta de poder que se traducía en el empleo y hasta en el sueldo de ella. Pero también en esto se sintió acorralado. Pilar lo convenció de que necesitaba una nueva computadora y una docena de programas para realizar sus funciones con rapidez y eficiencia. Y Carlos pagó todo. Siempre lo hacía.

La narración de avances y retrocesos, concesiones y repliegues de cada uno de estos personajes puede ser divertida, muy evidente para quien la ve desde fuera, y dolorosamente larga. El manejo del dinero en la pareja formada por Carlos y Pilar era un asunto muy delicado, penoso y conflictivo. Si la situación fuera única o excepcional, no le habríamos dedicado tanto espacio. Muchas parejas utilizan el dinero como un instrumento de poder y se mantienen en un estira y afloja constantes. En este juego, de suyo destructivo, hay saturación de tarjetas de crédito, gastos compulsivos, adquisición de objetos innecesarios, competencias absurdas de ver quién gasta más... y un torrente de dinero que se va como un hilo de agua.

Es importante identificar estas conductas y detenerlas cuando aún están en una fase inicial, antes de que se vuelvan un círculo vicioso, interminable y de fatales consecuencias.

Jugar al desentendido   Nicolás nunca se enteró de nada. Más bien, nunca quiso enterarse. Ya dijimos que Diana lo *ayudó* a terminar su carrera técnica y a encontrar el mejor empleo posible. Cuando quiso enseñarle a organizar sus cuentas, él dio un paso atrás y con una sonrisa encantadora dijo que ella lo haría mejor. Esa fue la pauta que perduró a lo largo de su vida en común: él se escondía en su inhabilidad, su desconocimiento o su torpeza, se encogía de hombros y sin dejar de sonreír se iba a otro cuarto, en sentido literal y figurado. Para decirlo coloquialmente, Nicolás seguía jugando a ser adolescente.

Cualquier observador medianamente avispado lo habría considerado un niñote, un muchacho inquieto, un títere hecho a escala, un
alumno indisciplinado, un hijito de mamá... un inmaduro. Diana se
desesperaba con las actitudes de su esposo, que a veces eran de desenfado o desinterés, otras de hartazgo y algunas más de franco cinismo. Todas apuntaban en la misma dirección: la falta de compromiso
y la irresponsabilidad económica.

Al principio, Nicolás le entregaba su sobre cerrado a Diana,
para que ella organizara y distribuyera el dinero. Aparentemente,
estaba cumpliendo, pero como bien dice la sabiduría popular, las
apariencias engañan. Él nunca supo qué porcentaje de los gastos
cubría su aportación, y realmente nunca le importó. Hasta un niño
se habría dado cuenta, al cabo de unos meses, que era mucho menos
de la mitad, tal vez 35 por ciento. Sí. Un niño lo habría advertido,
pero no Nicolás. Después, decidió que por lo menos el día de pago
era rico, así que se compraba cualquier cosa que se le antojara (principalmente aditamentos para su computadora, música o litros y
litros de cerveza), así que entregaba el sobre abierto y mermado.

Por último, la empresa donde trabajaba empezó a utilizar los servicios bancarios de nómina y se acabaron los sobres. Nicolás siempre
conservó la tarjeta electrónica con la que hacía compras directamente y sacaba dinero para entregarle a Diana. Nunca se determinó una
cantidad precisa ni una fecha exacta para la entrega.

Mientras tanto, Diana hacía malabares para cubrir las necesidades básicas, no endeudarse demasiado, localizar las mejores opciones de crédito y perseguir ofertas. Además, empezó a buscar trabajos
extraordinarios que se llevaba a casa y que muchas veces le consu-
mían incluso sus horas de sueño. Fiel a su lema vital de tener todo
en orden y hacer las cosas con eficiencia, llevaba la cuenta exacta de
cada peso que entraba a la casa, y la correlativa de lo que se gastaba.
No fue difícil darse cuenta de las disminuciones graduales en las
entregas de Nicolás. Si en un principio había cubierto casi el 40% de
los gastos, al cabo de dos años era menos del 30%, en cinco años
apenas llegaba al 10% y en algún momento, que Diana identificaba
claramente pero que para Nicolás parecía no existir, él simplemente

dejó de dar dinero. Los hechos posteriores demostrarían, según él, que su participación era innecesaria. No se redujo su nivel de vida.

Como hemos señalado varias veces, Diana perdía la paciencia y se sentía a punto de desfallecer. La carga de mantener la casa de todo a todo, en un sentido literal, era francamente abrumadora. Desde la introducción de este libro anotamos que se sentía colmada por una sensación de injusticia. Y como suele suceder, ella misma era incapaz —a pesar de sus principios inamovibles de orden y eficiencia— de identificar y reconocer sus propios errores y debilidades. En otras palabras, si Nicolás podía desentenderse de todo, era porque sabía que su esposa se haría cargo realmente de todo; si él era un adolescente indisciplinado, ella jugaba el rol complementario de educadora paciente; si él se comportaba como hijito, era también porque ella asumía el papel de madre. Además, ella se sentía indispensable y con ello crecía su vanidad. Desde esa posición de egolatría, pensaba que si soltaba las riendas, si abandonaba su lugar al pie del cañón por un solo instante, las consecuencias serían terribles. Nunca se atrevió a comprobar si la casa se caía en su ausencia; o lo que es igual, nunca se verificó esa ausencia. Por extraño que parezca, fue Nicolás quien aventó la toalla, pero antes de esa iniciativa escalofriante, pasaron muchas cosas en esa pareja.

○ ○ ○

El dinero es un factor de suma importancia en cualquier relación. Su presencia central se advierte desde el noviazgo. Algunas formas frecuentes de utilizar los recursos económicos para controlar, someter o manipular a la pareja son las siguientes:

- Ocultar el monto de los ingresos y entregar una cantidad pequeña (incluso ínfima) para los gastos de la casa.
- Decidir todas las compras, o por lo menos las consideradas importantes por su permanencia: bienes raíces, automóviles, computadora, electrodomésticos.
- No dar dinero para el sostenimiento del hogar o darlo en cantidades mínimas y en contextos en los que la mujer puede sentirse humillada.

- Gastar compulsivamente, presionar para obtener más recursos o adquirir más objetos, competir para ver quién gasta más.
- Disponer de los ingresos, dinero o valores de la pareja como si fueran propios. Pedir préstamos y no devolverlos. Robar.

Después de ver cómo manejan el dinero las parejas que protagonizan este libro y formular un recuento de los comportamientos más frecuentes, podemos entender un poco mejor a las mujeres de la organización popular, que invocaban como principal deseo, ante la imagen mágica de Aladino, el cumplimiento económico de sus maridos.

El mito del amor eterno

Los recién casados inauguran una vida en la que se confunden las expectativas personales con los mandatos de un buen matrimonio, los sueños de un futuro dorado con la realidad de las tradiciones, los buenos deseos con la fuerza de las desigualdades. A veces, lo que cada quien espera de la vida matrimonial es tan distinto, que podríamos hablar de vidas paralelas. Por ello, la ilusión de cambiar al otro con la fuerza del amor es sólo una fantasía.

En la convivencia cotidiana, paulatinamente y con muy diversos grados de dificultad, se acomodan las rutinas, y por lo regular, también de maneras muy diferentes, la pareja se va acoplando a determinados modelos sociales. Tales patrones del comportamiento indican cómo debe ser un buen marido y una buena esposa, cómo debe funcionar una buena pareja y, en un lugar que no es precisamente marginal, cómo sentar las bases para una buena familia. En este proceso de conocerse íntimamente, descubrir los hábitos y debilidades secretas del otro, y ajustar los tiempos para hacerlos coincidir con las nuevas necesidades, la pareja corre el riesgo de perderse. Por paradójico que resulte, muchas personas refieren que, una vez contraído el matrimonio y ordenada la casa, el tiempo que realmente pasaban juntos disminuyó drásticamente.

Algunas mujeres cuentan que sus novios solían visitarlas prácticamente todos los días y pasar horas enteras con ellas, merendando, viendo televisión o platicando banalidades; en cambio, los esposos pasan esas mismas horas en la calle con los amigos, jugando billar, en la oficina, etc. Parecería que, sabiendo que la esposa está en casa, esperándolos, ya no hay necesidad de apurarse. En un sentido muy similar, se escucha la queja de que el caballero galante se ha convertido, en virtud de un acta del registro civil, en señor del castillo. El novio era amable, atento y solícito; el marido es mandón y exigente. En gran parte, ésta era la situación de Esperanza, que nunca dejó de resentir la indiferencia de Leonardo.

De la misma manera, algunos hombres se quejan de que las esposas no están quietas en casa; por ejemplo, no hay sobremesa porque ella tiene prisa por recogerlo todo, lavar los trastes y acomodar *su* cocina. Además, siempre necesitan algo nuevo: una cortina para el baño, un juego de cuchillos, nuevas toallas, etc. La lista —igual que los trastes y la basura, diría la abuela— nunca se acaba. En cierta forma, ésta era la situación de Óscar, que tenía mucho cuidado de no pisar donde Soledad acababa de trapear, si no quería arrancarle un grito de desesperación.

Para completar el cuadro, ahora están los compromisos del matrimonio como tal, que también reclaman su tiempo: con la familia de él, de ella, con los compañeros de trabajo y amigos de uno y otra, más los comunes. En fin, el tiempo libre del que realmente dispone la pareja puede verse muy disminuido. Y como corolario, el control económico se instala sin contemplaciones en cada rincón, en cada hueco de la relación, con las funestas consecuencias que ya vimos y que al paso del tiempo crecen como la espuma.

Para resumir, podemos decir que la convivencia en común se nutre de varios ingredientes: el manejo de tiempos y espacios, la fuerza de las tradiciones, las expectativas que cada quien lleva consigo a la boda, las que agregan las familias y la sociedad, y la historia construida durante el noviazgo, con sus correspondientes focos intermitentes en el tablero. Todos estos elementos se confunden en la vida diaria, todos dejan una huella en la relación y a todos habría que dirigirles una mirada atenta para que la vida en común fuera saludable y grata para ambos. Ahora, la pregunta obligada es dónde queda el amor. ¿Qué pasa con ese sentimiento esplendoroso que embargaba a los jóvenes, ansiosos por compartir unas horas de la tarde? ¿En dónde quedan las promesas de amor eterno y fidelidad estricta? ¿Qué ocurre con esas miradas de ternura y deseo?

El amor es también un ingrediente de las relaciones de pareja y, sin duda alguna, tiene un peso fundamental. En un esquema de convivencia estable, el amor es la fuerza que une y que impregna de entusiasmo cada tarea en común. Sí, por supuesto que el amor existe, pero no tiene un carácter mágico, y lo que es más importante, no es eterno. El amor, como cualquier otro sentimiento humano, se transforma a lo largo del tiempo y puede dar como resultado una fuerte solidaridad, un cariño entrañable o una costumbre añejada. También, puede disminuir hasta el punto de apagarse y ser sustituido por una profunda indiferencia. Por último, puede coexistir, hasta ser aniquilado, con resentimientos, rencores, abusos y maltrato.

¿Qué sucedió con nuestras amigas? Esperanza siguió esperando una gota de interés hacia su persona, sus sentimientos y sus actividades. No sólo no la consiguió, sino que el proceso siguió un rumbo inverso y día con día aumentaba la indiferencia de su marido. Diana confiaba en que Nicolás asumiría cada vez una nueva responsabilidad, pero al cabo de los años contaría, con lágrimas de desesperación en los ojos y también anudadas en la garganta, que el verdadero problema era que él nunca había crecido. Pilar pensó que recibiría más atención de Carlos y que ella se volvería alguien importante en su vida, pero nunca pudo competir con la actividad laboral ni mucho menos con el amor que él sentía por sí mismo. Soledad también siguió esperando un mayor compromiso de Óscar, ahora como esposa, pero tampoco lo consiguió.

¿Y qué ocurrió con nuestros amigos? Leonardo pensó que Esperanza dejaría sus reclamos de atención, palabras bonitas y detalles cursis, al darse cuenta de que él era un esposo serio y responsable. Nicolás creyó que él y Diana pasarían más tiempo juntos y que habría más oportunidades de organizar reuniones y fiestas con los amigos, pero ella era obsesiva con el orden de la casa, cada vez estaba más ocupada... y también más distante. Carlos creyó que aumentaría su control sobre las actividades de Pilar y que ella trabajaría más, pero ninguna de las dos cosas sucedió. Óscar pensó que Soledad dejaría de trabajar en el banco para dedicarse a él de tiempo completo, pero tampoco sucedió así.

¿Significa todo lo anterior que las parejas fracasaron? No exactamente. En modo alguno, se pretende sostener la idea de que toda relación es mala *per se*, ni mucho menos que la pareja y el maltrato sean inseparables. Sería absurdo. Sólo hay que destacar dos cosas. La primera es que las expectativas están colocadas en la otra persona: que él diga, que ella cambie, que él atienda, que ella mejore. Son muy pocas las personas que se detienen a pensar, con los ojos abiertos, la mano en el corazón y la sinceridad a flor de piel, qué están haciendo directamente y qué más pueden hacer para mejorar la relación. Y esta falta de introspección nos lleva a la segunda consideración: se da un peso específico, en general bastante fuerte y contundente, al amor, pero éste se piensa en abstracto. Se habla del amor en lugar de analizar las interacciones cotidianas, las palabras siempre cargadas de sentido, los gestos multiinterpretables.

El amor existe, pero sólo es eterno mientras dura.

4

Los rostros del maltrato

"Mi marido no es violento. En ocasiones, se enoja, claro, pero no llega a la violencia. Algunas cosas lo sacan de quicio y grita como energúmeno. A veces, desesperado, además de gritar, avienta cosas, tira al suelo todo lo que está sobre la mesa y si se rompe algo, hay una especie de catarsis, porque enseguida se calma. Y eso es todo. Se enoja, grita, arroja algún objeto... pero por suerte no es violento".

"No sé cómo hay mujeres que aguantan golpes. Yo no lo soportaría. Eso lo tengo muy claro. El día que mi esposo me levante la mano será el último que estemos juntos. Creo que hasta ahora he sabido manejar las cosas para no llegar tan lejos, porque en verdad no podría. Nos hemos gritado y nos hemos dicho hasta de qué nos vamos a morir. Una vez, nos jaloneamos y él me empujó contra la pared. No pasó nada, pero yo exageré la fuerza del impacto y me eché a llorar con un (re)sentimiento que no sabía que albergaba. Pensé que él me consolaría, pero salió de la habitación. Mejor así. Ambos nos calmamos. Ya lo dije. Si la violencia entra por la puerta, yo salgo por la ventana".

"A veces, pienso que todo sería más fácil si mi marido fuera golpeador. Por lo menos, con la violencia se mueve algo de energía; un golpe me haría sentir que estoy viva y que él sabe que existo. En cambio así, las horas se acumulan en días y nosotros no tenemos ni un sí ni un no. Y esto es dramático: ni un sí, ni un no. Nada".

"Con frecuencia hay pleitos en el departamento de arriba. Se escuchan gritos, pero no se entiende lo que dicen. Prenden el radio y le suben bastante el volumen, como si ya supieran que van a pelear. Mientras tanto, yo estoy sola, hurgando en los sacos de mi esposo, revisando los estados de cuenta de la tarjeta de crédito, buscando una evidencia de su infidelidad. Sé que está con otra mujer, pero cuando le pregunto lo niega con tal contundencia que me siento ridícula. No tengo pruebas tangibles, pero sé que me engaña. Estoy obsesionada con descubrir algo. Cesa el pleito de arriba y yo sigo sola. Luego, llega mi marido, cansado y feliz. Entonces, pienso que por lo menos aquí no hay violencia, y con ese sentimiento de resignación voy a la cama".

"Afortunadamente, mi marido es tranquilo y muy comprensivo. Es enemigo de la violencia. Jamás ha golpeado a los niños y creo que nunca lo he oído gritar. Es muy hogareño y le encanta pasar las tardes con nosotros. Casi siempre viene a comer y se queda en casa. Eso sí, se pone tensísimo con cualquier asunto de dinero. Al pagar el estudio, comprar uniformes o ropa para los niños, organizar una fiesta infantil o dar uno de tantos abonos que tenemos que dar, simplemente se sale de sus casillas. Le molesta mucho gastar, como si hubiera vivido una época de penurias y hambre".

La violencia da miedo. Vivir una relación violenta, imaginar un episodio de maltrato o asumir como propia una situación que siempre hemos rechazado nos produce un pánico casi paralizante. Ni siquiera nos atrevemos a nombrarla. No queremos pensar en los detalles ni en las implicaciones de una relación de maltrato porque se nos erizan los pelos. Si crecimos con la imagen del príncipe que desposaba a la hermosa y sencilla muchacha para vivir felices el resto de sus vidas, ¿cómo encajar la palabra violencia en el relato? Si escuchamos atentamente las lecciones de las abuelas para crear un nido de amor, ¿cómo podemos conjugar al mismo tiempo el verbo maltratar, o humillar, golpear, empujar, amenazar? No queremos pensarlo ni por un momento.

En este capítulo, vamos a analizar ese aspecto, frecuente en muchas relaciones de pareja, del que ni siquiera queremos hablar. Empezaremos por señalar que es un fenómeno real (no virtual, mucho menos imaginario) y anotaremos algunos elementos para una definición de violencia, especificando que transcurre entre cuatro paredes. Veremos una tipología útil para la descripción de las conductas y dedicaremos un espacio a cada una de estas variantes del maltrato. Para concluir, derribando un mito como en los capítulos anteriores, hablaremos de la artificialidad de la pareja perfecta.

Un fenómeno real

El primer impulso es desterrar la palabra "violencia", como si con ello pudiéramos también conjurar los hechos. Preferimos movernos en un terreno mágico en el que tenemos la fantasía de que aquello que no nombramos, simplemente, no existe. Escuchamos noticias, de vez en cuando sale alguna estadística en el periódico, nos llega el ruido de la casa de junto, nos enteramos de algo que le pasó a la vecina. Entonces, usamos la palabra proscrita —¡violencia!— para referirnos a lo de afuera, a lo que les sucede a otras personas, a las vivencias lamentables que alguien más padece cotidianamente.

En los relatos elegidos para iniciar este capítulo, hay una clara tendencia a negar la violencia, o por lo menos a minimizarla. Gritar y arrojar objetos se entienden como manifestaciones del mal carácter, pero sin mayores consecuencias; las agresiones verbales y los jaloneos son un pleito más en la pareja; el silencio condenador y la infidelidad son vistos como algo que corroe la autoestima, pero aun así distintos del maltrato; el control económico es tan sólo un detalle que oscurece un poco los encantos de un buen marido.

¿Qué es la violencia? ¿En qué consiste? ¿Cuáles son las conductas que de manera indubitable podemos identificar como maltrato? ¿Hay hechos que puedan ser violentos en un contexto pero no en otro? ¿Es posible que haya violencia y amor en una misma relación?

El estudio sistemático de la violencia es muy reciente. Apenas en 1963, en Estados Unidos, se empezó a hablar del "síndrome del niño maltratado". Con esa primera denominación, se aludía a infantes tan gravemente golpeados que requerían atención hospitalaria, y se subrayaban las secuelas de los traumas físicos y psicológicos. Pocos años después, las mujeres rompieron el silencio para denunciar el maltrato que recibían de sus esposos o compañeros. El proceso fue muy interesante; reunidas en pequeños grupos, mujeres urbanas de clase media de muchos países —principalmente de América Latina— empezaron a hablar de su vida cotidiana: relaciones de pareja, trabajo asalariado y doméstico, cuidado de los hijos, sexualidad y, al poco tiempo, la violencia hizo su entrada triunfal en el escenario. Entonces, fue posible comprobar, en primer término, que la situación de cada persona en esos grupos, llamados de autoconciencia, no era única; miles de mujeres de muy diversas latitudes referían, con pesar y vergüenza, que habían sido golpeadas. En segundo término, paulatinamente, se fueron conociendo los efectos de una vida de maltrato, que en todas dejaba huellas indelebles; así, a los golpes visibles en el cuerpo se sumaban las lesiones internas y otras más en la psique. Finalmente, esta denuncia autogestiva evidenció la necesidad de realizar investigaciones serias para documentar las dimensiones del fenómeno, sus consecuencias para las víctimas directas o indirectas, las familias y la comunidad, así como las estrategias para su prevención y erradicación.

Las primeras investigaciones buscaron entonces la medición de la violencia física. Se hicieron numerosos estudios, en muy diversos lugares y contextos, con la finalidad de demostrar qué tan frecuente era la violencia; se pretendía saber, por lo menos aproximadamente, cuántas mujeres habían sido golpeadas por sus parejas. Los resultados fueron alarmantes. Independientemente de las metodologías y los alcances específicos de las numerosas investigaciones —sin exagerar, podemos hablar de varios centenares—, los datos muestran que en países tan distintos y lejanos como Inglaterra, Chile, Corea, Nueva Zelanda, Uganda, Nicaragua, Bélgica, Canadá, Bangladesh o México, una de cada tres mujeres ha sido golpeada por el compañero íntimo. En Estados Unidos y Canadá, se han estudiado también los costos de la violencia doméstica para los servicios de salud y la seguridad social. Un trabajo particularmente útil, conducido por Lori Heise, concluye de manera dramática que uno de cada cinco días laborales que pierden las mujeres se debe a la violencia en casa.

El panorama en conjunto puede ser muy desolador. Esta primera etapa reveló que el maltrato no era una cuestión individual sino social, que era tan grave que demandaba acciones urgentes, y que al parecer sólo se veía la punta del iceberg. ¿Qué había detrás de esa cifra sistemática del 33% de mujeres agredidas? ¿Qué pasaba en esas viviendas donde había pan, cebolla y también golpes? ¿Qué ocurría en las mentes, la vida, las expectativas y los planes de esas mujeres? ¿Cómo afectaba esa situación a los niños? ¿Qué consecuencias les acarreaba vivir en un ambiente agresivo? Muchos años después, las miradas se volvieron hacia los hombres: ¿Por qué golpean, incluso con saña, a las personas que dicen amar? ¿Cómo se sienten? ¿Qué significa para ellos una relación de maltrato?

La violencia en general y el maltrato doméstico en particular se han abordado desde diversas disciplinas. La sociología ha destacado la importancia de las estructuras, así como la vinculación entre aspectos macrosociales y lo que ocurre en una pequeña comunidad como puede ser la familia o la pareja. La psicología ha enfatizado el peso de la subjetividad y del inconsciente de cada individuo, para establecer y continuar en una relación de violencia. La antropología ha documentado la universalidad de la problemática y los matices que le imprime cada cultura. La economía ha enfocado los costos en diversos ámbitos. El derecho ha puesto límites al ejercicio de ciertas prerrogativas y favorecido la constitución de nuevos sujetos. En síntesis, la tarea ha sido ardua y aún está incompleta, pero se requiere la articulación de múltiples esfuerzos para ofrecer respuestas claras y útiles a viejos y nuevos interrogantes.

Elementos para una definición

Es muy difícil encontrar una definición que no sea tan amplia que cualquier cosa pueda caber en ella, ni tan estrecha que resulte poco útil para el análisis. Los siguientes son algunos elementos básicos para definir la violencia: es intencional, transgrede un derecho, ocasiona un daño y busca el sometimiento y el control.

La violencia es siempre un acto u omisión intencional. Quien actúa violentamente lo hace con un propósito; los accidentes, en modo alguno, pueden considerarse violencia. Aquí conviene señalar que, para minimizar los efectos de sus conductas, muchos agresores dicen que no tenían la intención de hacer daño, o que sólo querían dar un empujón y el resultado fue una caída estrepitosa. De cualquier manera, la intención existe, por más que se pretenda justificar el motivo o ignorar el daño. El maltratador ejerce violencia con plena conciencia de lo que está haciendo. Es un acto de voluntad que a su vez domina, somete o nulifica otra voluntad.

El segundo elemento es la transgresión de un derecho. En la actualidad, existe un amplio reconocimiento, por lo menos de manera formal, de que toda persona, por el solo hecho de serlo, tiene una serie de prerrogativas básicas llamadas justamente derechos humanos: la vida, la salud, la integridad física, la educación, la recreación, un ambiente libre de violencia. Naciones Unidas ha insistido, de manera enfática, en que estos derechos deben garantizarse sin distinciones de sexo, edad, religión, nacionalidad, etnia o ideología. Sin embargo, al evocar estas declaraciones universales —cuyo consenso se ha logrado a pulso, hay que decirlo— es importante recordar dos cosas. En primer lugar, es muy reciente la conquista de los derechos de las mujeres y aún está en curso; sólo como ejemplo, baste citar que cuando se emitió la reconocida Declaración Universal de los Derechos Humanos, en 1948, la gran mayoría de los países del mundo (incluida América Latina prácticamente en su totalidad) no habían conferido a las mujeres el derecho al sufragio. ¿Se pueden gozar los derechos que postula una Declaración cuando en la propia tierra no se es ciudadana? El otro aspecto es que siempre que hay disparidad entre una norma legal y una cultural, triunfa esta última, ya que es mucho más sencillo modificar las leyes que cambiar las mentalidades. Una famosa frase de Albert Einstein lo plantea con claridad: "Es más fácil deshacer un átomo que un prejuicio".

El tercer elemento de nuestra definición de violencia se refiere al daño causado. Siempre que hay maltrato se produce una lesión, aunque ésta no sea visible y no haya contacto corporal. Como veremos más adelante, la violencia psicológica abarca una amplia gama de comportamientos que ocasionan daños de diversa magnitud, muchas veces imperceptibles, que se acumulan a lo largo de los años y profundizan las heridas. El reconocimiento de la violencia psicológica como tal, con su propia especificidad, su forma de operar y, sobre todo, sus consecuencias intangibles, representa un avance sustancial. Durante mucho tiempo, se pensó que la violencia se agotaba con los golpes, que tenía una realidad corporal y que por lo tanto se podía medir fácilmente. Por ello, muchas legislaciones regulan la violencia mediante un catálogo de lesiones, ordenadas de acuerdo con el tiempo que tardan en sanar, si ponen en peligro la vida, las secuelas que producen y la parte del cuerpo dañada. Ahora ya sabemos —y lo vamos a analizar en seguida— que el maltrato psicológico despliega un gran abanico y que los daños verdaderamente pueden ocasionar fatales consecuencias.

Para concluir la definición, diremos que quien ejerce violencia busca someter y controlar a la otra persona. El poder y la violencia son indiscernibles. Esto nos devuelve al primer elemento de la definición; la intencionalidad. Ya vimos que el violento actúa conscientemente y con plena voluntad. Ahora, la pregunta sería qué pretende, es decir, cuál es esa intención. ¿Busca tan sólo transgredir un derecho o actuar en contra de la ley? Definitivamente, no. En el contexto de la relación de pareja, sostener que el móvil de la violencia es romper una norma jurídica es impensable. ¿Busca entonces ocasionar un daño? Esta pregunta es un poco más difícil, porque el daño siempre se produce —aunque no sea visible, como dijimos— y quien actúa violentamente lo sabe. Aquí la línea es más delgada, pero la respuesta también es negativa. Cuando hay violencia se persigue remover cualquier obstáculo para el ejercicio del poder.

En muchas relaciones de pareja, las posiciones de poder son jerárquicas y por ello mismo asimétricas. Después de cada incidente violento, esas estructuras —que como ya vimos no se deciden en el interior de cada hogar— ganan arraigo y firmeza. Si quedaba alguna duda sobre quién es el jefe, quién manda, a quién se debe obedecer, quién tiene el poder, ahora ya no queda ninguna. Éste es el elemento central de la violencia: la intencionalidad ligada con el poder.

Entre cuatro paredes

La principal característica de la violencia doméstica es que sucede entre cuatro paredes, es decir, *al cerrar la puerta*. Si ubicamos con claridad el contexto, ya no es posible la abstracción. Ya no podemos pensar que la violencia está en el cercano Oriente (en su forma más brutal que es la guerra), en los países totalitarios ni en las grandes metrópolis que tienen fama de inseguras y peligrosas. En la casa, las cosas son muy distintas. La especificidad que deriva de las cuatro paredes y la *puerta cerrada* tiene varias implicaciones: la existencia de un proceso, la alternancia de maltrato y afecto, así como el avance continuo y las dificultades para pedir ayuda.

La violencia es un proceso que se presenta, específicamente, en el contexto de una relación que se presume amorosa. Tenemos así a dos personas que se conocen, que decidieron —por múltiples motivos, ya lo sabemos— hacer vida en común, que comparten un espacio determinado que incluye hasta las sábanas (casa y mesa, dirían los tribunales eclesiásticos; techo y lecho, diría la legislación decimonónica), y en esa intimidad se produce una dinámica de violencia. ¿Qué significa esto? ¿Quiere decir que todos los días hay golpes? ¿Acaso el único intercambio verbal en la pareja es a base de groserías e insultos? Por supuesto que no. Si la violencia fuera permanente, si durara 24 horas diarias y se extendiera todo el año, no habría dificultad alguna para identificarla; no existirían dudas sobre su carácter y alcances y, lo que es más, no habría una sola persona capaz de soportarla.

El maltrato no sustituye al amor sino que se agrega a la relación. Hay periodos de mucha tensión y otros de armonía relativa, hay momentos de miedo y otros de confianza, hay temor y también hay esperanza. A los insultos les siguen los detalles amorosos; existe una gran indiferencia que se rompe con un gesto amable; se propina un golpe y después hay atenciones e incluso actitudes románticas. Precisamente, la alternancia de afecto y violencia, a intervalos muy irregulares, es lo que genera tantas dificultades. No es un hecho aislado que se pueda desterrar con un poco de optimismo y concentración; es algo que se vive en la cotidianidad de una manera que suele ser contradictoria. La violencia se esconde en expresiones cariñosas, diluye sus efectos en palabras dulces y usa varios disfraces para confundir tanto a los protagonistas como a los observadores y curiosos.

Sin duda alguna, cada proceso es diferente y cada pareja lo vive también de distintas maneras, según sus propias características, su interacción, los recursos de los que disponga cada persona y, de manera destacada, los apoyos que reciba. Sin embargo, hay una constante: el maltrato, junto con su potencial destructivo (incluso devastador) siempre va ganando terreno. Cada vez es más grave y también más frecuente. Autoras como Leonore Walker y Graciela Ferreira, entre otras, llaman a esto la escalada de la violencia. Más adelante, veremos que esta dinámica tiende a encerrarse en sí misma, genera un aislamiento que puede llegar a ser contundente, y dificulta cualquier solicitud de ayuda. La puerta está cerrada.

La puerta puede permanecer cerrada mucho tiempo, pero sería prácticamente imposible que una familia, pareja o persona viviera en total aislamiento. En la génesis y el desarrollo de la violencia doméstica, existe una fuerte vinculación con las demás estructuras sociales: servicios de salud, sistema educativo, iglesias, medios de comunicación, leyes, etc. Cada una de ellas juega un papel muy importante, precisamente, porque no hay relación alguna que esté flotando en el aire. Para entender la interacción continua de los diversos niveles que intervienen en la construcción de relaciones

violentas, el psicólogo argentino Jorge Corsi adaptó el modelo ecológico desarrollado originalmente por Urie Bronfenbrenner. Son
cuatro espacios que pueden formar círculos concéntricos, para indicar que cada uno está contenido en los demás.

El primer círculo es la esfera individual; cada persona, con sus
atributos de personalidad y carácter, su propia historia, su sistema
de valores y creencias, sus motivaciones conscientes o inconscientes
y su capacidad para establecer vínculos con la demás gente, está
representada aquí. De hecho, es el centro, lo que indica que cada
quien es responsable de sus actos (la intencionalidad señalada como
primer elemento de nuestra definición) y que cada caso de violencia tiene sus propias dimensiones y características.

Todo individuo se encuentra inserto en una pequeña comunidad, denominada microsistema, que corresponde a la familia. Existe
una gran variedad: nucleares, extensas, reconstituidas, monoparen-
tales. Además, hay mucha gente que vive sola, pero mantiene alguna
relación con su familia de origen o con gente cercana (por ejemplo,
pareja o amigos). La persona y su microsistema se influyen mutuamente de manera continua; la historia individual, las creencias y los
valores, así como el trato hacia los demás, son ejemplos de esta interacción. No hay individuos aislados, pero las familias tampoco flotan
en el limbo; cada grupo primario se encuentra en el llamado exosistema, formado por una serie de estructuras mediadoras que encontramos en la vida cotidiana: la escuela, las oficinas públicas, los
medios de comunicación, los servicios de salud, los comercios o
los centros de atención a víctimas de violencia. El exosistema confi-
gura una red que se extiende en las relaciones interpersonales y
comunitarias y que funciona como una especie de pegamento social.
Asimismo, facilita la cohesión entre los individuos y pone en operación la normatividad del microsistema, es decir, de la familia.

El círculo de mayor tamaño, donde en una representación gráfica estarían contenidos todos los demás, corresponde al conjunto
de la sociedad. Ahí se encuentran las instituciones y formas de
gobierno, la legislación y, de manera destacada para el análisis de la
violencia, la ideología. En el macrosistema, siguiendo a Jorge Corsi,

se gesta y actualiza la conformación patriarcal de la sociedad, se deciden los mandatos de género que permean todo el cuerpo social hasta llegar a cada individuo, y se definen la jefatura del hogar y las tareas que corresponden a cada persona.

El modelo ecológico nos permite ver cómo se definen, en un espacio muy amplio como es el macrosistema, ciertas relaciones de poder que atraviesan todo el cuerpo social. Para abordar la cuestión del poder, los análisis de Michel Foucault resultan de particular utilidad. Este pensador francés sintetizaba las funciones del Estado en dos palabras: vigilar y castigar. El Estado emite un conjunto de normas y vigila su cumplimiento. Junto con esa vigilancia, hay una amenaza de sanción, de modo que todo mundo sabe que cualquier transgresión a la norma puede ser reprendida. En general, esta amenaza (implícita o abierta) es suficiente para mantener el orden y el control, pero si surgen actos de rebeldía o clara contravención, aparece el castigo. En síntesis, el Estado ordena, vigila y castiga.

¿Y qué sucede en el interior de una familia? Ya revisamos las reflexiones de Sofía y compartimos su sorpresa y desencanto. Al parecer, aquí se asoma una respuesta. El Estado, afianzado en el macrosistema, define que el jefe de la casa es el varón adulto; por ello, no hay elecciones ni campañas de proselitismo, como tampoco existen asambleas vecinales para ese propósito. No. La decisión está por encima de las familias y del exosistema. El siguiente paso es delegar, en el jefe de familia, la función de vigilar y castigar.

Una vez que tenemos claro el panorama de interacción de los cuatro niveles, podemos entender que existe un poder que comparten los hombres en mayor o menor grado, que les permite fortalecer su posición de jefes de familia, disponer de los recursos del grupo, tomar todas las decisiones, dar órdenes y castigar a quienes las infrinjan. El sociólogo francés Pierre Bourdieu utiliza el término dominación masculina para referirse a este proceso que, como hemos visto desde el primer capítulo, transcurre con absoluta naturalidad: "En muchos ámbitos, aún hoy, la dominación masculina está bien asegurada para transitar sin justificación alguna: se contenta con ser, en el modo de la evidencia".

Para resumir, podemos decir que la violencia es un acto u omisión intencional, que nulifica una voluntad, transgrede un derecho, ocasiona un daño y busca el sometimiento y el control. El maltrato doméstico se inserta en un proceso donde coexiste de manera cíclica y progresiva con el afecto. La violencia es inseparable del poder, que a su vez deriva de la conformación de la sociedad en sus diferentes espacios y estructuras, y que transcurre "como evidencia". Esto último explica que muchas formas de violencia en la pareja y la familia estén naturalizadas.

Sin embargo, como señalamos en un inciso anterior, en los últimos años se han sacado a la luz pública hechos cotidianos que requieren ser llamados por su nombre: violencia. Todas las conductas descritas al iniciar este capítulo son expresiones de una violencia que, para fines descriptivos, se clasifica en física, psicológica y sexual. Algunos autores incluyen también la violencia patrimonial que, como vimos en el capítulo anterior, puede tener serias consecuencias. Sin embargo, preferimos anotar el control económico como parte de la vida en pareja porque el manejo del dinero es algo que siempre está presente, con sus diversas posibilidades y restricciones. La forma en que se distribuye, se gasta o se compromete resulta un buen predictor de otras formas de violencia.

En las páginas siguientes, veremos que el maltrato tiene muchas facetas, que a veces se presentan algunas pero no otras y que después de cierto tiempo puede haber una mayor coincidencia. Cada una de ellas tiene su propia especificidad y deja sus marcas inconfundibles. La pregunta no es cuál es más grave sino cómo nos hace sentir cada episodio de maltrato (del tipo que sea) y, lo más importante, cómo salir de una dinámica destructiva.

Para comprender el surgimiento, desarrollo y establecimiento de la violencia en una relación de pareja, vamos a ver cada una de estas formas, con la ayuda de las cuatro parejas que ya conocemos. Las historias y la vida cotidiana de estos hombres y mujeres nos permitirán entender diferentes formas de interacción y por lo tanto la presencia de una u otra expresión de violencia; la que no falla es la psicológica o emocional, que coexiste con todas las demás y despliega un gran abanico de manifestaciones. Cuando se mezclan las violencias, como en una bebida exótica, su fuerza destructiva se multiplica exponencialmente. Vale la pena recordar que aun por separado, todas dejan huellas indelebles que nadie —¡absolutamente nadie!— tendría por qué soportar. Además, todas son construidas, lo que significa que ninguna es inevitable.

Veamos, pues, qué pasa con nuestros amigos y cómo manejan cada aspecto de su vida en común.

El abanico de la violencia psicológica

Todo lo que ocurre en una pareja es inseparable de los vínculos que han establecido: respetuosos, cordiales, afectivos, solidarios, tensos, amorosos, egoístas, competitivos. Es difícil entender algunos aspectos de la interacción cotidiana, incluso para los participantes, porque se dan en el terreno de la subjetividad. Hay quienes dicen que lo que pasa en una pareja muchas veces no lo sabe ni la propia pareja. Las subjetividades suelen ser variables, oscuras, nebulosas. No existen parámetros que nos permitan hablar de una relación de causalidad ante el mismo estímulo, precisamente, porque se trata de factores emocionales. Tampoco es posible medir de una manera exacta —y a veces ni siquiera aproximada— la magnitud del daño emocional.

Recordemos a Esperanza, que llora con desesperación en la sala de su casa, abrumada por la descalificación y el abandono. Diana se siente colmada de trabajo y agobiada por sus compromisos, los que ella se echa encima más los que aporta su pareja. Ambas son conscientes del trato injusto y desigual, pero aun desde esa sensación de agravio y menoscabo, son incapaces de definir sus malestares, explicar la secuencia de lo vivido y apuntar hacia una solución. En las páginas siguientes, intentaremos responder por qué.

Los indicadores   Las expresiones de violencia psicológica abarcan una gama amplísima: descalificaciones, insultos, menosprecio, actitudes de control, intimidaciones, rechazo, silencio condenador, amenazas, infidelidades, celotipia excesiva, prohibiciones, sarcasmos, engaños, comparaciones negativas con otras personas, entre otras. Es difícil definir en qué consiste la violencia en un área tan personal y a la vez tan difusa como la subjetividad. Un indicador fundamental, al que se le debería dar una importancia mayúscula, es el malestar. Cuando una persona —de cualquier clase social, edad o condición— se siente mal en su relación de pareja, es evidente que hay algo que no funciona y que debe ser atendido. Es probable que la misma persona no pueda —genuinamente— identificar las causas de esa incomodidad, que le resulte muy difícil expresar con palabras sus emociones, y que incluso si lo logra, no pueda demostrar lo ocurrido. Por ello, es importante tomar nota de que todo malestar es indicativo de un problema y que este, por sí solo, no va a desaparecer, ni siquiera frotando afanosamente la lámpara de Aladino.

Empecemos por el primer obstáculo: cómo reconocer el origen de esos sentimientos de hartazgo, desesperación, tristeza, ansiedad o ira. No es un problema menor. Hay que afinar la antena y el radar, aguzar los sentidos y tratar de captar cualquier señal que aparezca en el entorno inmediato: palabras, gestos, ademanes, miradas, silencios. Los siguientes son algunos ejemplos de comentarios hirientes: "No sé por qué me tomo la molestia de explicarte; nunca entiendes". "Oye, cómo has engordado; dos kilos más y te van a confundir con tu mamá". "A ver, chiquita, qué tienes... ¿Ves cómo no era nada?"

Las palabras siempre van acompañadas de un tono de voz, un volumen y ciertas inflexiones que, en conjunto, hacen que sea posible la comunicación oral. A veces, sólo por estas cuestiones formales, las mismas frases cambian radicalmente de sentido. No es sólo lo que se dice, sino cómo se dice. En ocasiones, se utiliza un tono despectivo o de reprobación; en otras, se exagera la admiración que produce; en otras más, las afirmaciones se formulan como preguntas, para que parezca más bien la expresión de una duda; puede adoptarse un tono irónico, como si nada mereciera tomarse en serio. También, hay actitudes de total indiferencia: siempre se dice todo de la misma manera, con la misma entonación y el mismo volumen, que suele ser bajo.

Luego, están los gestos y los ademanes. La expresión corporal es una parte fundamental de la comunicación. Junto con las palabras y los otros componentes del intercambio verbal, está el lenguaje del cuerpo. Apretar las mandíbulas y fruncir los labios puede indicar agresión contenida, como si se hiciera un gran esfuerzo para no estallar en un torrente de palabras. Juntar las manos detrás de la espalda, levantar la barbilla o mirar al techo son señales de intransigencia. Cruzar los brazos y suspirar con un sonido suave y prolongado, como un murmullo, refiere una actitud de desesperación. Estas son sólo algunas interpretaciones que en modo alguno pretenden ser exhaustivas ni mucho menos literales. Si recordamos que una imagen vale más que mil palabras, en la interacción de una pareja habría que poner atención a lo que dicen los cuerpos. Simular un puñetazo o una cachetada y detenerse a un centímetro puede resultar tan amenazante y dañino como los golpes dados en realidad.

Para seguir con los movimientos circulares del radar, hay que mencionar las miradas. Es difícil intentar siquiera una descripción, pero en general es posible distinguir una expresión de ternura, indiferencia, alegría, odio o miedo. Tal vez, no podamos explicar en qué consiste una "mirada de hielo", pero quien la recibe la conoce. La variedad es también amplísima. También está la evitación. Se dicen las cosas sin mirar a la otra persona, sin hacer siquiera una breve interrupción en lo que se está haciendo (por ejemplo, ver la televisión, leer el periódico, trapear la cocina o lavar el coche) y mostrando una actitud general de desinterés. Hay personas que simplemente "se desconectan", pretenden no escuchar ni ver a los demás. Nicolás sentía algo muy parecido a esta "desconexión" cuando entraba sin avisar en el estudio de Diana; una vez ella dejó flotar la mirada como si él fuera transparente y luego se levantó despacio y caminó hacia la puerta, mientras murmuraba: "Habría jurado que cerré la puerta".

Y con esto entramos en el terreno pantanoso del silencio. Hay un silencio respetuoso y por lo tanto muy valorado; en realidad, como veremos, toda pareja debería intentar esa sana práctica de hablar sin interrumpirse, aprender a escuchar, tener empatía y sólo después expresar sus opiniones con la misma libertad que le reconocen a la otra persona. Este planteamiento parece uno de esos sueños que busca Sofía en sus tardes de meditación solitaria, pero es más que eso. Se puede lograr y quienes lo intentan ganan mucho desde el inicio del proceso. Hay otro silencio que indica cierto aislamiento o lejanía, aunque sea momentánea. Cada persona está metida en sus pensamientos, pero en cualquier momento puede aceptar una interrupción. Ni este ensimismamiento ni el silencio respetuoso —obviamente— generan malestar. Pero hay otra forma, más cerca del rechazo que de la indiferencia: el silencio condenatorio. Lo que no dicen esas voces inaudibles es algo como esto: "Puedes estar o no estar. Me da igual". "No soy sordo, me tiene sin cuidado cualquier cosa que digas".

La agresividad contenida en estos mensajes no dichos va en aumento. Y precisamente porque no hay palabras, quien resiente el silencio puede agregarle saña y destructividad, y llegar al colmo de la desesperación, mientras el otro se mantiene ecuánime y con una sonrisa, tranquila y mordaz, abre finalmente la boca: "¡Ah... estás aquí! No lo había notado". En cierta forma, esto le pasaba a Esperanza con Leonardo, pero él alternaba las frases de cortesía con los insultos y el silencio; la única constante era que Esperanza, por más que usara la voz, no lograba tener voto. Sus palabras no tenían consecuencia alguna. Ni siquiera producían eco.

En esta búsqueda de indicadores, podemos agregar que muchas cosas que nos lastiman y ofenden son desigualdades tan añejas que ya están naturalizadas. Muchas mujeres hablan del coraje que sienten porque sus maridos las tratan como si fueran sus esclavas: "A mitad de la comida me pide que le caliente una tortilla o le sirva un poco de agua... ¡y yo también estoy comiendo!", "Revisa cada rincón de la casa, y si encuentra algo sucio, me insulta, me dice que no sirvo como mujer y que le doy asco".

La desesperación, el enojo y el coraje son resultado de las desigualdades de género que tanto hemos mencionado. Si durante siglos las mujeres se han dedicado a atender a los hombres, no es extraño que esa costumbre cuente con una aceptación generalizada y, lo que es más grave, con legitimidad. Entonces, se piensa que las mujeres pueden aceptar más fácilmente una serie de cosas: comentarios y bromas sobre su aspecto físico, comparaciones con otras mujeres, críticas sobre la casa y su funcionamiento, problemas de los hijos, presiones económicas, infidelidades. Y cuando tímidamente esbozan una queja, se les ignora o critica; se piensa que exageran, se les dan palmaditas en el hombro, se les echa la culpa (por las hormonas, frecuentemente) o de plano de les dice que están locas.

Para acabar de complicar las cosas, en esta tarea de hacer girar el radar de las incomodidades, conviene recordar que cada cabeza es un mundo y que, por lo tanto, hay cosas que pueden herir a alguien, en tanto que a otra persona le son indiferentes. En pocas palabras, cada quien sabe qué le ofende y hasta dónde, pero la ofensa persiste. Por ello, hemos señalado que no es posible —por lo menos no en todos los casos y de manera tajante— establecer una relación de causa-efecto, y preferimos subrayar el malestar que produce. Con esa visión, centrada en las personas ofendidas y en sus sentimientos, vamos a proponer un recorrido por las manifestaciones más comunes de la violencia psicológica: descalificaciones, amenazas, control, infidelidad.

"Tú no vales nada." Este enunciado es tal vez el más común en una relación de violencia; puede pronunciarse tal como está escrito, agregando palabras o subrayando el contenido con las miradas y los ademanes, y también puede decirse de una manera no verbal. La descalificación se expresa de distintas formas y abarca muchos aspectos de la personalidad: comentarios peyorativos sobre el aspecto físico, críticas permanentes, interrupciones continuas, hablar a gritos y tener siempre la última palabra, burlas de las actividades o los ingresos, comparaciones negativas, insultos. Entre las conductas no verbales están la indiferencia, la pretensión de no ver ni escuchar a la otra persona, actuar como si no existiera y el silencio tajante. Lo que hay detrás de la descalificación es un sentimiento de superioridad; por eso, las miradas de arriba a abajo, el escrutinio hasta de los detalles más nimios y las actitudes condescendientes.

La pareja de Esperanza y Leonardo es la que mejor ejemplifica esta interacción. Leonardo se siente superior y Esperanza lo acepta sin cuestionar abiertamente, pero con una duda que se va convirtiendo en resentimiento. ¿En qué consistía esa idea de superioridad? Ya hemos señalado que esta pareja reproducía con exactitud todos los mandatos de género, entre ellos la noción compartida de la superioridad del hombre, precisa y exclusivamente por ser el hombre, la figura masculina, el jefe de la casa.

La descalificación de Leonardo hacia esperanza se produjo desde los primeros días del noviazgo y se expresaba básicamente como indiferencia. Nunca le interesó qué hacía o dejaba de hacer ella (con sus estudios, sus amigas, su familia) y jamás preguntaba. Nunca quiso saber a ciencia cierta cuánto ganaba ella (recordemos que desde el noviazgo se había sentido disminuido con un empleo de verano), pero presumía sus pequeños ascensos. Nunca le importaron sus ideas (en realidad, no le reconocía ninguna) y mucho menos sus sentimientos. A veces, la miraba despectivamente y lanzaba un comentario hiriente; por ejemplo, un día la observó con detenimiento desde la punta del cabello hasta los pies, tocó con suavidad la manga del suéter de ella y dijo con una sonrisa irónica: "Acaba de llegar una nueva secretaria a la dirección general. Es tan guapa...", y salió de la casa. Esa misma noche Esperanza le reclamó y Leonardo la ignoró por completo, como si el comentario nunca hubiera existido. Dejó de hablarle por varias semanas, pero jamás aceptó que estuviera enojado o molesto; tan sólo estaba en otro mundo.

Durante su vida matrimonial, Leonardo criticó los arreglos de la casa, la decoración y la comida que preparaba Esperanza; después, se enfocó en su imagen de embarazada, su cuerpo, y finalmente todo lo relacionado con los hijos. En los primeros meses de casados, usaba una fórmula muy común en muchas culturas: "¡Cómo extraño la comida de mi mamá! ¿Por qué no le pides algunas recetas?" Y luego comentaba con medio mundo (incluida su mamá, por supuesto) el desencanto de llegar a casa y comer algo insípido.

Después, vino el embarazo. El vientre voluminoso lo alejaba a varios metros; el contacto físico se redujo a un beso ocasional en la mejilla y a colocar la mano en la parte superior del abdomen ("Puedo sentirlo; va a ser niño"). Decía que la metamorfosis del embarazo podía ahuyentar al más lujurioso y encendía la televisión con desdén. Las atenciones que exigía de su esposa —quehaceres domésticos, cuidado de la ropa, comida, actividades sociales— no disminuyeron ni por un segundo. Una vez más, ella se quedó esperando una palabra cariñosa que expresara la felicidad de ser padre. Y una vez más, la espera se prolongó indefinidamente.

Llegaron los hijos (dos niños y una niña en un lapso de cuatro años y medio) y entonces las críticas abarcaron el desempeño de Esperanza como madre. Si alguno lloraba por la noche, ensuciaba el pañal justo cuando Leonardo lo cargaba, no quería comer o tenía calentura, era culpa de la mamá. También, la responsabilizaría, tiempo después, de un rendimiento escolar con altibajos, de las malas compañías o de hábitos poco recomendables. No importaba lo que sucediera ni los esfuerzos desarrollados, siempre había un punto que criticar y Leonardo lo hacía sin miramientos.

Esperanza, por su parte, hacía grandes esfuerzos para que la comida estuviera lista y con buen sazón (en más de una ocasión, le pidió consejo a su suegra), para verse bien arreglada, estar de buen humor y que los niños se portaran a la altura de las exigencias del padre. Esperanza lo decía sin ambages, sin vergüenza y sin presunción: ella se esmeraba todos los días —y los fines de semana un poco más— para complacer a su marido en todo lo que estuviera a su alcance, que por cierto era bastante. Sin embargo, era tal el desprecio de Leonardo, que cualquier intento, por elaborado y refinado que fuera, no arrancaba más que una sonrisa condescendiente. Y como además él sentía que merecía todo por ser un magnífico marido, no había festín que pudiera colmarlo. Es curioso cómo en su definición de buen marido, el hecho de que no aportara dinero a la casa no hacía mella. "Tú quieres trabajar ¿verdad? Entonces, te toca pagar". Y con esa lógica daba por terminado el tema.

Lo que hacía Esperanza resultaba contraproducente. En su visión, sus actitudes complacientes siempre tenían el resultado opuesto al deseado. Sin embargo, esta perspectiva es engañosa o, mejor dicho, parcial. Ella se esmeraba en atenderlo y él era cada vez más indiferente y desdeñoso. "¿Entonces qué quiere?", se preguntaba Esperanza al borde de la desesperación. Y al día siguiente, redoblaba sus atenciones y él también multiplicaba sus desprecios. Para alguien que viera las cosas desde fuera, el juego de poder era bastante claro. Esperanza podía hacer circo, maroma y teatro para ganar una pizca de reconocimiento, y jamás la obtendría. Leonardo alternaba el silencio, los gestos de desdén y las palabras sencillas; de esa manera mantenía a su esposa en ascuas, haciendo equilibrios en la cuerda floja de la aceptación. No había un rechazo brutal, sino dosis variables de cercanía y distanciamiento, y en esa intermitencia se iba casi toda la energía de Esperanza.

Entonces, decidió buscar una nueva estrategia y fingió que nada le importaba. Servía los alimentos con indiferencia, no decía una palabra por horas y procuraba mostrar una expresión de frialdad. En algún momento, Leonardo preguntaría qué pasaba, se asombraría de ese nuevo carácter y entonces —¡por fin!— podrían hablar. Un error más en esa cadena de esperanzas fallidas. Leonardo jamás percibió cambios de humor en ella, o por lo menos no dio señal alguna en ese sentido. El siguiente intento fue mostrarse enojada y tener actitudes de intolerancia. También fracasó. Buscó todas las opciones posibles y todas fallaron. Lo único que obtuvo fue una depresión que la llevó a tener fantasías suicidas, un desgaste cotidiano que la hacía sentirse débil y enferma la mayor parte del tiempo, una ira que aumentaba en la misma proporción que su frustración y la cual descargaba contra sus hijos, y un resentimiento que se introducía hasta los huesos.

En las otras parejas, también había actitudes descalificadoras, pero no al extremo que las vivió Esperanza. Estaban presentes, pero no marcaban de manera tan profunda la interacción cotidiana. Carlos se sentía superior no sólo a Pilar, sino a la gran mayoría de los habitantes del planeta. Decía, sin rubores ni recato, que las mujeres que habían pasado por sus brazos habían sido privilegiadas, y por supuesto esa máxima se aplicaba también a Pilar. No la descalificaba de una manera abierta u ofensiva; no la insultaba ni se burlaba de ella. Adoptaba una actitud magnánima, como la del profesor que se arma de paciencia para explicar un concepto muy difícil a una alumna de escaso entendimiento, y de una manera muy pausada le decía con exactitud lo que tenía que hacer. Curiosamente, la palabra "egoísmo" no parecía hacer sombra en esa lista de atributos que Carlos recitaba frente al espejo. Gajes de las egolatrías consumadas.

Diana también tenía algunas conductas de descalificación con Nicolás, las cuales se escondían en su carácter fuerte y decidido, y en el ánimo de tener todo en orden y bajo control. Al igual que Carlos, adoptaba la pose de la maestra para hablar con Nicolás, sólo que sus indicaciones no tenían que ver con la vida personal sino con las cuestiones de la casa, pero casi siempre fracasaba. Algunos comentarios en voz de Diana eran del tenor siguiente: "No sé si pedirte que pagues el teléfono; siempre se te olvida...", o bien, "No voy a tratar de explicarte, no tienes mente para esto". Sin duda, en cada palabra hay un piquete de veneno, tiene algo de la arrogancia de Carlos, pero no alcanza la fuerza demoledora de Leonardo. El sentimiento de superioridad de Diana acaba siendo un bumerán, porque su descalificación le devuelve una carga extra. Nicolás, como ya sabemos, se encogía de hombros y sonreía; además, también tenía actitudes de humillación hacia su compañera, como las burlas sobre su aspecto físico que comentamos en el segundo capítulo y la negación del vínculo de pareja. Ambos ejercían —y resentían— el maltrato verbal, la indiferencia y las humillaciones. Ambos acumularon, en un proceso lento y discontinuo, la carga de un rencor que llegó a nublarles la vista y acabaría por producir un estallido.

Finalmente, Óscar veía a Soledad con un profundo desprecio. En sociedades machistas, es difícil que un hombre destaque por misógino, pero Óscar lo lograba. Incluso sus amigos del dominó le criticaban la forma en que hablaba de las mujeres y en particular de su esposa. Ya comentamos la burla por la forma en que Soledad había pintado la sala, y su opinión sobre el cuerpo de una mujer preñada, pero las conductas de Óscar encajan más claramente en los otros rubros: las amenazas, las prohibiciones y el control.

En resumen, con las descalificaciones se pretende que la pareja (su aspecto físico, su arreglo, sus cosas, su carácter, sus actividades, sus gustos, sus ideas, sus emociones) no tiene valor, que depende de la otra persona para ser lo que es y que sola no podría dar un paso. En la pareja de Esperanza y Leonardo, se ve con claridad la dinámica perversa de la violencia psicológica. Ellos ocupan posiciones asimétricas de poder que en ningún momento llegan a cuestionarse: él decide y ella acata, él ordena y ella obedece, él espera ser atendido y ella trata de complacerlo. Mientras esas posturas se mantengan inalterables, no habrá comunicación posible, y mucho menos la que quiere Esperanza, con el corazón y la verdad en la mano. La situación de Esperanza es muy difícil, porque no acepta ciegamente los privilegios masculinos que Leonardo da por sentados, pero tampoco se atreve a confrontarlos directamente. Y él no sospecha la magnitud del malestar de su esposa.

Al igual que otras formas de la violencia psicológica, la descalificación es un dardo dirigido a la autoestima, que a fuerza de repetirse, acaba por hacerla añicos.

"Podría golpearte." La puerta se cerró estrepitosamente y se alcanzaron a escuchar los pasos apresurados sobre el pasillo que daba a la cochera. La habitación estaba a oscuras y el silencio, pesado como la noche, sólo se interrumpía tímidamente con la respiración acelerada y los sollozos reprimidos durante las últimas horas. Soledad no se atrevió a prender la luz; no quería ni moverse. Súbitamente, se dio cuenta de que nunca, en sus 27 años de vida, había sentido ese miedo. Jamás había estado tan asustada; jamás había temido por su integridad física. Sí, un buen llanto ayudaría, pero le asustaba que Óscar regresara y se enojara aún más si la veía llorando. Dobló la toalla y la apretó con fuerza contra su rostro, para que ni un solo ruido pudiera delatarla. Ese es el miedo: llorar a escondidas de sí misma.

Soledad siempre vivió con una buena dosis de temor su relación con Óscar. Recordemos su angustia sólo de pensar que él podía llegar de improviso y encontrarla en fachas. Vivía en ascuas. Pensaba que cada día podía ser el último de un noviazgo al que le había dedicado mucha energía, que él podía cambiar sus planes de un momento a otro, y tal vez ni siquiera le dijera que la había expulsado de su vida. Con esa incertidumbre constante, Soledad se casó y vivió su matrimonio. Al cabo de unos cuantos años, escribiría en su diario que estar casada con Óscar era vivir en una frontera permanente, sabiendo que en cualquier momento se podría cruzar el límite al abismo. ¡Y vaya que se había encomendado fervorosamente a San Aguantalotodo!

Para Óscar, en cambio, la vida conyugal era una cuestión de estrategia: que ella nunca supiera hasta dónde la quería ni la exactitud de sus planes. En una empresa —decía convencido—, los empleados se esfuerzan más si saben que en cualquier momento los pueden despedir. En el matrimonio es igual: que haga su mejor esfuerzo todo el tiempo, si no quiere quedarse sola. Y concluía con una máxima de la cultura patriarcal que había aprendido de su padre: "A la mujer, ni todo el amor ni todo el dinero".

A lo largo de su vida matrimonial, Óscar utilizó amenazas de todo tipo, que en general cumplieron el propósito de mantener a Soledad asustada y en un estado de tensión permanente. Para empezar, estaba el autoritarismo de tomar absolutamente todas las decisiones que concernían a la pareja y a la familia: dónde vivir, cómo arreglar la casa, en qué gastar cada peso, cómo debe vestirse la esposa, cuáles deben ser sus actividades, qué se debe cocinar y comer, en qué se ocupa el tiempo libre, etc. En ocasiones, hablaba con dulzura y la veía a los ojos ("No has tenido tiempo para ti misma, ya depílate"); a veces, daba órdenes con la frialdad con la que se dirigiría, por ejemplo, a un taxista ("Ahí está el recibo de la luz, págalo mañana"), y otras más usaba un tono fuerte y tronaba los dedos ("Por enésima vez, ¿cuánto tengo que esperar para que me sirvas un café?").

Al igual que Leonardo, Óscar pensaba que era su derecho ser atendido, que una ventaja de estar casado era precisamente contar con una esposa que lo cuidara, conociera sus gustos, anticipara sus antojos y, sobre todo, lo *obedeciera*. De hecho, todavía hay muchos hombres que reclaman sumisión de sus esposas, y muchas mujeres dispuestas a complacerlos. Mientras no se modifique esa forma de pensar, ni Leonardo ni Óscar, ni muchos otros hombres, asumirán sus conductas como maltrato psicológico.

Las amenazas tienen el propósito de intimidar. Y en este proceso, al igual que con las descalificaciones, hay una noción de superioridad, generalmente física. Una amenaza muy común es levantar la mano o exhibir los puños apretados con fuerza, justo para mostrar la posibilidad —incluso la inminencia— de un golpe. El hombre que arrincona a la esposa en la cocina o que hace el ademán de golpearla está indicando con toda claridad que en cualquier momento puede pasar de la advertencia a la acción. Al hablar de los indicadores, mencionamos las terribles consecuencias que puede tener la sensación de vivir con esa incertidumbre.

En ocasiones, de las manos en alto y la camisa arremangada, se pasa al uso de armas blancas o de fuego. Medio en juego, medio en serio, hay hombres que utilizan cuchillos o navajas para amedrentar a las mujeres, a veces con un discurso sanguinario: "¿Te imaginas cuánta sangre cabe en el cuerpo humano? Podría verlo en la tina, para no ensuciar demasiado", mientras mueve una navaja sobre el antebrazo de su compañera y sonríe sardónicamente. También, hay amenazas con revólveres o escuadras de diverso calibre; algunas mujeres refieren el pánico de ver a sus maridos apuntándoles a la cara o al pecho, con la certeza de que serían capaces de disparar. Otras mujeres no tuvieron la suerte de relatar el miedo.

Otras conductas amenazantes son indirectas: patear la pared o la puerta, destruir objetos de manera estrepitosa, romper cristales o botellas, aventar cosas. También ocurre, con relativa frecuencia, que se hace daño a la mascota, incluso con saña y crueldad. Con esto, se pretende advertir hasta dónde se puede llegar si falla la paciencia o el autocontrol. Ambos integrantes de la pareja tienen conciencia plena de que existe esa capacidad destructiva y de que las consecuencias serían lamentables.

Finalmente, para intimidar, no se requiere un despliegue de fuerza física, gritar enloquecidamente, ni azotar la puerta. Basta con que se sepa que el daño es posible y que la otra persona es capaz de infligirlo. De nuevo Soledad y Óscar nos ofrecen un buen ejemplo. Recordemos la forma en que le dio dinero para que estuviera bien arreglada y el comentario que hizo cuando llegó de improviso. Y aun no se *cerraba la puerta* de su casa común.

"Te prohíbo que..."   Al igual que las amenazas, las prohibiciones tienen una clara connotación de género. ¿Quién no ha escuchado alguna vez a una mujer sonriente y feliz porque el marido "la deja hacer lo que ella quiera"? O al contrario, ¿cuántas veces hemos visto a una mujer apurada porque el esposo sólo le dio permiso hasta cierta hora y ya se le hizo tarde? ¿Cuántas veces hemos sabido de mujeres que están esperando el momento oportuno para solicitar la anuencia del marido para asistir a una reunión, salir con amigas o incluso aceptar un ascenso laboral?

Es increíble la facilidad y frecuencia con la que muchos hombres prohíben cosas a las mujeres, la naturalidad con la que expresan su decisión, y la resignación con la que las mujeres se van adaptando a un esquema de mando y obediencia. Como las otras variantes del maltrato psicológico, las prohibiciones abarcan un espectro muy amplio: la apariencia física, asuntos de la casa, las actividades personales, las compras, las amistades y en general la vida social. Al prohibir determinadas prendas de vestir, estilos de peinado o maquillaje y hasta algunos colores, está presente el ánimo de controlar la sexualidad femenina. Ya vimos el extremo al que llegaba Óscar. Carlos no era tan burdo, pero fijaba sus límites; cuando él estaba en sus dominios y todo mundo lo conocía y respetaba, le pedía a Pilar que vistiera una minifalda y una blusa escotada, y que ensayara un peinado sofisticado. Quería presumir(la). En cambio, si él no podía o no quería asistir a la reunión, se enojaba si ella se esmeraba en su atuendo. ("¿Por qué tan elegante? ¿Con quién quieres coquetear?") Otras mujeres piden permiso para teñirse el cabello, usar algún tono de labial y hasta para depilarse las cejas.

En asuntos de la casa, los hombres suelen decidir la organización y distribución de lugares (Nicolás ocupaba el cuarto más grande como taller, Leonardo había insistido en su estudio, y Óscar ni siquiera le daba participación a Soledad y siempre decía "mi casa"), los arreglos de fondo y de forma, y las actividades que ahí se llevan a cabo. Es obvio. Por algo son los jefes.

El control de las actividades personales es más amplio y más delicado. Óscar no tenía empacho en prohibirle a Soledad que trabajara, sólo porque estaba embarazada. Otras demandas no son tan obvias y el dominio suele tomar cauces más sutiles. Los hombres aceptan que las mujeres se reúnan con sus amigas, pero controlan los horarios; se enfurecen si llegan a la casa antes que ellas, escatiman cada minuto del tiempo que según ellos les pertenece y, gracias a la tecnología moderna, están siempre presentes con el teléfono celular.

En cierta forma, ése era el estilo de Carlos. Ya hemos visto su control sobre los estudios y el trabajo de Pilar; no hacía comentarios de un machismo burdo, para ser congruente con sus ideas. Sin embargo, organizar de todo a todo la vida de Pilar —ciertamente sin pedir su opinión— no le parecía un despliegue de control sino un acto generoso. Y con ello abonaba un punto más a su inconmensurable vanidad. Pilar disfrutaba mucho su tiempo libre, pero no había día en que su celular no sonara por lo menos cuatro veces, siempre para preguntar planes inmediatos y horarios. Ahí había un ánimo de control, pero también un cuidado estratégico, porque como veremos en el siguiente inciso, Carlos era infiel por naturaleza. Así se lo había dicho a su amigo y confidente, al mismo que en el segundo capítulo le contó que tendría que salvar a una chica "que andaba sin rumbo", y a quien años más tarde le diría que de camino a casa ya iba pensando que iba a pelear con su esposa.

Quienes formulan prohibiciones a la pareja tienen el deseo de enterarse de todo. Quieren saber qué hace, dónde está, con quiénes platica, a quiénes mira (y de qué manera) y cómo se mueve en su ausencia. Y en este ánimo de conocer cada detalle de lo sucedido cotidianamente, se ejerce un control que puede ser devastador. Es innecesario agregar que con mucha frecuencia se pretende justificar el asedio en nombre del amor.

"He besado otros labios..." La infidelidad también es —para no variar en este recuento de sutilezas y brutalidades— una prerrogativa masculina. Muchas mujeres y muchos hombres, sobre todo en culturas conservadoras y machistas, aprendemos desde una edad muy temprana que la sexualidad se ejerce de formas muy distintas según el género. Las voces de las abuelas de todo el mundo siguen haciendo eco con sus aseveraciones incontestables: "los hombres son así".

Existen varias creencias en torno a la sexualidad masculina que tienden a minimizar las consecuencias de la infidelidad, sobre todo para la pareja, y llegan incluso a justificarla. Una de ellas es que el deseo sexual masculino es muy poderoso, casi incontenible. Esta idea estereotipada de un tigre ávido de devorar a su presa no sólo resulta increíble, sino que además les hace un favor muy flaco a los hombres. Parecería que realmente viven a merced de las hormonas y que no tienen capacidad de decidir ni de dominar su voluntad.

En una tónica similar, se señala que los hombres son polígamos por naturaleza —como los gorilas que comentaba Carlos— pero la verdad es que ninguna expresión de la sexualidad es tal por naturaleza. Todo es construido. Y si algunas sociedades han legitimado una poligamia masculina, también es posible construir una femenina o deconstruir ambas. No está en los genes. Algunas otras creencias aluden a la fuerza del deseo en la clandestinidad (el fruto prohibido), a la confianza en que no se causará daño alguno (nadie se va a enterar) y al corazón de condominio (que aloja a la esposa y a la amante).

Es difícil abordar el tema de la infidelidad sin rozar esquemas tradicionalistas o conservadores. En los últimos decenios, se han abierto nuevos cauces para el ejercicio de la sexualidad; la revolución sexual de hace poco más de 30 años modificó las formas y los patrones de relación erótica y afectiva. Paralelamente, la posibilidad de separar la sexualidad y la reproducción abrió nuevas vías para la exploración del placer. En este inciso no se pretende, en modo alguno, censurar, condenar ni cuestionar siquiera cualquier forma de sexualidad. El punto es el engaño que opera en una relación conyugal que se asume como monogámica.

Como todo lo que ocurre en una pareja, la infidelidad se redefine por género. Por lo regular, los hombres viven sus aventuras extramaritales con emoción, gusto y satisfacción, en tanto que las mujeres infieles difícilmente logran deshacerse de la culpa. Si el hombre es adúltero, tanto la esposa como la amante se culpan mutuamente. "Ella no lo comprende; conmigo está mucho mejor", dice la amante, y del otro lado: "Es una cualquiera, ofrecida, ¿por qué tiene que enredarse con un casado?" En cambio, si la mujer es adúltera, ambos hombres la culpan a ella. Y en este juego de responsabilidades y simulaciones, vuelven a aparecer, imponentes, los mandatos recibidos desde la infancia.

La persona engañada vive la infidelidad de su pareja como una traición (incluso imperdonable) que hace la vivencia sumamente dolorosa. En realidad, los hombres pueden ser infieles por muchos motivos: búsqueda de aventuras, falta de compromiso en su relación estable, insatisfacción sexual, fallas en su matrimonio, presiones de los amigos, creencia de que es más hombre el que tiene varias mujeres, etc. No es posible encasillar las causas porque cada relación es diferente. Además, en la visión del hombre resulta más cómodo culpar a la esposa ("tú no me entiendes, no comprendes mis necesidades, no tienes tiempo para mí") que asumir la responsabilidad de sus actos.

La pareja que mejor ilustra el manejo de la infidelidad es la de Carlos y Pilar. Él se vanagloriaba de haber tenido una vida sexual rica y excitante ("he disfrutado mucho mi masculinidad"). Le gustaba tener una pareja estable, porque ello le daba la oportunidad de guiar, aconsejar, encauzar, controlar a alguien. Además, disfrutaba tener una amante por varias razones: sentía que su poder aumentaba al tener dos mujeres, que seguía queriendo mucho a su pareja ("aunque haga el amor con otra, con Pilar todo sigue igual") y que también quería, aunque de manera diferente, a la amante. En realidad, pensaba que su corazón podía albergar tranquilamente dos amores, que podía dar rienda suelta a su pasión en un marco de clandestinidad y lujuria ilimitada, y que hasta eso beneficiaba a la compañera, porque él estaba de mejor humor, tenía más actitudes cariñosas con ella y, por añadidura, mejoraba su vida sexual ("dinero llama dinero... sexo llama sexo"). Antes de vivir con Pilar, había tenido varias relaciones estables —de las que luego se expresaría con desdén, como ya vimos—, pero nunca había sido monógamo. Cuando empezó su vida en pareja con Pilar, duró aproximadamente seis meses como esposo devoto y fiel; luego, retomó el estilo de vida amorosa que siempre había tenido.

Carlos pensaba que era insaciable, que su pasión alcanzaba para derrochar caricias y besos, que era magnífico amante y que sus infidelidades eran totalmente inocuas. Lo que no advertía era su ánimo de controlar ahora a dos mujeres ni su dificultad para comprometerse a fondo en una relación. Por ello, adoptaba su pose de profesor sabelotodo y acababa aburriéndose. Nunca supo establecer un vínculo equitativo y su discurso feminista era básicamente una herramienta eficaz de conquista, pero sobre todo de autoengaño.

Pilar era mucho más inteligente de lo que Carlos estaba dispuesto a reconocer, lo cual le permitía funcionar y elegir con base en cálculos racionales. Sabía que tener un esposo con un empleo bien pagado y que le cumpliera sus caprichos implicaba algunos costos, entre ellos las infidelidades. Carlos se esforzaba por mantener el secreto y decía mentiras flagrantes sin titubear, pero Pilar estaba muy consciente de las aventuras de su esposo y aprendió a manejar sus celos y su incertidumbre. Por pura salud mental, nunca buscó detalles ni llegó a obsesionarse por conocer a sus supuestas rivales, pero tampoco logró desterrar el temor de que él se enamorara.

Una noche, Pilar escuchó una conversación telefónica y casi se va de espaldas al constatar que ese hombre seguro y dominante que era su esposo suplicaba una palabra de amor, una cita breve; invocaba el recuerdo de una noche lujuriosa y se resistía al rechazo de aquella amante ocasional. Aunque eso ya era demasiado doloroso para Pilar, siguió pegada al auricular estoicamente, en espera del tiro de gracia. Entonces oyó, de boca de su esposo, que estaba dispuesto a dejarlo todo con tal de estar cerca de su amante. Del otro lado de la línea, se interrumpió abruptamente la comunicación y Pilar se quedó inmóvil, con la bocina en la mano y la extraña sensación de que se le congelaba la sangre.

Para muchas mujeres, enfrentarse de golpe con la certeza de que el marido ha sido infiel es algo muy fuerte. Es muy distinto sospechar que tiene una aventura, imaginar que sus llegadas tarde tienen un motivo inconfesable, o incluso buscar un indicio tras otro del adulterio —como vimos en un breve relato al inicio de este capítulo—, que toparse con una realidad contundente. Además, muchas veces existe la creencia —digamos lo que se requiere creer— de que lo que ocurra fuera del matrimonio es un pasatiempo, un deseo efímero, una frivolidad intrascendente; cuando una mujer constata que además de lujuria hay enamoramiento, todas sus certezas pueden hacerse trizas. El caso de Pilar no es el único; muchas mujeres reciben estos hallazgos como un balde de agua helada y pagan las consecuencias emocionales.

Pilar lloró amargamente durante interminables horas y después decidió confrontar a Carlos. No buscaba la verdad —ya conocía su dolorosa consistencia—, pero pensaba que si él reconocía la falta —afortunadamente la otra mujer lo había rechazado— se volvería también más amoroso, y entre los dos ahuyentarían el fantasma de la infidelidad. Carlos reaccionó de una manera que Pilar no había previsto: le contó hasta los detalles minúsculos de esa noche de entrega apasionada con su amante, le dijo con toda claridad que había perdido la cabeza y la dejaba en libertad de irse si pensaba que con otro hombre sería más feliz. Con ese discurso, Carlos afianzaba una posición de poder, con las prerrogativas inherentes. Para Pilar fue como recibir otro balde de agua helada, pero decidió que le interesaba esa relación y no se iba a amedrentar por el rechazo dictado por un arrebato. En ese juego de mentiras y vanidades, Pilar buscó la manera de embarazarse lo más pronto posible —con lo cual accedía a una petición reiterada de Carlos— y reafirmó su lugar como esposa y madre. Después, aprovechó el gusto de él por los niños para recuperar el tiempo libre que tanto anhelaba; en una de tantas salidas, conoció a otro hombre con el que tuvo citas clandestinas durante varios meses, hasta que él le pidió que se decidiera y ella, según sus cálculos racionales, optó por su marido. Huelga decir que Carlos nunca se enteró de ésta y otras aventuras similares.

En las otras parejas, también hubo varias infidelidades, pero no ocuparon un sitio central en la dinámica de la relación. Esperanza y Leonardo eran una pareja tradicional que inauguró su vida sexual en su noche de bodas. Esperanza se sorprendió de que, en esa noche inicial, Leonardo alardeara incluso de su experiencia como amante. Si habían sido novios de mano y beso, la experiencia sexual de Leonardo indicaba que la había engañado. Esperanza no pidió una explicación de lo obvio; registró el desencanto, se sintió traicionada, pero no quiso hacer un escándalo esa primera noche ni enturbiar la luna de miel. Además, en su cabeza, resonaban los ecos de esas creencias tan extendidas sobre la sexualidad masculina, así que cautelosamente optó por la resignación. Durante la vida conyugal, la infidelidad se entendió —sin ponerlo en palabras, como acostumbraban ellos— como una prerrogativa masculina que se aceptaba sin más. Ambos sabían que esporádicamente Leonardo tenía alguna aventura, pero que no por ello peligraba la estabilidad matrimonial. Algunas veces, después de un exabrupto de Esperanza o una queja por sus desatenciones, Leonardo llegaba tarde y exageraba su buen humor. No era raro que soltara alguna frase como ésta: "No me preguntes en dónde estuve ni con quién. Ojos que no ven...", y dejaba el enunciado inconcluso, con la certeza de que el disparo había dado en el blanco.

Diana y Nicolás también tenían un pacto implícito de fidelidad que ambos respetaban. A veces, al calor de las copas en alguna fiesta o reunión, Nicolás coqueteaba con alguna chica y Diana ignoraba el hecho, porque no le parecía importante y no quería desgastar la relación con los celos. En otras ocasiones, era Diana la que bailaba distintos ritmos —incluyendo algunos que exigían el contacto corporal más o menos estrecho— y Nicolás contemplaba la escena con un tarro de cerveza en la mano y una enorme sonrisa en el rostro. La verdad era que le excitaba ver a su mujer en brazos de otros hombres y anticipaba una noche espectacular de regreso al hogar. De esta manera, durante años vivieron en estricta monogamia y con una buena relación sexual.

No obstante, Diana notó de pronto cierto distanciamiento de Nicolás y no atinaba a encontrar una razón. Ya hemos visto que él no se interesaba en la domesticidad ni en los arreglos de la casa; convivía con sus hijos gemelos —un niño y una niña— los sábados en la tarde, siempre en un contexto lúdico y sin obligaciones. Seguía trabajando igual y la mayor parte del tiempo que estaba en casa, se encerraba en su taller. Diana advirtió que llegaba un poco más tarde, hablaba por teléfono casi a escondidas y se quedaba absorto viendo las nubes, el techo o una mancha en la pared. La lejanía de Nicolás era, sobre todo, emocional. Hasta su sonrisa se apagó un poco. Diana lo observaba detenidamente, le preguntaba de todas las formas posibles qué le pasaba, pero se topaba con un muro de silencio. Sin embargo, la espera no fue tan larga. Al cabo de un par de meses, Nicolás le confesó que tenía "un nuevo amor" y, aunque pueda sonar un poco raro, le pidió permiso para vivir esta nueva cruzada romántica en un ambiente de libertad, sin ataduras ni compromisos. Y Diana lo dejó ir.

Finalmente, Óscar siempre asumió que ser infiel era una prerrogativa masculina incuestionable. Lo tomaba como algo que puede suceder o no y de lo que no hay que preocuparse, porque no tiene efectos de ninguna índole. No era un buscador de aventuras, no le interesaba la conquista sólo porque sí, no cortejaba a las mujeres por rutina, ni mucho menos era hostigador. Lejos de ello, Óscar era un compañero de trabajo y jefe muy respetuoso, cordial en su trato y distante en sus afectos. Esporádicamente, se presentaba alguna oportunidad y tampoco oponía particular resistencia ("¿A quién le dan pan que llore?"). A veces, con los amigos del dominó, iba a alguna casa de mala fama a beber, a disfrutar el espectáculo de bailarinas y nudistas, y después se acostaba con alguien. Era parte de la noche de juerga, pero nada más. En otras ocasiones, había algo más que una borrachera anónima, pero nunca ocurrió algo serio. Además, él mismo insistía en que, como caballero, no tenía memoria.

En una sola ocasión, Soledad se sintió realmente traicionada y furiosa por el engaño, ya que la coprotagonista del adulterio era compañera del banco. No era una amiga cercana, pero sí alguien que la conocía y se movía en el mismo círculo social. Eso significaba que en un lapso más o menos breve, dependiendo de la (in)discreción de la susodicha, todo mundo sabría que ella, la esposa, había sido burlada.

El tema de la infidelidad suele asociarse con los celos, que pueden o no ser fundados y que muchas veces llegan a ser excesivos. Curiosamente, las personas infieles son quienes se muestran celosas con más frecuencia. Los celos suelen justificarse en nombre del amor, en mayor proporción que otras expresiones de control e incluso de maltrato. Así, hay parejas que viven en la zozobra continua; si se alejan momentáneamente, el espectro de los celos y la posesividad empieza a corroer la seguridad, el optimismo y la alegría, y cada vez que se reencuentran, surgen los interrogatorios pormenorizados, agotadores y siempre inútiles. De nuevo, resulta útil la sabiduría popular: "Poco el amor... y gastarlo en celos".

○ ○ ○

El maltrato psicológico es un fenómeno que apenas hace algunos años empezó a reconocerse en su especificidad. Algunos aspectos que vale la pena recordar son los siguientes:

- La violencia emocional es invisible. Por ello, es difícil identificarla, reconocerla en sus dimensiones reales, asumirla como una vivencia propia (sea en su ejercicio o en su recepción), ponerla en palabras, denunciarla y, finalmente, demostrarla.
- Cualquier malestar es indicativo de una falla en la relación. Cuando aparece de manera reiterada una sensación de incomodidad, hartazgo, ansiedad, coraje o tristeza, es muy recomendable encender el radar emocional y detectar sus causas. Hay que poner atención a las palabras, los gestos, los ademanes y las miradas.
- El maltrato psicológico cubre una amplia gama de manifestaciones, que hemos agrupado en descalificaciones, amenazas y prohibiciones. Cada una de ellas abarca múltiples aspectos de la vida (apariencia física, amistades, trabajo, familia, casa, gustos, hijos, etc.) y se expresa tanto de manera

verbal como no verbal. También, está la infidelidad con todas sus secuelas.

Este recorrido por algunas formas comunes de maltrato psicológico nos confirma que el terreno de la subjetividad es abrupto y a la vez pantanoso. En las siguientes páginas, incursionaremos en un aspecto no menos complejo y que también resulta básico en una relación de pareja: la sexualidad.

Entre las sábanas

La sexualidad es un aspecto fundamental en la vida de toda persona, pero desafortunadamente no se le da la importancia que merece. Una vida sexual plena, satisfactoria y placentera es también un indicador de que la relación en conjunto funciona de manera adecuada. Al hablar del noviazgo, mencionamos que cada integrante de la pareja inicia la relación con todo su pasado a cuestas, lo que por supuesto incluye las experiencias sexuales y, como en el caso de Esperanza, también de violencia. Este es un primer elemento que conviene tener en mente al abordar el tema de la sexualidad.

En segundo término, el lecho conyugal puede ser un espacio de conflicto o de descarga de tensiones, así como de negociación; muchas parejas ven en la cama el lugar donde pueden resolverse los problemas o bien agudizarse las diferencias. Finalmente, una vez que se ha instalado el maltrato, la violencia sexual también ocupa un sitio en la dinámica de la pareja, y se expresa como exigencia de tener una relación sexual, imposición de conductas no deseadas o desagradables, violación y, en casos extremos, obligar a la mujer a tener relaciones con otros hombres.

El placer ausente   La primera vez que escuchó esa palabra maldita, la cual llegaría a obsesionarla hasta producirle insomnio, fue en uno de tantos trayectos cotidianos a bordo de su automóvil. Aparentemente no le prestó mucha atención y continuó su rutina sin alteraciones notorias, pero unas semanas más tarde, en la sala de espera de la dentista, leyó un artículo completo sobre el tema y recordó el término de inmediato: *anorgasmia*. Aparecía en el índice, en el título y por lo menos una vez en cada párrafo. Era un texto sencillo y muy general sobre esa disfunción sexual (seguía la nueva terminología) y sus alcances, orígenes probables y consecuencias. Terminaba con la referencia de un consultorio de orientación sexológica (¿o sea que había gente que se dedicaba a...?). Esperanza arrancó el trozo de papel sin titubeos y lo guardó en su bolsa rápidamente, con la absurda sensación de que las paredes podían descubrirla y delatarla.

Pasaron varios meses antes de que se atreviera a decir, en voz alta, que no sabía qué era la anorgasmia. No es difícil advertir que Esperanza estaba diciendo justo lo contrario: no sabía lo que era un orgasmo. Al igual que muchas otras mujeres, desconocía totalmente el placer sexual y hasta su propio cuerpo. Tenía cerca de 30 años y tres hijos, pero palabras como excitación, clímax, goce o plenitud erótica le resultaban ajenas y distantes, o francamente desconocidas.

Al comienzo de su vida marital, que como sabemos coincidió con la iniciación sexual, Esperanza disfrutaba el acercamiento de los cuerpos desnudos, las caricias suaves y esparcidas por las piernas y la espalda, la sonrisa de Leonardo cuando veía sus senos, su cintura, su sexo. Sin embargo, ese gusto no duró mucho pues los encuentros sexuales fueron cada vez más breves y más espaciados, y Leonardo, que nunca había mostrado particular interés por las actividades, gustos o necesidades de Esperanza, llevó su indiferencia hasta el lecho conyugal. En realidad, habría sido muy raro que no lo hiciera. Él era un hombre pragmático en todos los sentidos y no correspondía —ni respondía— a las expectativas de Esperanza. Si ella se había quedado esperando una declaración de amor o un detalle romántico, no es de extrañar que en el terreno de la sexualidad le pasara lo mismo. Al igual que en otras áreas de la vida en común, Esperanza trató de ser complaciente y en ocasiones tomaba alguna iniciativa —fuera para tener un intercambio sexual o para realizar alguna práctica concreta— y nunca obtuvo la respuesta esperada. Una vez que nombró su insatisfacción, no le costó mucho trabajo verbalizar que se sentía ignorada y a veces de plano rechazada.

La situación de Esperanza en modo alguno puede considerarse excepcional. Muchas mujeres de muy diversas características —edad, condición social, ocupación, escolaridad, estado civil— refieren una profunda o prolongada insatisfacción sexual. De hecho, la anorgasmia es el motivo de consulta más frecuente en el campo de la sexología. Sin duda, las causas son múltiples y no es posible hacer generalizaciones. Además, no es ese el propósito de estas líneas, pero sí es importante señalar que la violencia, en sus diversas manifestaciones, afecta el ámbito de la sexualidad. Es más, la indiferencia, el rechazo y la negación de las necesidades o deseos de la pareja constituyen también formas de maltrato. Por ello, ilustramos el hecho con las vivencias de Esperanza y Leonardo.

Por otra parte, hay que recordar que Esperanza sufrió una agresión sexual en su juventud, cuando desconocía la práctica de la sexualidad, y no había elaborado ese suceso. En este punto, su situación también es compartida por muchas otras mujeres. Las agresiones sexuales de diversa índole y magnitud ocurren con una frecuencia que hasta los cálculos más conservadores las colocan por las nubes; no sabemos cuántas violaciones se cometen diariamente —por extraños y por conocidos—, pero sí sabemos que son muchas (en la ciudad de México, se calcula que ocurre una violación cada nueve minutos) y que en su gran mayoría se quedan atoradas en el silencio.

Al igual que muchas, muchísimas mujeres, Esperanza decidió enterrar la agresión sufrida, después de ese intento infructuoso por hablar del asunto y buscar la comprensión de Leonardo, y también ahí —en el entierro— fracasó. Ningún malestar desaparece por sí solo con el mero transcurso del tiempo; mucho menos si es un acto tan brutal como una violación, aunque no haya habido penetración. La violencia sexual deja huellas profundas en la vida de una persona, y aunque se intente con fervor y coraje acallar sus ecos, siempre acaba cobrando un precio, que suele ser alto. No vamos a profundizar aquí sobre los efectos de la violencia sexual, porque ése es tema de otro libro, pero sí es importante mencionarlo por sus altas tasas de incidencia.

Esperanza repasó por enésima vez sus sensaciones, vivencias y recuerdos de los intercambios corporales que había tenido con su marido y único compañero sexual. Advirtió que hacía casi dos meses que no hacían el amor y, lo que resultaba sintomático, no lo extrañaba. Se sentía tranquila, pero distaba mucho de estar confiada, ya no digamos alegre. Con un poco de nerviosismo y la incertidumbre saliendo por los poros, sacó de su bolsa el papelito arrugado y marcó el teléfono del consultorio. Al fin y al cabo, pensó tras un suspiro, realmente no tenía nada que perder.

No soy tu silla Soledad era otra mujer complaciente que, como sabemos, nutría su ánimo de agradar con dosis variables de temor. Ella utilizó su virginidad como una forma de garantizar la seriedad de las intenciones de Óscar, es decir, como un tesoro que simbolizaba la exclusividad y que ella, tal como dictan las buenas costumbres, estaba dispuesta a entregar a su marido. Llegó al matrimonio con toda la inexperiencia sexual a cuestas, lo cual, evidentemente, ella valoraba más que él. A Óscar jamás se le habría ocurrido ufanarse de ser recatado ni mucho menos ignorante de la sexualidad; de manera poco sorprendente, no presumía de ser buen amante sino de haber tenido —peor, poseído— el cuerpo de muchas mujeres.

En su noche de bodas, Óscar y Soledad hicieron el amor sin decir una palabra. Un minuto después de haber terminado, él dormía profundamente y roncaba a buen volumen. Ella se quedó inmóvil, viendo el techo y con la extraña sensación de que se le había congelado la sangre. Varias preguntas rondaban por su mente: "¿Esto es todo? ¿Esto fue lo que estuve rechazando tanto tiempo? ¿Y qué gané con preservar mi virginidad para este desagradecido? ¿Tenía caso? ¿Por qué nadie me dijo que lo único que se sentía era un dolor en la entrepierna? Y ni siquiera me duele tanto. ¿No se suponía que debía gozar, que iba a gritar estrepitosamente, presa de una excitación incontrolable? Apenas estaba empezando a sentir algo, cuando escuché los jadeos de Óscar y una sustancia viscosa se coló entre mis piernas. ¿Y cada cuándo se supone que vamos a hacer esto? Espero que no todas las noches. ¡Qué aburrimiento!"

Las tribulaciones continuaron durante bastante tiempo. Al cabo de los años, Soledad recordaría esa noche como la inaugural no sólo de su vida sexual, sino también de una costumbre que la acompañaría fielmente durante su vida de casada: el insomnio. También, registraría que Óscar invertía nueve minutos —ni uno más— en cada relación sexual. Y entonces, ¿dónde quedaba el mito del superhombre en la cama? ¿Cómo encajar todas esas actitudes de machismo, que Óscar desplegaba cotidianamente, con ese desempeño tan pobre como amante? ¿Cómo era posible que no se diera cuenta de la profunda insatisfacción de su esposa?

Como vemos, Soledad tenía preguntas de sobra para llenar sus noches de vigilia, pero la imaginación y el sentido común no le alcanzaban para esbozar siquiera una respuesta. Con esa ingenuidad que la caracterizaba —la misma que la llevó a pintar la sala, a imaginar que con un lugar cómodo y agradable su marido pasaría más horas con ella, y que en varios sentidos la asemejaba a Esperanza—, se le ocurrió hablar directamente con Óscar y expresarle lo que sentía. Lo hizo con timidez, eligiendo cuidadosamente las palabras para no herir sus sentimientos ni exasperarlo, sonriendo con delicadeza y sin soltarle la mano. Todo el cuadro era una puesta en escena magnífica. La abuela lo habría aprobado sin titubeos. Sin embargo, Óscar lo interpretó a su modo, le dijo que él siempre había tenido la habilidad de lograr un orgasmo tan rápidamente como se lo propusiera y que las caricias colaterales eran una pérdida de tiempo. ¿Eyaculación precoz? Jamás. Eso les pasaba a los hombres que no alcanzaban a penetrar y eyaculaban fuera. No era su caso.

A veces, Óscar se metía en la cama y literalmente saltaba sobre su esposa, con una frase como ésta: "Vamos a empezar. Gana quien tenga primero un orgasmo". En una ocasión, Soledad le pidió que se quitara los calcetines y él la ignoró. La noche siguiente, ni siquiera se quitó el pantalón. Se desabrochó la bragueta y la penetró con fuerza. Ella pensó que, para Óscar, hacer el amor era más o menos lo mismo que ir al baño. Se lo dijo directamente, en esta ocasión con el tono recriminatorio que utilizaba cada vez que le reprochaba algo, mirándolo directamente a los ojos, pero él sólo respondió: "No exactamente. Cuando voy al baño termino con una sensación de alivio, de descanso... y no tengo que escuchar quejas incoherentes". El efecto expansivo de ese misil verbal siguió produciendo resonancia esa y otras noches, a veces a secas y a veces mezclado con lágrimas de dolor e impotencia.

Óscar alternaba esos coitos rápidos y abruptos con largos periodos de rechazo. Llegaban a pasar hasta cuatro meses sin que hubiera un solo acercamiento carnal. Si a Soledad se le ocurría preguntar los motivos de su alejamiento, sin voltear a verla siquiera, Óscar contestaba que era culpa de ella, que ya no lo excitaba como antes, que todo el tiempo estaba de mal humor y haciéndole reclamos, y que su personalidad en conjunto era un antídoto para la lujuria. Los dardos dirigidos ferozmente a la autoestima eran la especialidad de ese hombre duro y altivo.

Al igual que Leonardo, Óscar nunca prestó un céntimo de atención a las necesidades, deseos o gustos de Soledad. Se burlaba de los hombres que pensaban en el placer de sus compañeras ("pierden el tiempo, la mayoría de las mujeres son frígidas... las demás son prostitutas") y asumía sin titubeos que en el lecho conyugal, como en todos los otros espacios de la pareja, quien mandaba era él. Leonardo era indiferente, Óscar desdeñoso. Esperanza se sentía ignorada, Soledad utilizada. Como el macho que era, Óscar tenía cuidado de no decir una sola palabra cuando hacía el amor con Soledad, y sobre todo, —siguiendo de nuevo un consejo patriarcal— de no decirle que la quería cuando estaban en la cama ("si le dices que la quieres te toma la medida... estás perdido"). Si ella preguntaba el porqué de su silencio, él contestaba suavemente que lo hacía por su bien, para no lastimarla si decía otro nombre.

Soledad aprendió a vivir la relación sexual como una parte de la conyugalidad que al parecer era importante para Óscar, pero que a ella nunca le reportó placer alguno. Ni siquiera un gusto mediano. La tomaba como una medicina de sabor amargo, que por suerte se acababa pronto. Una vez le dijo a su marido, con toda claridad, que no era su silla para que la montara cada vez que quisiera. Óscar sonrió, se dio la vuelta y no la tocó durante varios meses. Después, volvió a sus nueve minutos.

"Cuando tú quieras, mi amor."   Con un suspiro de resignación, apagó el televisor y se envolvió en las mantas. Eran casi las 11 de la noche; sabía que en unos minutos llamaría Carlos para contarle alguna historia, darle detalles de una junta imaginaria, de la llegada imprevista de un proveedor o la reunión impostergable con un cliente. Ella escucharía pacientemente y lo esperaría tranquila y de buen humor. Se preguntaba si en realidad él creía que la engañaba, pero no deseaba averiguarlo. Aunque Carlos usara ese ropaje de cinismo y prepotencia, Pilar sabía que en el fondo había algo de culpa —de otra manera no se empeñaría en crear tantos secretos— y que esa culpa se podía capitalizar. Ya había aprendido que no le servían las confrontaciones. Era preferible buscar la complacencia hasta donde fuera necesaria, pero siempre con base en una estrategia calculada hasta el más mínimo detalle.

Si él llegaba demasiado tarde, ella fingía que estaba dormida, porque así facilitaba las cosas para los dos, y retomaba sus esmeradas atenciones al día siguiente. Si era antes de medianoche, se levantaba, lo recibía con un beso fogoso y le ofrecía algo de cenar. Escuchaba nuevamente las mentiras de su esposo, intercalaba alguna pregunta maliciosa y sonreía para sus adentros si lograba hacerlo titubear o caer en alguna contradicción. Una parte de ella disfrutaba ese juego de engaños y lugares comunes ("él miente, yo sé que miente, él sabe que yo sé que miente, yo sé que...") y nunca movía un dedo para detenerlo.

Después, calibraba el cansancio de él y lo menos que le ofrecía era un masaje. En la siguiente relación sexual, que podía ser esa misma noche, Pilar ponía particular esmero en hacerlo feliz y cumplir todos sus caprichos. En general, a decir de ambos, la relación sexual era buena, pero ninguno la consideraba excepcional. Sin embargo, al menos Pilar —y posiblemente también Carlos— tenía claro que era un espacio de negociación de muchas cosas, al que se le podía sacar provecho. Si él se sentía un poquito culpable, ella trataba de hacer crecer esa culpa y después provocaba un desahogo placentero ("nada mejor que un orgasmo para liberar tensiones"), para finalmente clavar el aguijón. Esto último consistía, al mejor estilo de Pilar, en pedirle algo a lo que él pudiera responder, de preferencia con un poco de esfuerzo. Las peticiones incluían objetos codiciados de muy variada índole, una noche de juerga y despilfarro, y hasta un fin de semana en la playa.

En una reunión con sus amigas, a Pilar se le ocurrió contarles su estrategia para lidiar con las infidelidades de Carlos, lo cual despertó el asombro y la incredulidad de aquellas. "¿Lo atiendes como rey? —preguntó una de ellas, azorada— sabiendo que te engaña? ¿Lo recibes con los brazos abiertos y lo complaces hasta en la cama? Eso no me parece justo." "Nunca dije que fuera justo —respondió Pilar con su estilo pausado, casi parsimonioso—, es estratégico. Cuando él está feliz dice sí a todo." Las voces siguieron oyéndose un buen rato en una variedad de temas, como suele suceder en esas conversaciones erráticas entre mujeres que Sofía recordaba desde su adolescencia y cuyo centro con frecuencia son los hombres. Si hubiera estado ahí, se habría preguntado hacia dónde conducían esos juegos de falsedades y simulaciones, y por qué en el interior de una pareja se requería una estrategia.

En los comentarios de Pilar, se nota con toda claridad que la cama puede ser un espacio de negociación en la pareja. Ella lo utilizaba activamente para obtener algún beneficio material. Otras mujeres, resentidas por algún desplante del marido, indignadas por sus infidelidades, enojadas por la violencia de cualquier tipo, simplemente, hacen huelga de piernas cruzadas: rechazan cualquier contacto sexual para que él registre los alcances de su molestia y desde esa nueva posición se inicie un nuevo diálogo.

En ese mismo sentido, hay parejas que refieren que después de un pleito extraordinario, una lluvia de insultos y humillaciones, pasan sin transición a la relación sexual, frecuentemente con magníficos resultados. Algunos hombres han referido que la ira puede

tener un contenido afrodisiaco insustituible, en tanto que las mujeres la consideran un método para tranquilizarse —sobre todo,
para ellos—, y en ocasiones la aceptan incluso con cierta resignación. Aquí hay varios elementos que merecen atención. Por un
lado, puede ser que la pareja como tal vea la lujuria como un
recurso para no tener que hablar de sus problemas y sentir que las
cosas marchan bien: "El sexo es fenomenal, tenemos que estar juntos", "Si estamos bien en la cama, todo lo demás tiene arreglo",
"Siempre acabamos entendiéndonos". El problema que plantea
esta actitud es que la comunicación es fácilmente sustituida por el
autoengaño.

La segunda posibilidad remite, de nueva cuenta, a las estrategias que se ponen en marcha entre las sábanas, y que no son muy
distintas a las que empleaba Pilar, aunque no siempre se utilicen
con la misma conciencia (por no decir frialdad). Es claro que en la
sexualidad también hay un poder que eventualmente ejercen las
mujeres. Sin embargo, hay que subrayar con energía el peso de la
voluntad. La estrategia es tal en la medida en que las mujeres, de
una manera totalmente voluntaria, emplean la sexualidad con un
propósito determinado. Como en cualquier otra estrategia, hay
diferentes grados de eficacia que dependen, sobre todo, de que el
marido reconozca y respete la voluntad de su esposa para aceptar o
rechazar una relación sexual. Como veremos en las páginas que
siguen, este no siempre es el caso.

Por la buena o por la mala El espejo del baño de la habitación
del hotel era mucho más grande que el que tenía en casa, y para
colmo había otro, redondo, que magnificaba las imágenes. No había
distorsión. El reflejo era exacto y por eso mismo, paradójicamente,
engañoso. Diana no sabía con exactitud qué estaba buscando en ese
rostro que conocía tan bien. No era la primera vez que escudriñaba
sus propias miradas en busca de una respuesta, pero ahora le costaba más trabajo formular la pregunta. Le había sorprendido la tenaz
exigencia de Nicolás, como si realmente no pudiera controlar un
impulso sexual. La había presionado para salir de la fiesta y en la

calle había tenido actitudes que ella no le conocía: le había dado una nalgada, la había empujado mientras caminaban y también —aquí va una pausa para tragar saliva y ahogar el nudo de lágrimas— la había llamado "puta". Su primer impulso fue negarlo, pretender que había escuchado mal y pensar en otra cosa, pero ahora sabía que sí había sucedido. Claro, la sola exigencia era una señal de que algo andaba mal, de que Nicolás no era el de siempre y de que la noche acabaría en pesadilla. No le hizo caso y así, abruptamente, sintiendo la excesiva presión de los dedos de él en su brazo, lastimándola, entró en el hotel.

Entonces apareció, de golpe, esa brutalidad que Diana desconocía. En el segundo capítulo, anotamos todo ese cúmulo de sensaciones que se condensaron en su grito. De pie frente al espejo, reconocía en primer lugar la humillación que desembocaba en ira. No sabía que él podía ser tan salvaje, tan brusco, tan violento. No quiso seguir hurgando en ese desorden emocional porque tenía miedo de derrumbarse, y ya sabemos que la sola idea de perder el control podía ser muy amenazante para ella ("la vida antes que el estilo").

Volvió de nuevo la mirada al compañero y se sorprendió del desenfado —por no decir cinismo— con el que asumía un acto tan grave como ese: sodomizar a su novia por la fuerza. Cuando llegó a este punto, se asomaron las lágrimas a sus ojos y entendió qué quería preguntarle al espejo: "¿Se me nota?" "¿Se advierte en mi cara que acabo de ser...?" Los puntos suspensivos indican el espacio mental que reservaba a la palabra proscrita, esa que tardó varios años en articularse: violada.

Esa primera noche, Diana registró la exigencia, la brutalidad y el cinismo. Al cabo del tiempo, se sumaría un cuarto elemento: la reiteración. Empezó a tener miedo de los excesos etílicos de su esposo, porque siempre que se emborrachaba quería sodomizarla y ella detestaba eso. Además, decía groserías y vulgaridades que a Diana no sólo le molestaban, la ofendían. Para cerrar el cuadro, él era incapaz siquiera de escucharla, no se diga de hacerle caso ("¿No te excita que te diga puta, mi putita consentida?"), y con el pretexto de estar alcoholizado, Nicolás siempre se salía con la suya.

La violencia sexual es una realidad presente en muchas parejas que con frecuencia adopta la forma más burda, la violación. En efecto, hay hombres que exigen una relación sexual con sus esposas, sólo porque existe un vínculo matrimonial o de unión libre. El llamado débito conyugal es algo más que una metáfora o un asunto del pasado. Muchas personas, hombres y mujeres, piensan que la relación sexual es un derecho del marido y, por lo tanto, una obligación de la mujer. Esta idea está tan arraigada que muchas legislaciones la regulan con precisión, para no dejar lugar a dudas. En México, por ejemplo, hasta fines del decenio de 1990, se rechazaba la posibilidad de que existiera violación en el matrimonio, y sólo excepcionalmente, cuando había violencia física extrema, se consideraba que era ejercicio indebido de un derecho; en otras palabras, el derecho seguía reconociéndose como tal, sólo que debía ejercerse con buenos modos. En la misma tónica, algunos países sudamericanos señalan con claridad que el matrimonio excluye la violación (o sea que, lisa y llanamente, la voluntad de las mujeres no existe) y otros más establecen que la acción penal por violación se extingue si hay oferta de matrimonio. Si la violación es tumultuaria, basta que uno de los agresores esté dispuesto a casarse con la mujer agredida para que ninguno de ellos sea castigado.

Este panorama da una idea de las dificultades que han tenido que vencerse para lograr el reconocimiento de algunos derechos básicos de las mujeres, así como la definición de la sexualidad como un conjunto de prácticas libres y, sobre todo, voluntarias. El trayecto ha sido sinuoso, y aún no se recorre en su totalidad, pero hay avances sustanciales que no deben pasar inadvertidos. Es muy importante reconocer que en cualquier lugar y circunstancia, incluyendo la relación matrimonial, toda persona tiene el derecho inquebrantable a decir *no*.

○ ○ ○

Algunos puntos que conviene recordar en relación con la violencia sexual son los siguientes;

- Cualquier conducta que se realiza en contra de la voluntad de la otra persona es una forma de violencia.

- La violencia sexual, presente en muchas parejas, se expresa como negación de las necesidades y deseos de la otra persona, es decir, la cosificación o utilización como objeto erótico. Una forma más evidente es la imposición de prácticas dolorosas, desagradables o simplemente no deseadas.
- La violación, en sus distintas variantes (vaginal, anal u oral), también llega a presentarse en muchas parejas, frecuentemente, como corolario de la violencia física.

Cicatrices permanentes

Durante mucho tiempo, se pensó que los golpes eran la única forma de violencia . Ahora, ya sabemos que el maltrato es mucho más que un puñetazo en el ojo, un hueso fracturado, un diente caído o un riñón atrofiado, pero eso no significa que las lesiones hayan dejado de existir ni que hayan cedido el sitio a nuevas expresiones de violencia. Es más, ni siquiera han disminuido. En otras palabras, la violencia física permanece, sólo que ahora comparte el escenario con las otras formas de violencia (psicológica, sexual y económica) en un esquema de complementariedad y multiplicación.

Al igual que las otras formas de violencia, la física abarca muy diversas expresiones; además, en este campo, es donde mejor se advierte su carácter progresivo.

Algunos predictores   La violencia no surge de un día para otro ni tiene un origen incierto. En realidad, desde el noviazgo —a veces incluso desde las primeras citas— aparecen señales de alarma que identificamos como focos en el tablero emocional, pero por lo regular no les damos importancia. Si no son atendidas, de simples señales pasan al rango de predictores de maltrato. Algunos de ellos, particularmente consistentes, son el abuso económico, la violencia emocional, el abuso físico en relaciones previas y las creencias estereotipadas sobre las relaciones entre los géneros y el poder en la pareja.

El manejo del dinero siempre imprime sus matices a la relación. Pocas parejas —aunque existe la confianza en que cada vez sean más— discuten y deciden la distribución equitativa de los recursos. Cuando un hombre oculta el monto de sus ingresos, no da dinero a la casa, lo deja junto a la cama después de un intercambio sexual y toma todas las decisiones económicas, es muy probable que de ahí pase a otras formas de violencia. Las actitudes de descalificación y control ya están presentes.

En el terreno del maltrato psicológico, ese que suele tener mesetas, colinas, oasis, pantanos y barrancas, las conductas que más claramente pueden predecir la aparición de los golpes son las amenazas, en particular, las de llegar a las manos. La destrucción de objetos y el maltrato a la mascota estarían en el mismo rango.

Aunque no siempre hay manera de saberlo, el maltrato físico en una relación previa es un antecedente de gran importancia. En pocas palabras, el hombre que ha golpeado una vez volverá a hacerlo casi con toda seguridad. El problema que surge es cómo identificar el hecho (pocos hombres lo reconocen abiertamente) y, sobre todo, cómo conocer la magnitud del daño causado y del peligro presente. Ya hemos visto que muchas formas de violencia en la casa están naturalizadas y que las mujeres estamos entrenadas para rechazarnos e incluso culparnos mutuamente de las acciones de los hombres; las vivencias en torno a la infidelidad masculina son un buen ejemplo. No es de extrañar, entonces, que si una mujer se entera de que su esposo o compañero llegó a golpear a una mujer, tranquilamente la culpe a ella. De esta manera, su relación está a salvo, gracias a una distancia imaginaria y artificial.

Finalmente, la razón de todos estos comportamientos son las creencias rígidas en un modelo de convivencia muy tradicional que sustenta la superioridad y el dominio masculinos. Cuando un hombre se expresa con desprecio de las mujeres, tiene prácticas misóginas o descalifica sistemáticamente todo lo femenino, revela también una predisposición a la violencia. En este rubro entraría, con todas sus manifestaciones, la homofobia.

Ahora bien, la existencia e identificación de predictores de violencia no significa que todos los hombres que alguna vez hayan tenido estas conductas acaben siendo golpeadores. De los maridos que conocemos, Leonardo y Óscar eran muy tradicionales, pero Leonardo no tenía la misoginia de Óscar; esperaba ser atendido por su esposa y la trataba con indiferencia, pero no llegaba al extremo del desprecio que Óscar sentía por las mujeres. Nicolás no era un hombre conservador ni machista. Carlos tampoco era misógino pero sí controlador hasta el más mínimo detalle, aunque hablaba todo el tiempo de sus convicciones igualitarias.

Por otra parte, en todas las parejas hubo violencia psicológica de distintas formas y grados. Esperanza se sentía agobiada con la descalificación continua de Leonardo. Diana y Nicolás ejercían violencia verbal mutua y ambos tenían actitudes controladoras: ella desde la arrogancia y la eficiencia, él desde el desenfado y el cinismo. Carlos era controlador, autoritario e infiel, pero Pilar aprendió a sacar provecho a todo ello y poco a poco fue afianzando una posición de poder. En ninguna de estas tres relaciones hubo violencia física.

En cambio, en la pareja de Óscar y Soledad se cumplieron, uno a uno, los predictores de violencia. Para empezar, desde el noviazgo, él reveló algunas actitudes de desprecio hacia las mujeres ("Qué bueno que soy hombre y no tengo que preocuparme de la virginidad") y mostró su inclinación hacia el control al darle dinero a Soledad para su arreglo personal y luego vigilar su desempeño. Al planear la boda, él decidió cómo sería y quiénes asistirían. También, eligió la vivienda y rechazó la propuesta decorativa de Soledad. En síntesis, él decidía todo. Recordemos, por último, que amenazó a su esposa directamente y luego salió dando un portazo.

Los predictores funcionan de manera acumulativa. Cada uno de ellos, por separado, enciende una luz intermitente; cuando se van juntando, como es obvio, su potencial aumenta.

No fue tan duro La pareja vive en una situación de armonía aparente y calma relativa. Las rutinas de cada cual transcurren con toda normalidad, hasta que aparece un conflicto. Sin duda alguna, en toda interacción humana hay conflictos de diversa índole; son parte de la vida en sociedad, nos muestran claramente que como individuos todos tenemos formas particulares de ver las cosas, y nos ayudan a conocernos mejor a nosotros mismos y a los demás. ¿Qué cosas generan conflicto en una pareja? Depende de cada situación, pero sí podemos señalar que los motivos son innumerables: problemas personales de él o de ella, las respectivas familias de origen, las amistades de uno u otra, el desempeño escolar de los hijos, el trabajo de ella, los horarios, el manejo del dinero, etc. Cuando la pareja vive una situación de estrés —por ejemplo, el desempleo, un accidente, la muerte de una persona cercana, la partida de casa de un hijo o hija adolescente, etc.— aumentan los conflictos.

De la forma de resolver los conflictos depende la estabilidad emocional de la pareja o, de manera destacada, que la violencia se instale en la relación, que aparezca a ciertos intervalos o que se le *cierren las puertas*. Si la jefatura de familia fuera un cargo rotativo —como imaginaba Sofía—, o mejor aún, si se abandonara la idea de que se requiere un jefe y las familias funcionaran en un esquema democrático y participativo, en el que cada persona tuviera voz y voto, no habría sitio para la violencia ni necesidad de escribir este libro.

¿Qué sucede entonces en la vida cotidiana? ¿Cómo se manejan los conflictos en la realidad y no en las fantasías adolescentes? Ya vimos que los predictores de maltrato muestran en su totalidad un pobre manejo de resolución de conflictos. Las nociones estereotipadas de mando y obediencia apuntan a la negación de una de las dos voluntades, la que debe acatar sin cuestionamientos. Seguida al pie de la letra, esta postura no corresponde a una pareja sino a una tiranía. Si bien persisten estos modelos conservadores, en la actualidad, no predomina la situación extrema y tajante (por algo es extrema) ni es la más representativa. Las mujeres opinan, cuestionan, desafían y confrontan el poder masculino; incluso Soledad, que vive en la situación más tradicional, expresa sus puntos de vista y aun sus reclamos airados ("No soy tu silla para que me montes cuando quieras"). El panorama en conjunto es bastante complejo, precisamente, porque hay posiciones de poder asimétricas que están en continuo movimiento y ajuste. Como vimos al inicio de este capítulo, la violencia reestructura y afianza esas posiciones de poder.

En general, los conflictos atemorizan, o por lo menos incomodan. Así como no queremos siquiera nombrar la violencia y pretendemos conjurarla con el silencio, así también queremos, en muchos casos, ignorar los conflictos. Las primeras reacciones suelen ser de negación; es decir, las diferencias de opinión, las incomodidades y los malestares son olímpicamente ignorados. ¿Desaparece con ello el conflicto? Por supuesto que no. Sigue existiendo y cada vez reclama más atención. Entonces, se registra el primer estallido —claro, las presiones que no encuentran salida irrumpen abruptamente— en forma de un pleito de diversa intensidad: hay gritos, manotazos sobre la mesa, insultos, amenazas, destrucción de objetos, etc. Ya anotamos estas actitudes como un claro predictor de violencia física.

Después de la tormenta viene la calma, dice la sabiduría popular. Es cierto, pero en una situación como la que estamos analizando, la calma es relativa, porque el origen de la tormenta —es decir, el conflicto— no ha sido atendido. Puede haber alguna reconciliación derivada del pleito, pero la comunicación sigue ausente. Éste sería el momento de hablar y formular acuerdos; con ello se evitarían males mayores. Cuando no se hace, con una especie de resignación —como si la tensión fuera inevitable— se suele culpar a la otra persona: "Contigo no se puede", "Tú no entiendes nada", "No me escuchas", "Mi marido es muy especial".

Tal vez, el siguiente enfrentamiento no quede en los portazos y las palabras altisonantes. En algún momento, los insultos y los gritos pueden dar paso a un empujón, un jaloneo, un tirón de cabellos, una cachetada o un manotazo. Con estos comportamientos, aunque se pretenda negar su realidad, la violencia física entra en escena. Como vemos, su aparición es paulatina y muy anunciada, pero finalmente llega, y entonces empieza a exhibir sus diferentes caras, también de manera gradual.

Ya llevamos muchos focos encendidos... e ignorados. Un primer contacto físico abrupto, sorpresivo y violento tendría que sacar chispas en ese mismo tablero que ya no tiene espacio para otra luz prendida. Pero no lo hace. El efecto parece ser el contrario, porque la pareja ya está metida en una dinámica donde la comunicación y la empatía no tienen cabida, y en su lugar han puesto en marcha un dispositivo de negación y ensimismamiento con grandes alcances.

Entonces, ese primer incidente, que debería forzar un alto en el camino, se entierra en el silencio y las justificaciones de la pareja: "Estaba fuera de sí", "No es tan grave", "Ya pasó". Si acaso, se asoma una palabra de perdón y el enunciado mágico: "No volverá a suceder". Con esto último, se corta de tajo cualquier posibilidad de comunicación y se afianza una posición de poder. En realidad, detrás de esas palabras habita otra verdad: "(No) volverá a suceder... si yo (no) quiero".

La escalada   Soledad lloraba amargamente al ver su rostro enrojecido frente al espejo. Ya había pasado por las actitudes autoritarias y la descalificación continua; sabía hasta dónde llegaba el control de Óscar y conocía el miedo. En más de una ocasión se había quedado encerrada, inmóvil y en silencio, con el miedo saliendo por sus poros y la esperanza de que Óscar tardara varias horas en regresar. Lo había oído gritar hasta quedarse ronco y patear la cama por lo menos una docena de veces. Finalmente, había cruzado ese umbral que Soledad siempre pensó rígido e inamovible. La había golpeado con la mano extendida, la había empujado sobre la cama y luego se sentó sobre ella, como si tuviera temor de errar el puñetazo dirigido al rostro. Todavía se quedó unos segundos al pie de la cama, como si disfrutara el espectáculo de verla así, llorosa y desvalida. Luego salió, dando un portazo, como acostumbraba.

Y ella seguía aferrada a la imagen que se había formado de un marido trabajador, responsable y dulce, aunque sin duda un poco tenso. Buscó en sus recuerdos al otro hombre —no el golpeador— con el que había querido compartir su vida, y no le costó tanto hallar un detalle que amortiguara el dolor de los golpes recibidos. Necesitaba desesperadamente aferrarse a algo que le dijera que lo que acababa de suceder era una pesadilla y —lo más importante— que pronto despertaría. Por ello esgrimió, para sí misma, un justificante tras otro, y por ello decidió que pondría todo su empeño en ayudar a Óscar a superar esa crisis.

Muchas mujeres que viven una relación de maltrato pasan las mismas etapas: control, descalificación, asedio, amenazas y golpes. En ese proceso, van desarrollando su capacidad de atención a cualquier mínimo detalle que pueda desencadenar la ira de su compañero; están pendientes de todo y listas para enmendar cualquier falta. Todo esto desemboca en un profundo conocimiento del esposo: saben sus gustos y sus debilidades, han repasado mil veces las causas de sus exabruptos, identifican sus estados de ánimo con sólo ver una sonrisa o escuchar un tono de voz, adivinan sus peticiones y la secuencia de sus pensamientos. Han observado a la persona y el entorno con tal detenimiento, que llegan a colarse hasta en sus pensamientos. No es exagerado decir que lo conocen incluso mejor de lo que se conocen a sí mismas.

Tomemos de nuevo el ejemplo de Soledad, que prácticamente había arrinconado —por no decir negado— su actividad laboral, sus necesidades, sus deseos y sus sentimientos. De hecho, se había anulado como persona y vivía las 24 horas del día a merced y en función del marido. Muchas mujeres le han dedicado tanto tiempo y tanta energía a ese tipo de relación, que en lugar de pensar que son recursos perdidos y que día a día requerirá un esfuerzo mayor, se concentran en el lado amable del agresor y confían, con el mismo fervor con el que se encomendaron a San Aguantalotodo, que las cosas van a cambiar, que la relación va a mejorar y que pronto, muy pronto, llegarán a ese final que augura una vida feliz para siempre. Y en este recorrido mental, ellas se asignan un lugar central, dictado por los mandatos de género que nos persiguen desde el primer capítulo: "Yo tengo que ayudarlo, soy su esposa. Juntos saldremos adelante. Nuestro amor..."

En ese punto de las cavilaciones solitarias, justo cuando Soledad dejó el maquillaje en el tocador y se dispuso a ordenar la habitación, Óscar regresó con unas flores anudadas con un listón amarillo y una tarjeta que ostentaba unas enormes letras doradas, en relieve, las cuales formaban el enunciado glorioso: Te amo. Le ofreció disculpas de una manera breve y directa y, al igual que muchos otros maridos golpeadores, le dijo exactamente lo que ella quería oír: "Tú sabes que yo no soy así, acuérdate de... (y aquí un detalle romántico de la relación, posiblemente de hace varios años), lo que me pasó fue que... (toca el turno a las razones externas como el tráfico, el partido de futbol, el clima, los precios, el alcohol, etc.) ...pero te juro que no volverá a suceder". Y concluyó con otra frase de efectos mágicos: "Necesito que me ayudes".

El círculo está cerrado. La dinámica de la relación es tal que todo gira en torno al eje de la incomunicación, los (auto)engaños, las simulaciones y la creencia de que todo va a cambiar como por arte de magia.

Pero las cosas siguen así por mucho tiempo. Un estallido de golpes, promesas de cambio, súplicas de perdón, indiferencia, insultos, humillaciones, amenazas, de nuevo las promesas, otra sesión de violencia física... y es cuento de nunca acabar. Hace muchos años, Leonore Walker, terapeuta especializada en la atención a mujeres golpeadas, denominó a este proceso "el círculo del maltrato". El modelo resulta útil cuando hablamos de mujeres urbanas de clase media, y aun en ese contexto hay que reconocer las particularidades de cada relación; en otras palabras, Walker nos da una idea del carácter cíclico y progresivo de la violencia, pero existen muchas variantes individuales. En otros contextos —por ejemplo, mujeres migrantes, indígenas, rurales—, la preocupación no es precisamente cómo ayudar al marido a cambiar, sino la mera sobrevivencia.

Como veremos más adelante, la mayoría de las mujeres que piden ayuda para salir de una relación de violencia lo hacen justo después de un episodio de golpes o de violencia sexual extrema. Conviene tener en mente el estado emocional en que se encuentra una persona recién agredida; necesita tiempo para asimilar las cosas, valorar las distintas opciones reales y decidir lo que le convenga. Hay mujeres que viven en una situación de violencia durante varios años, que en un abrir y cerrar de ojos se convierten en decenios. Hay otras que pasan toda la vida con el agresor y nunca se atreven a abrir la puerta para lanzar un grito de socorro. Otras más simplemente no sobreviven a alguno de los ataques violentos del marido, y el discurso religioso cristaliza en una dolorosa realidad: hasta que la muerte los separe.

○ ○ ○

Al abordar la violencia física en una pareja, los aspectos que conviene recordar son los siguientes:

- Antes del primer golpe, hay numerosas señales que es necesario atender: control económico, asedio, amenazas, destrucción de objetos, desprecio hacia las mujeres y abuso físico en relaciones previas.
- La violencia física se dirige al cuerpo y abarca una gran variedad de manifestaciones, desde un jalón de cabellos hasta la muerte, pasando por lesiones de todo tipo, heridas con armas blancas, golpes con objetos, disparo de arma de fuego, etcétera.
- La violencia es cíclica. Hay alternancia entre maltrato y afecto, y largos periodos de relativa calma. En ese proceso, las mujeres sienten que pueden —y deben— ayudar a los agresores, y eso les proporciona un aliciente para su autoestima, la cual está hecha añicos por la violencia.
- La violencia es progresiva. No se detiene por sí sola. Se requiere siempre la intervención de un especialista.

En síntesis, las huellas que deja un episodio de violencia son imborrables. Independientemente de la magnitud y la frecuencia, cualquier golpe propinado por la pareja deja cicatrices permanentes.

El mito de la pareja perfecta

La ilusión de que existe una pareja perfecta es la continuación del amor romántico con visos de duración eterna. Y como toda ilusión, se evapora con extraordinaria facilidad al chocar contra la realidad. El mito de la pareja perfecta se desmorona en cuanto el maltrato, en sus múltiples formas, irrumpe en la escena de la vida familiar. Como hemos visto, la violencia no tiene un papel secundario. Suele ser protagonista central de una obra que avanza en espiral de la indiferencia al desencanto, del control económico al autoritarismo, del asedio al engaño, de las amenazas a los golpes y de la violación a la muerte.

La pareja perfecta es el corolario inevitable de una historia de amor con final feliz. Sólo que esas historias no aterrizan en la cotidianidad y se quedan en la abstracción de las miradas dulces y las manos entrelazadas. La pareja perfecta tendría que estar formada por dos individuos que, precisamente porque son individuos —autónomos, completos, libres—, se relacionan en términos de igualdad. Si en efecto ambos lo son y se asumen como iguales, la relación tiene que darse en un esquema de libertad; si hay imposiciones, sometimiento o abnegación, entonces no existe la igualdad ni tampoco la libertad.

La pareja perfecta funciona con base en el respeto mutuo. Cada integrante acepta de buen grado los defectos y las virtudes del otro, reconoce las diferencias y entiende que para que la pareja sea perfecta, no puede haber una sola idea —mucho menos comportamientos concretos— de superioridad o sujeción. En ese marco de respeto, la pareja siempre tiene un espacio para la comunicación franca y abierta, en donde se opina sin aconsejar, se expresan sentimientos sin chantajear, se sugiere sin imponer, se pide sin exigir y se escucha sin interrumpir. En esto consiste la comunicación abierta entre dos individuos libres e iguales.

La pareja perfecta tiene una vida sexual plena y satisfactoria, porque cada quien expresa sus deseos y necesidades, a la vez que se preocupa por conocer y satisfacer los de la otra persona. Como además la pareja está unida por un fuerte vínculo amoroso, en cada intercambio sexual hay un goce superlativo. Con ello, se constata que la felicidad sí existe y que se construye entre dos.

La pareja perfecta tiene formas específicas de resolver sus conflictos: la conciliación, el establecimiento de límites precisos, el diálogo permanente, la negociación de cada mínimo detalle que genere malestar, y en algunos casos hasta el rechazo, pero jamás la violencia.

Podríamos agregar algunos elementos más, pero los anteriores son suficientes para integrar una pareja perfecta: igualdad, libertad, comunicación abierta y franca, respeto básico por el otro, aceptación de las diferencias, amor profundo, sexualidad plena y satisfactoria, y resolución pacífica de conflictos. Ahora podemos, con la mano en el corazón como les enseñaron a Luis y a Sofía que se decían las verdades, preguntarnos cuántas parejas conocemos con estos atributos. Sin duda, todas estas características pueden darse en una pareja, pero no caen del cielo ni las entrega el genio complaciente que habita en una lámpara. Todas se construyen en la vida cotidiana y requieren un mantenimiento constante.

Como es obvio, la violencia destruye cualquier fantasía de perfección en una pareja. Sin pretender agotar las consecuencias de una relación de maltrato, podemos señalar los sentimientos predominantes en las parejas que hemos visto en este libro: insatisfacción, abandono, desesperación, angustia, incertidumbre, miedo, hartazgo, ansiedad, ira, inseguridades, resentimientos, minusvalía y depresión. ¿Alguno de ellos puede ser medianamente compatible con la ilusión de la pareja perfecta?

Finalmente, conviene recordar las altas tasas de prevalencia del maltrato doméstico. Si una de cada tres mujeres ha sido golpeada por su compañero íntimo, si alrededor de la mitad —y a veces hasta 72%, según las preguntas concretas— refiere haber sufrido violencia psicológica, si la consulta terapéutica revela —aquí los datos estadísticos se quedan muy cortos— que la violencia sexual es una práctica frecuente en muchas parejas, entonces, ¿dónde queda la pareja perfecta?

Una buena relación de pareja sólo puede construirse sobre los cimientos de la equidad. Sin duda, hay parejas que lo han logrado, pero las condiciones sociales —desde el macrosistema hasta las creencias personales— indican que todavía falta mucho por hacer. Por ello, la pareja perfecta sigue siendo un mito. O mejor aún, una obra en espera de que se coloque la primera piedra.

5

La violencia en la vida cotidiana

Diana arropó a sus gemelos, apagó las luces de la casa y echó llave a la puerta, esa que Nicolás había cerrado por fuera para vivir con libertad una nueva "cruzada romántica". Se sentía muy sola y con esa sensación de abandono pensaba una y otra vez en lo que había pasado, pero no encontraba respuestas. Y no podía hallarlas porque formulaba todas sus preguntas en tercera persona —lo que Nicolás le había hecho— y no se atrevía a mirarse a sí misma. Continuaba teniendo preocupaciones de tipo maternal hacia él: si sabría cuidarse, si recordaría sus compromisos, si podría ahorrar... En la introducción de este libro, vimos que la embargaba un sentimiento de injusticia, el mismo que, con el peso del funcionamiento de la casa y el cuidado de todos, se había multiplicado varias veces; además, se sentía desplazada, burlada y humillada. Empezó a comer compulsivamente y su gusto por el alcohol se incrementó. Con ello, se deterioró su imagen, descuidó su apariencia y hasta su salud. Y el malestar crecía.

Nicolás detuvo el coche frente a la casa de su nueva compañera y se quedó pensativo. Ahora, compartía su vida con una mujer inteligente, trabajadora y autosuficiente —igual que Diana—, pero que no lo protegía ni le resolvía problema alguno. Lo recibió en su casa, pero le asignó tareas concretas (para empezar, lavar sus propios trastes y su ropa) y cuando él intentó su vieja táctica de sonreír y aducir desconocimiento, ella dijo tranquilamente que nadie nacía sabiendo y que no era tan difícil. Además, la convivencia continua había revelado otras incompatibilidades. Aunque no lo formulaba con esas palabras, Nicolás resentía no ser atendido y que, para colmo, se asomaran algunas palabras de crítica y reprobación ante sus actitudes desobligadas. Era extraño. Él nunca se había considerado irresponsable. No tenía duda de que Diana lo recibiría de regreso. Curiosamente, nunca se planteó la posibilidad de vivir solo. Si algo era constante en sus cavilaciones, era una profunda sensación de vacío, desencanto y agobio. A todo ello, se sumaba la certeza de una pérdida.

○ ○ ○

Esperanza cerró la puerta del baño y acomodó sus medicinas. Llevaba años acumulando angustias y resentimientos. Se sentía desesperada, agotada y, sobre todo, defraudada. Si había hecho todo correctamente, si se había ajustado de manera estricta a los dictados de las tradiciones más arraigadas, si había escuchado atentamente cada palabra de la abuela, ¿entonces qué había salido mal? ¿Por qué sentía que su matrimonio era un desastre y que ella, como mujer, había fracasado? ¿Cuál había sido el error? No quiso levantar la cara y ver las huellas de su desencanto en ese rostro triste y ojeroso que seguía siendo suyo. Seleccionó los analgésicos para el dolor de cabeza —que ahora era casi un compañero permanente— y guardó las cápsulas que tomaba para la colitis, el jarabe para la acidez y las tabletas para esa úlcera incipiente recién detectada.

Leonardo entró en la casa sin hacer ruido y cerró despacio la puerta. Él también se formulaba muchas preguntas, que en lo esencial coincidían con las de Esperanza: ¿Dónde había estado la falla? Compartía con ella la sensación de fracaso y una profunda insatisfacción. A todo eso había que agregar la incredulidad: ¿Por qué

Esperanza se quejaba tanto si en realidad él era un buen marido? Era trabajador, amoroso con los niños y no tenía vicios ni adicciones. ¿Qué pretendía con tantos reclamos? ¿A quién se le antojaría volver a casa y encontrar a una mujer histérica con una cara de dos metros? Mientras pensaba todo eso, se frotaba con firmeza el hombro derecho; frecuentemente lo tenía contracturado y a veces el dolor se extendía por el cuello, casi hasta el oído.

○ ○ ○

Pilar cerró la puerta de su casa y se detuvo en el vestíbulo para contemplar —y disfrutar— las comodidades que día a día se iban incorporando a su vida. Repasó las paredes llenas de cuadros, los muebles, las cortinas, los adornos y las alfombras. Vivía muy bien y esa certeza se tradujo en una amplia sonrisa. Entonces, hizo un alto mental para pensar en el amor. Esa misma tarde, en su grupo de amigas, alguien le había preguntado si realmente quería a su esposo, y ella se había encogido de hombros: "Sí. Sí lo quiero un poquito, pero si de algo estoy segura es de que no estaría con él si fuera pobre". La ambición económica no conoce límites ni ataduras, y por lo tanto jamás llega a satisfacerse. Hubo risas y frases que festejaron el ingenio, pero Pilar se quedó con esa duda en la cabeza. ¿Quería realmente a su marido? Había en esa reflexión un poco de tristeza, pero sobre todo una sensación de vacío.

Carlos entró a la casa, después de un largo recorrido por la calle y la consecuente anticipación de que habría un pleito o por lo menos una situación tensa. Apenas cerró la puerta, vio un bulto recargado en la pared; Pilar había comprado un nuevo tapiz y él sólo pensaba en lo que habría costado. Ni siquiera se le antojaba verlo. Si en algún momento se había sentido iracundo, ahora también estaba abrumado por las exigencias interminables de la esposa. Sentía que él cargaba con todo y que el peso aumentaba en el interior de ese túnel al que no se le veía salida. Ya ni siquiera tenía humor ni energía para jugar con los niños. Aunque le costaba trabajo admitirlo —porque iba implícito el reconocimiento de un fracaso—, cada vez se aburría más con Pilar. El gusto por esa cara bonita se había disipado entre las cuentas, los chantajes y las hipocresías. Carlos estaba profundamente enojado o, lo que es igual, profundamente triste.

○ ○ ○

Soledad escucha el motor del coche de Óscar y siente que el alma se le va a los pies. Se queda tiesa, inmóvil, oyendo con toda la concentración de que es capaz. A fuerza de practicar cotidianamente, ha aprendido a identificar el estado de ánimo de Óscar a partir de esos detalles: cómo cierra la puerta del coche, el ritmo y la firmeza de sus pasos, cómo introduce la llave en la cerradura. En esos breves instantes, hace un recorrido mental de sus obligaciones como esposa, para que ninguna falla desencadene un exabrupto. Cuando Óscar cierra la puerta de la casa, Soledad ya tiene una idea muy clara de cómo transcurrirán las horas siguientes. Está ansiosa, desesperada, inquieta y temerosa. Varias veces le han dicho que parece un manojo de nervios alterados y por cualquier razón estalla con los niños o se echa a llorar sin control. Sus noches de insomnio son ahora la mayoría, porque tiene miedo hasta de dormir. Las migrañas se instalaron en su vida y cada vez son más resistentes a los medicamentos. Para terminar, pasa días enteros prácticamente sin comer. Está en los huesos y tiene un rostro permanentemente demacrado.

Óscar se dejó caer en el sillón de la sala y le pidió a Soledad una bebida; ella dejó el vaso sobre la mesa de centro y enseguida regresó a la cocina. Él siguió a solas con sus pensamientos. Había logrado todo lo que se había propuesto. Ella le tenía miedo; sabía que en cualquier momento él podría decir adiós y se esforzaba por complacerlo todo el tiempo, como un trabajador ante la amenaza del despido. Había renunciado a su trabajo y se dedicaba de lleno a mantener limpia y ordenada la casa, a cuidar a los niños y a atenderlo a él. Su sueño, como él mismo lo había nombrado en otro momento, se había realizado. Y sin embargo, Óscar experimentaba una profunda insatisfacción; distaba mucho de sentirse feliz y no sabía por qué. Él siempre imponía su voluntad —por la buena o por la mala— y a pesar de ello se sentía vacío. Además, una parte de él se avergonzaba de llegar a los golpes. De un tiempo a la fecha lo hacía con relativa frecuencia, pero no se habría atrevido a decirlo públicamente, ni mucho menos a vanagloriarse de ello, como había hecho su padre. Asumirse como golpeador implicaba, en su visión de las cosas, aceptar que no podía controlar a su esposa. Se sentía insatisfecho y enojado, pero sobre todo frustrado.

○ ○ ○

La violencia genera muy diversas consecuencias, a cual más dolorosas y profundas, en las personas implicadas en la relación. En las páginas que siguen, veremos lo que significa el maltrato en la vida de las mujeres y también en la de los hombres. A estas alturas queda claro que en la dinámica que se establece, tanto una como otro resultan afectados. Ambos lo resienten en diversos grados y en todas las áreas de su vida. Finalmente, analizaremos cómo los mandatos de género, aprendidos desde la infancia, dan pie a la conformación de dos nuevos mitos en la interacción cotidiana: el superhombre y la mujer abnegada.

Una cuestión desigual

Ninguna sociedad ha logrado establecer una igualdad real entre los géneros ni erradicar la discriminación contra las mujeres de cualquier clase y condición social. Esta ha sido una preocupación constante de los diversos organismos que integran el sistema de Naciones Unidas, en particular al dar seguimiento y evaluar los avances logrados por los instrumentos emitidos para tal efecto, principalmente la Convención para la Eliminación de todas las formas de Discriminación contra la Mujer (Asamblea General, 1979), así como los informes, plataformas y planes de acción emanados de las Conferencias internacionales sobre la mujer (México, 1975; Copenhague, 1980; Nairobi, 1985, y Pekín, 1995). Los gobiernos de los países expresan su apoyo, firman lo que haya que firmar en su momento, pero después muestran cierta reticencia, desinterés o de plano ignoran los compromisos adquiridos. En el siguiente capítulo, vamos a ver la Convención de Belem do Pará, cuyo objetivo central es la erradicación de la violencia de género, y que en términos generales ha tenido mejor suerte.

La falta de equidad en las relaciones sociales se traduce, entre otras cosas, en que toda mujer está expuesta a diversas formas de violencia a lo largo de su ciclo vital: abortos e infanticidios selectivos, explotación sexual, prostitución forzada, matrimonios obligados, hostigamiento, violaciones, maltrato doméstico, etc. La conformación patriarcal de la sociedad, afianzada en el macrosistema y con repercusiones en todas las demás estructuras y ámbitos de convivencia, asigna lugares diferenciados y jerarquizados a hombres y mujeres. En una relación de pareja, las posiciones que ocupa cada persona son asimétricas, y el maltrato tiene una dirección precisa, que se advierte con claridad en la violencia física y en la sexual. Es un hecho que, son los hombres quienes golpean, hostigan y violan.

A Soledad únicamente una vez se le ocurrió intentar defenderse a golpes durante un ataque de Óscar, quien con poco esfuerzo la sujetó e inmovilizó, para golpearla luego con más furia. La disparidad en la fuerza física es algo indudable y generalizado. Muchas mujeres intentan golpear con algún objeto que tengan a la mano, arañar o jalar cabellos, pero invariablemente pierden porque, como reza el dicho popular, se ponen con Sansón a las patadas.

Excepcionalmente, puede haber un hombre golpeado, pero en el momento en que decida responder, puede tener la certeza de ganar. Basta con echar el cuerpo encima. No es cuestión de maña sino de fuerza. Y aun si no lo hace y decide permanecer pasivo, en todo caso será eso, una excepción. En el terreno de la violencia sexual ocurre lo mismo; si hombres y mujeres tuviéramos la misma fuerza y las mismas condiciones (para empezar físicas) no habría violaciones, o por lo menos no tantas ni con tanta saña.

En el campo de la violencia psicológica, la relación de poder no es tan evidente. Por ello vemos casos como el de Diana y Nicolás, donde hay insultos y humillaciones de ida y vuelta. Y vemos también las exigencias de Pilar, cifradas en el tiempo que Carlos debe pasar con los hijos y sobre todo en los satisfactores materiales. Sin duda, las mujeres también ejercen variadas formas de poder y aun de violencia. Sin embargo, la permisividad social para poner en marcha numerosos dispositivos de control tiene una lógica masculina. La misma ideología patriarcal establece una serie de prerrogativas para los hombres: ser atendidos de todo a todo, dar órdenes en la casa y vigilar que se cumplan, prohibir cualquier cantidad de cosas a sus mujeres, controlar sus movimientos, ser infieles, etcétera.

En síntesis, la violencia no es vivida igual por hombres y mujeres. Sería imposible. Es muy distinto golpear que recibir un golpe, insultar u ofender que ser humillado, ser adúltero que sentir la traición del engaño. Todo esto es una verdad de Perogrullo. La violencia afecta a todos, aunque de distinta manera, y produce múltiples repercusiones. Empecemos por ver cuáles son sus efectos en las mujeres.

La violencia en la vida de las mujeres

El maltrato tiene consecuencias en todas las áreas de la vida de las mujeres: la salud física, la integridad emocional, la esfera sexual, la economía. La parte más visible es la salud. La violencia llega a los consultorios médicos de distintas maneras; la más evidente son las lesiones: hematomas, heridas, esguinces, fracturas, alteraciones en la visión o el oído, órganos internos afectados, puñaladas, disparos. Cuando esto sucede, las mujeres han sido golpeadas varias veces. La primera suele pasar inadvertida; nadie quiere denunciarla ni mucho menos hacerla pública. La pareja prefiere mantener *la puerta cerrada*. Las mujeres se animan a buscar atención médica cuando aumenta la gravedad de los golpes, es decir, cuando ya existen avances visibles en la escalada de la violencia.

Otras formas de advertir el maltrato en el consultorio, la clínica o el hospital, son los múltiples dolores: la cabeza, los ojos, el cuello, la garganta, el pecho, el estómago, los ovarios, los riñones, las rodillas, los pies. Cada parte del cuerpo es susceptible de registrar el dolor de la violencia. A veces, hay órganos internos tan lesionados que se requiere una intervención quirúrgica. En muchas ocasiones, las mujeres somatizan sus malestares y desarrollan cuadros clínicos de diversas características y alcances; las úlceras y las migrañas corresponden a este esquema. En otras palabras, el maltrato se refleja en el cuerpo, aunque éste no sea directamente atacado.

Cualquier episodio de violencia genera diversas respuestas que, en conjunto, se denominan trastorno de estrés postraumático, como altos niveles de activación física y mental, conductas de evitación y distorsiones en la memoria. En el primer grupo (hiperactivación), encontramos síntomas de ansiedad, miedo generalizado, temblores, dificultades para respirar, llantos intempestivos, sobresaltos, entre otros. Se mezclan las reacciones físicas y emocionales, precisamente porque la violencia abarca ambas esferas.

Entre las conductas de evitación, es frecuente que las personas agredidas no quieran regresar a los lugares donde fueron atacadas, justamente porque el miedo puede llegar a convertirse en pánico incontrolado. Al hablar de las mujeres maltratadas en casa, la evitación no representa una opción real. En el capítulo anterior, ya analizamos la especificidad que deriva de las cuatro paredes y *la puerta cerrada*. Aquí no opera la disyuntiva luchar o huir. Frente al compañero íntimo, las mujeres no pueden luchar porque no están en condiciones de igualdad y, como sabemos, llevan todas las de perder. Tampoco pueden huir, precisamente porque *la puerta está cerrada*. La única posibilidad de escape es mental. Entonces, hay una especie de disociación, como si la mujer golpeada, violada o agredida fuera otra. La disociación es básicamente un mecanismo de sobrevivencia.

Junto con la evitación, aparece una sensación de vulnerabilidad; más bien, se rompe la creencia ilusoria en la propia invulnerabilidad. Después de un episodio de golpes, ya no es posible pensar "a mí nunca me va a suceder", porque "mi marido no es así", y "la violencia se quedó al otro lado de la puerta". Con sus matices y peculiaridades, la vulnerabilidad gana una posición central cuando hay maltrato psicológico, y sobre todo sexual.

Por último, las distorsiones en la memoria se presentan como recuerdos intrusivos. La mujer está haciendo cualquier cosa y súbitamente aparece la imagen de los golpes, de la violencia sexual o las palabras humillantes. De pronto, surgen *flashbacks* —imágenes instantáneas pero totalmente nítidas— de eso que las mujeres están empeñadas en borrar de su mente: la violencia. Con ello, aumenta la sensación de vulnerabilidad y la depresión. Y aun así puede pasar un largo periodo antes de que soliciten ayuda.

Soledad es una mujer golpeada que durante años se atendió sola en el baño de su casa, donde lloraba con la toalla apretada contra su rostro; la primera vez que llegó a un hospital fue Óscar quien la llevó. Le había fracturado el húmero. El médico escuchó la narración del marido compungido, pero no preguntó detalles de la supuesta caída por las escaleras; *cerró la puerta* de su privado y le dijo a Soledad que no tenía por qué soportar golpes, que había centros de atención y que él mismo podía canalizarla. Ella guardó silencio, pero regresó al cabo de varios meses.

Esperanza visitó varios médicos por diferentes dolencias: migrañas, cólicos y úlcera. Tiempo después, un especialista le recomendaría la psicoterapia, pero como una medida de emergencia le recetó antidepresivos. Diana nunca fue al médico, pero como sabemos desarrolló una adicción al alcohol y en poco tiempo —como si con ello pretendiera llenar un hueco—, se echó encima casi 20 kilos.

Además de los dolores y las lesiones concretas, muchas mujeres registran trastornos en dos áreas básicas de la vida: la alimentación y el sueño. Algunas —como Diana— empiezan a engordar por la mala alimentación (grasas saturadas, azúcares y harinas en exceso), por comer desordenada o compulsivamente y abandonarse a una vida sedentaria. Otras —como Soledad—, por el contrario, rechazan cualquier alimento hasta tener la piel pegada a los huesos; con frecuencia, este adelgazamiento forzado va acompañado de una marcada adicción al tabaco. Con respecto al sueño, lo más común es el insomnio. Una gran cantidad de mujeres que han resentido tanto golpes como violencia psicológica y sexual terminan por integrar en su vida las noches de vigilia. No es solamente no poder dormir, sino caer, sin control, en un torbellino de pensamientos obsesivos que giran en torno al maltrato. En esas horas en vela, surgen las ideas suicidas, se anudan los resentimientos y hasta puede tomar forma el ánimo de venganza. También, en las noches de insomnio puede delinearse, poco a poco, la necesidad de elaborar un plan para salir de la relación. A veces, se presenta la reacción contraria: dormir en exceso, tener somnolencia y aletargamiento todo el día. Ambas reacciones producen debilidad y lentitud de movimientos.

En el terreno emocional, las mujeres experimentan ira, angustia y depresión, con todas sus ramificaciones. Ya hemos visto la variedad de sentimientos y malestares que trae consigo cualquier forma de violencia. En el contexto de una relación de pareja, las mujeres se sienten traicionadas y desarrollan un trauma específico. De acuerdo con Freyd, quien elaboró esta explicación principalmente para abordar el tratamiento a sobrevivientes de abuso sexual en la infancia, si se lleva al extremo, la traición genera casi la certeza de que no hay escape posible de la violencia, de que el peligro es permanente y que la única posibilidad de lograr cierta seguridad es granjearse la situación para apaciguar al agresor.

Recordemos cómo vive Soledad su relación con Óscar. Está en una zozobra permanente. Desde el inicio del noviazgo —que además fue muy breve—, ella sentía el temor del abandono. Dejó escapar la "sombra de autonomía" que representaba un ingreso propio, y cada vez se sentía más a merced de su marido, quien estratégicamente la mantenía en ascuas. Soledad se volvió una observadora sagaz y llegó a conocer cada detalle del estado anímico de su esposo, pero fracasó en sus múltiples intentos por detener la violencia. El sentimiento de humillación que tenía, como vimos en la introducción de este libro, se articulaba claramente con la certeza de haber sido traicionada. Pensaba que el peligro estaba siempre ahí y el miedo le salía por los poros.

Junto con la explicación del trauma que produce la traición, está la teoría de la indefensión aprendida, que conjuga elementos neurológicos, comportamentales y sociológicos. De acuerdo con esta propuesta, desarrollada principalmente por Seligman, en una situación de peligro reiterado, la reacción inmediata es defenderse y escapar, pero si hay varios intentos fallidos y que sólo producen más daño, los sujetos prefieren adecuarse a la situación e identifican el sitio menos peligroso o dañino. En el experimento original, se trabajó con perros. Se les aplicaban descargas eléctricas tanto si permanecían en la jaula como si trataban de salir, pero no había patrón alguno que pudieran identificar; al cabo de un tiempo, los animales abandonaron los intentos de huida y se acomodaban, temerosos, en el sitio donde la descarga era menos fuerte. En pruebas similares con estudiantes universitarios, se encontró que cambiaron los intentos de escapar de una situación adversa y hostil por comportamientos de adecuación y sumisión. Esto es exactamente lo que hacen las mujeres golpeadas: tratar de librar cada episodio con el menor daño posible. Además, hacen grandes esfuerzos por calmar al agresor.

Estas propuestas teóricas nos ayudan a entender por qué las mujeres permanecen mucho tiempo (incluso toda la vida) al lado de quienes las agreden, por qué intentan diversas estrategias para aligerar el peso de la vida cotidiana (incluyendo las actitudes sumisas y complacientes) y, finalmente, por qué desarrollan cuadros depresivos.

En la esfera de la sexualidad, como hemos visto, el placer emprende la retirada o simplemente no es convocado. Nunca aparece. Además de las formas específicas de maltrato sexual, las mujeres que sufren golpes o resienten diversas maneras de violencia psicológica también reportan altos índices de anorgasmia. Soledad desconocía rotundamente no sólo el placer sino hasta el mínimo gusto por la cercanía y el contacto de los cuerpos; Esperanza recordaba algo de esa alegría, efímera e intrascendente, pero también era anorgásmica. Diana sí disfrutaba su sexualidad con Nicolás, pero el alcoholismo y principalmente el sobrepeso cobraron sus facturas en este terreno. Para Pilar, como sabemos, la cama era un espacio de negociación.

En el terreno económico, las mujeres como Soledad, que por una u otra razón se quedan sin ingresos, se vuelven particularmente vulnerables. En el siguiente capítulo, veremos que la independencia económica es fundamental para salir de una relación de abuso.

Finalmente, hay que señalar que el conjunto de malestares y dolencias tiene por lo menos dos consecuencias notorias: la repercusión en los hijos e hijas y el aislamiento. Sobre el primer punto, sólo vamos a decir que los niños absorben como esponjas el ambiente, la atmósfera en la que viven, con todas sus alegrías, dificultades, bonanza, pesares, etc. Muchas veces sufren directamente el maltrato —físico, emocional o sexual— y muchas otras son testigos presenciales. Las consecuencias son múltiples y deben tomarse muy en serio. El abuso infantil en sus distintas expresiones —incluyendo la violencia indirecta que representa crecer en un ambiente agresivo— es un fenómeno complejo que merece mucha atención, pero sería tema de otro libro.

El aislamiento, igual que la violencia, es progresivo. Las mujeres se alejan de sus amistades, de sus compañeros de trabajo, de su familia, y acaban perdiéndose a sí mismas. No se reconocen en esa cotidianidad cifrada en la tristeza, el desencanto y el miedo. La *puerta sigue cerrada*. Y a cada momento, parece alejarse.

La violencia en la vida de los hombres

Desde niños, los hombres son aleccionados, de diferentes formas, para incorporar la violencia en su vida cotidiana, es decir, como algo propio, casi inherente a la masculinidad. Si recordamos las vivencias infantiles y adolescentes de Luis, vemos con toda claridad los mandatos dominantes. Un hombre debe ser activo, valiente, decidido, responsable y autosuficiente. Además, la represión de las emociones —salvo la ira en determinadas circunstancias— juega un papel fundamental. En el primer capítulo, mencionamos el peligro latente de juntar la disposición permanente para la acción con la expresión del enojo; también comentamos la conformación de lo que Kaufman denomina "la tríada de la violencia masculina": contra sí mismo, contra otros hombres y contra las mujeres.

La violencia, en todas sus variantes, que como hemos visto son muchas, es una conducta aprendida y reforzada continuamente. Esto significa que también puede ser *desaprendida* y desdeñada, lo que resulta muy esperanzador cuando se busca la construcción de relaciones equitativas y la erradicación del maltrato. Si se acepta, entonces, que hay un proceso de enseñanza y aprendizaje, surgen varias preguntas que reclaman una respuesta. ¿Qué pasa con los hombres? ¿Por qué golpean, humillan, agreden o violan a sus parejas? ¿Qué significa para ellos la coexistencia del amor y la violencia? ¿Hay algún tipo de gratificación al someter, controlar o dominar? No son cuestiones triviales.

Al iniciar el cuarto capítulo, hicimos un breve recuento de lo que han sido los estudios sobre violencia —más específicamente en la pareja y la familia— y su carácter interdisciplinario. Vimos que las primeras investigaciones fueron estudios de prevalencia que arrojaban sistemáticamente un índice del 33% de mujeres golpeadas y permitieron documentar la magnitud y universalidad del fenómeno. Luego, se analizaron las consecuencias del maltrato en las mujeres, quienes de manera directa y espontánea habían denunciado, en todos los tonos posibles, las condiciones que imponía la violencia en sus vidas. Hasta ese momento, lo que sabíamos de los hombres era lo que referían las mujeres. Y esas referencias —por lo demás totalmente legítimas— dejaban varios huecos oscuros o de plano impenetrables.

En este contexto, los estudios sobre masculinidades, que a pesar de su corta vida han logrado arraigo y legitimidad en la investigación académica, han resultado muy útiles para entender muchos procesos sociales —en los cuatro niveles del modelo ecológico: macrosistema, exosistema, microsistema y esfera individual— con una nueva visión. En el análisis específico de la violencia, el enfoque de las masculinidades permite comprender, desde su interior, el ejercicio del poder y el uso de múltiples privilegios.

La pregunta central es qué significa ser hombre en una sociedad determinada, y concretamente qué significa ser un hombre violento. Por ello, es indispensable abordar la cuestión del poder. Los hombres son educados para ejercer diferentes formas de poder sobre las mujeres, los niños y otros hombres. El poder mismo es una construcción social que sólo es susceptible de análisis en los actos concretos, tal como vimos en el capítulo anterior al revisar la propuesta de Michel Foucault. Se ejerce mediante la vigilancia y el castigo. Un punto de partida para entender qué significa ser hombre en las sociedades contemporáneas es entonces la dotación de un cierto tipo de poder, ese que puede ejercerse en el interior de un hogar y que, recordando a Celia Amorós, iguala a todos los hombres como ciudadanos.

Y si hablamos de poder y de ciudadanía, necesariamente surge el tema de las desigualdades. Al principio de este capítulo señalábamos lo obvio: es muy distinto ejercer violencia que sufrirla. Entonces, ese poder masculino se traduce, entre otras cosas, en un eventual ejercicio de violencia.

Con estos elementos —poder, desigualdad y violencia— hemos construido una imagen muy estereotipada de los hombres: un ser humano con un poder determinado y capaz de ejercer violencia. Es necesario matizar el cuadro si queremos lograr algo realista. No todos los hombres son violentos, y aun quienes lo son tienen muchas otras características, entre ellas el afecto, la amabilidad, la responsabilidad y el trabajo. Basta recordar a Óscar para ver que la violencia es sólo una parte de su vida, aunque sin duda cada vez gana más terreno. Para puntualizar, diremos entonces que todos los hombres comparten un cierto poder asociado con la condición masculina —la evidencia de la dominación, diría Pierre Bordieu—, que deriva justamente de la conformación patriarcal de la sociedad y que permea todos los niveles de la organización social. Algunos hombres ejercen ese poder mediante la violencia en casa, donde su autoridad pocas veces es cuestionada y el abuso queda impune.

Múltiples estudios han revelado que la gran mayoría de los golpeadores sólo son violentos en el hogar, en tanto que solamente uno de cada cuatro (26%) presenta también estas conductas antisociales fuera de casa. Esto indica, con toda claridad, que se trata de una violencia selectiva, a la vez que apunta hacia las inseguridades y la baja autoestima. Resulta mucho más fácil golpear a la mujer —que está atemorizada y deseosa de complacerlo para detener la violencia— que enfrentarse con otro hombre adulto, ya que éste bien puede resultar vencedor en una riña más equilibrada. Dentro de la casa, el violento afianza su autoridad y su poder; fuera de ella, resulta antisocial y hasta delincuente.

¿Cómo son esos hombres? ¿Qué pasa en sus vidas? ¿Cómo integran la violencia en su cotidianidad? El doctor Alvin Baraff, creador de un espacio psicoterapéutico para hombres típicos estadounidenses al que llamó MenCenter, señala como una realidad constante, y hasta cierto punto sorprendente, que nadie entiende a los hombres. No los entienden las mujeres —a pesar de hablar de ellos todo el tiempo— y los hombres no se entienden entre sí. A esto podríamos agregar que son muy pocos los individuos —hombres y mujeres— que se conocen a sí mismos, es decir, que por lo menos en su interior son claramente inteligibles. Los mandatos que señala este autor como una norma impuesta a los hombres coinciden con las conclusiones de Luis en nuestro primer capítulo: no llorar (en un sentido más amplio, no expresar emociones), nunca pedir ayuda (ser decidido y estar listo para la acción) y siempre saber qué hacer (resolver cualquier problema que se presente).

Para integrar la imagen que vamos proponiendo del hombre contemporáneo y el significado de la masculinidad, tenemos entonces los mandatos de género, el componente del poder, así como la comprensión y el entendimiento escasos —casi nulos—. Todo esto sugiere una profunda soledad. Una persona que siente que debe resolverlo todo, sin ayuda de ningún tipo, en un esquema totalmente racional, y por añadidura incomprendida, necesariamente es una persona sola. Esta es una constante en los agresores, aunque con frecuencia está disfrazada de distintas maneras: alegría y buen humor, ser el alma de la fiesta, trabajar en exceso, asumir múltiples compromisos, etc. Parecería que se usa cualquier recurso para no tener que verse ni pensar en sí mismo. En el fondo de esa imagen, construida y mantenida con muchos esfuerzos, suele haber una agobiante sensación de soledad. De los hombres que hemos analizado en este libro, el que más claramente corresponde a esta imagen es Carlos; por eso, requería toda esa parafernalia: su automóvil potente, su ropa fina, su respaldo alto, su cartera abultada. Con todos esos satisfactores, pretendía ocultar, o por lo menos disimular, una soledad que le calaba hasta la médula. Si se hubiera detenido a pensarlo por un minuto, habría experimentado la misma sensación de vacío que tenía Pilar. Él nunca se atrevió. Tampoco se preguntó si entre él y su compañera había amor. No tuvo el coraje de hacerlo.

Otras características de los agresores pueden advertirse en los predictores de violencia física que analizamos en el capítulo anterior: actitudes de hostilidad, celos excesivos, encierro en sí mismos, cambios bruscos de humor, enojo incontrolado, ira. Además, estas características nos hablan de habilidades muy pobres —es decir, muy poco desarrolladas— para comunicarse y resolver problemas. Éste es un aspecto contradictorio de la masculinidad; a los niños se les enseña y refuerza continuamente que deben solucionar cualquier problema y vencer todo obstáculo que se les presente en la vida, pero las herramientas que se les proporcionan son la imposición de la voluntad (con frecuencia, mediante el uso de la fuerza física y la violencia) y la intransigencia. En otras palabras, no saben negociar, conciliar, aceptar ni transigir. No resuelven problemas, imponen decisiones.

También, hay una fuerte represión de las emociones —incluso de la furia, que sale a borbotones en el maltrato psicológico— y la consecuente incapacidad de pedir ayuda de cualquier tipo. Como hombres, saben que se espera de ellos que sean fuertes y decididos, que enfrenten los problemas y que sepan qué hacer en cada situación concreta. No hay capacidad para ponerse en los zapatos de otras personas, mucho menos si se trata de una mujer, que se ve tan distinta a lo que el hombre desea ser y proyectar, y cuyo sufrimiento, lejos de producir empatía o compasión, genera más violencia. El agresor la ve como un ser débil y vulnerable a quien puede someter con relativa facilidad, incluso mediante los golpes. Al reforzar la sumisión de la mujer, él obtiene un beneficio (aparente y dudoso, por supuesto) y sabe que puede imponer su voluntad. Este círculo también está cerrado.

Los hombres violentos tienen grandes inseguridades y su autoestima está por los suelos. Entonces, esconden esa debilidad y pobreza de carácter en actitudes autoritarias y agresivas. Leonardo no quiere enterarse de los ingresos de Esperanza para no correr el riesgo de sentirse empequeñecido de nuevo, y se vuelve exigente y mandón. Tampoco puede aceptar la cercanía sexual de otros hombres con su mujer —que sea un ataque violento hace toda la diferencia para Esperanza, pero para él, ninguna— y decide culparla para después, magnánimamente, perdonarla. Ahí se advierte con claridad la falta de empatía con la persona que ama —su pareja— y la reafirmación de una posición de poder. Detrás de esa imagen del señor del castillo, autoritario e intransigente, hay un hombre inseguro de su capacidad para cumplir el rol del proveedor —recordemos que compra "lo grande" pero no da dinero para "lo pequeño"— y abrumado con la personalidad, el desarrollo profesional y las exigencias de la esposa.

Óscar también es inseguro y tiene baja autoestima. Por ello, no soporta un solo detalle fuera de su control, ni siquiera el arreglo de la casa. No es que los colores o las líneas tengan mucha importancia para él, sino que necesita tomar todas las decisiones porque es la única forma de conservar el poder. Se siente amenazado continuamente —por ello no suelta todo el amor ni todo el dinero— y en esa amenaza va, íntegra, su masculinidad. Óscar aprendió y asimiló los mandatos de género más rígidos e impenetrables; en su visión, sólo puede ser jefe o esclavo, dominante o dominado, maldito o dejado. No hay lugar para una relación equitativa, y menos con una mujer, porque toda su vida escuchó que son inferiores pero peligrosas, despreciables pero seductoras, débiles pero astutas. Por ello, hay que someterlas. Entonces, prefiere ser jefe, dominante y maldito, pero en el proceso acumula mucha angustia —que no salga un solo detalle de control— y también mucho dolor.

Los hombres como Óscar, aunque hayan llegado al extremo de fracturar un hueso con un golpe, suelen negar o minimizar el abuso.

A veces, se colocan en una posición de autoridad responsable y empeñosa: "No logro hacerla entender", "No quería llegar a esto, pero fue necesario", "Sólo así se hacen las cosas". En otras ocasiones, pretenden evadir toda responsabilidad e imputársela a ella: "Ella se estampó contra la puerta del zaguán", "Si ella no cambia...", "Los dos nos hemos faltado al respeto". Finalmente, hay quienes lo niegan por completo: "Ni me acuerdo, es que había bebido mucho", "No me di cuenta, de pronto ella estaba en el piso".

Los hombres agresivos viven en un aislamiento social y emocional. En realidad, el problema es un poco más profundo; hay muchos hombres que no están en contacto con sus propias emociones ni sus sentimientos. Antes de la imposibilidad para expresar un estado de ánimo, está la dificultad para identificarlo. Este bloqueo emocional se va instalando desde los primeros años como una parte central de la masculinidad. Luis recordaba las diferentes tácticas para no llorar, fingir indiferencia y controlar el miedo, hasta llegar a un punto en el que se engañaba a sí mismo. En este punto, el hombre ya no sabe si es valiente o sólo lo pretende, pero tampoco le importa.

El bloqueo emocional implica también una reducida tolerancia a la frustración. El violento es irascible. Cualquier detalle que escape a su control puede sacarlo de quicio y generar una respuesta exagerada. De nuevo, Óscar es quien mejor ilustra esta característica, porque es el golpeador del grupo. Sin embargo, el ánimo de controlar, saber a ciencia cierta qué terreno se está pisando y mantener la capacidad de tomar decisiones, es un rasgo inherente a la construcción de la masculinidad, y por ello está presente en la gran mayoría de los hombres.

Leonardo no es tan burdo como Óscar, pero con su estilo callado e indiferente siempre logra imponer su voluntad, hace que Esperanza se sienta ignorada, rechazada, abandonada, y todas sus quejas le parecen incoherentes. Carlos también es un hombre muy controlador; siempre toma sus propias decisiones y las de su pareja, sólo que acaba abrumado por las presiones económicas. El cuadro puede resultar engañoso y hacernos pensar que Carlos es una víctima de la ambición de su mujer y que no tiene escapatoria posible porque ella siempre quiere algo más, pues no conoce límites ni sabe lo que es la prudencia. Sin embargo, hay que ver que, precisamente, en ese aspecto —el consumismo desmedido y la búsqueda continua de nuevos productos— fue donde la pareja encontró un vínculo. Carlos disfrutaba su salario, sus cenas en elegantes restaurantes, sus accesorios de marca, su equipo para hacer ejercicio, su música y, por supuesto, su automóvil. Siempre fue un hombre vanidoso y presumido. Cuando Pilar ingresa en su vida, él sigue siendo como es (controlador de cada movimiento de ella) y conserva la cartera bien dispuesta. Sólo que ella parece insaciable. Cuando Carlos se siente agobiado, es precisamente cuando las cosas se le salen de control, porque ya no tiene el manejo estricto de la chequera y las tarjetas de crédito. Aquí también hay un componente de masculinidad bastante claro: mantener bien sujetas las riendas de la relación y específicamente el dinero.

Carlos es un hombre contradictorio. No es golpeador ni misógino. Jamás se visualizaría a sí mismo como un hombre violento. Esególatra y controlador. Y en esas características, encuentran acomodo algunas actitudes de maltrato psicológico: el autoritarismo, las prohibiciones, la descalificación, las infidelidades. En este esquema de contradicciones, su bloqueo emocional también resulta parcial y engañoso. Resiente la pérdida del espacio y hasta tiene ganas de llorar ante la incertidumbre, pero no se atreve a cuestionar sus propias decisiones ni mucho menos a replantearlas. En un sentido, aquí opera la palabra de caballero y la firmeza y formalidad que deben acompañar todos sus actos. Él puede hablar de sus sentimientos un poco más que muchos otros hombres, pero en un nivel más bien superficial; no dice qué le duele ni en qué grado. Y prefiere hacerse cargo de los problemas de toda la gente que lo rodea (su madre viuda, sus hermanas, sus colaboradores y desde luego su compañera) porque de esa manera no tiene que llegar al fondo de su corazón. No tiene que abrirse ante nadie (ni siquiera ante sí mismo) y tiene la coartada perfecta para poner un disfraz de generosidad a su egoísmo. A ese grado llegan las contradicciones. A ese grado —diría

Michael Kaufman— coexisten el poder y el dolor en el ejercicio de la masculinidad.

Finalmente está Nicolás, con todo su encanto, su simpatía y sus dotes de seductor. Él también disfruta de ese poder masculino que le confiere el rango de jefe de la casa y le permite disponer del espacio más amplio, desentenderse de las tareas domésticas e incluso aprovecharse de las habilidades de Diana. Desde el noviazgo, la compromete con un trabajo urgente, y ya viviendo juntos, literalmente, la deja a cargo de todo. Diana trabaja, organiza la casa y la mantiene de todo a todo. Nicolás sonríe, pero no saca la cartera. Todo eso es ejercicio de un poder masculino que, de nuevo en palabras de Kaufman, puede ser mutante. De acuerdo con este autor, la masculinidad desarrolla diversas estrategias de adaptación o adecuación a múltiples cambios (sociales, comunitarios, de pareja) que pueden proyectar una imagen de transformación genuina, pero que si se analizan con detenimiento, siguen favoreciendo el ejercicio de un poder.

Nicolás ofrece un ejemplo muy claro de este proceso. Sin necesidad de decir que tiene convicciones feministas, como hacía Carlos, expresa su genuina admiración por las mujeres autosuficientes, decididas, responsables e inteligentes. Lejos de sentirse intimidado por el carácter fuerte de Diana, se acomoda a sus rígidas exigencias y también saca provecho de eso. Nicolás acaba construyendo una situación bastante cómoda —con mínimas obligaciones— gracias a la seducción de una mujer con las características de Diana. Incluso la separación temporal para vivir una aventura sin presiones ni límites es el ejercicio de un poder masculino. Para lograr todo esto, Nicolás aprende a utilizar las armas de una nueva masculinidad; ya no es funcional golpear a la esposa, formular prohibiciones irracionales ni tener actitudes abiertamente autoritarias. Ahora es mucho más efectivo guardar silencio, sonreír y elogiar. Es la nueva fórmula para conservar —¡y ejercer!— el poder.

Hay que decir también que en estos procesos de adaptación para mantener la hegemonía, muchos hombres han tenido la ganancia secundaria de aprender a establecer contacto con sus emociones y a expresarlas de diversas formas, no sólo mediante el enojo. Aunque el objetivo siga siendo conservar y ejercer el poder, en el camino, puede haber una buena enseñanza, que incluso permita pensar en un contexto de mayor libertad y, en el extremo del optimismo, de equidad.

En síntesis, los agresores pueden presentar alteraciones psicológicas de distinto tipo: reducido control de la ira, falta de empatía, dificultades de comunicación y expresión de emociones, así como escasas habilidades de comunicación y solución de problemas. Todas ellas tienen un componente social en cuyo centro están, en interacción y retroalimentación continua, las creencias estereotipadas sobre las mujeres y las relaciones de pareja. No sorprende entonces que los maltratadores sean hombres tristes, enojados, solitarios y con un autoconcepto más bien pobre. No es extraño que sean corderitos con piel de lobo; el problema es que no sólo es la piel, sino que los colmillos afilados y las garras impetuosas dejan una marca que jamás produciría una oveja.

La violencia también deja una huella en el cuerpo. Ya vimos que los hombres tampoco están muy felices, que su autoestima suele ser escasa, que tienen dificultades para expresar emociones y para comunicarse, y que suelen estar muy solos. A todo ello hay que agregar problemas de salud de muy variada índole que, de acuerdo nuevamente con los mandatos de género, rara vez son atendidos.

Leonardo tenía problemas de contracturas musculares que él pretendía resolver con automasaje; a veces, se le paralizaba el cuello y la consecuencia inmediata era que se veía aún más tieso de lo ordi-nario. Nunca fue al médico. Carlos vivía con altos niveles de estrés y una clara proclividad a la hipertensión arterial; estaba consciente de los hechos, pero nunca les prestó mayor atención. Nicolás registraba dolores en el hígado; había tenido hepatitis en su juventud y jamás se había preocupado por cuidarse, fiel a la creencia — no sólo masculina pero sí mucho más frecuente en los hombres— de que a él no le pasaría nada. Seguía bebiendo con singular alegría y ni por error pensaba en un examen médico. Óscar, al igual que Carlos, podía desarrollar un cuadro que lo llevara al infarto, pero nunca quiso asumir que existía ese riesgo. Por lo pronto, tenía una úlcera que pretendía apaciguar con medicamentos que un amigo suyo le recetaba por teléfono.

Para resumir, podemos afirmar que tanto los hombres como las mujeres que viven en una situación de violencia resienten múltiples efectos en su salud y su integridad emocional. Con ello, los mitos de la invulnerabilidad parecen resquebrajarse.

Mitos entreverados: el superhombre y la mujer abnegada

En sociedades muy tradicionalistas y conservadoras, los mitos que contienen estereotipos de género suelen estar muy arraigados en el imaginario social, a la vez que logran una gran aceptación, prácticamente sin cuestionamientos. En relación con la violencia en la pareja, hay dos construcciones imaginarias que resultan muy interesantes: la mujer abnegada y el superhombre.

En culturas machistas, la imagen de la mujer abnegada no solamente se extiende por todos los rincones de la vida cotidiana, sino que además es admirada hasta el extremo. Así, libros de texto, programas de radio, telenovelas, anuncios publicitarios de todo tipo, sermones de los curas, consejos de padres y maestros, y por supuesto las infaltables voces de las abuelas, colaboran en la edificación de la mujer abnegada. Sus características, que en muchos espacios son catalogadas como virtudes, son las siguientes: debilidad, sencillez, alta capacidad de sufrimiento, modestia, aceptación de todo sin cuestionamientos, dulzura, sometimiento, sumisión y, sobre todo, resignación. Además, en la medida en que se ensalza y venera la abnegación, se da por hecho que las mujeres buscan adecuarse a ese modelo, se esfuerzan por alcanzar esas virtudes y, sobre todo, disfrutan enormemente su desamparo y sus congojas. Hay un regodeo en el dolor y en el pesar, una clara vocación por el sufrimiento.

Paralelamente, se construye —porque ni siquiera los ídolos de humo surgen de la nada, todo es fabricado— la imagen del superhombre. La S de Superhombre se transforma en una F con múltiples referencias: feo, fuerte, formal, firme, férreo, feroz, frío. Esta imagen, que como vimos en el inciso anterior corresponde a la masculinidad hegemónica, remite a las siguientes características: seguridad, decisión, dominio, responsabilidad, conciencia y rigidez. Huelga decir que también se consideran virtudes y se asume de entrada que todos los hombres desean ajustarse a ese modelo.

Los dos estereotipos se articulan con exacta complementariedad: los hombres son fuertes *porque* las mujeres son débiles; son decididos *porque* ellas son inseguras, son conscientes y seguros de sí *porque* ellas son emocionales, frágiles y dudan de todo. De manera inversa, las mujeres son sumisas *porque* los hombres son autoritarios, son dulces *porque* ellos son duros, son resignadas *porque* ellos son abusivos. Tenemos, pues, dos caras de una misma moneda. Aspectos que circulan juntos y se tocan de muchas maneras, pero que no llegan a mezclarse, por lo menos no en el imaginario social que los define como rígidos y excluyentes. En una mujer, la abnegación se considera virtud; la seguridad y la autosuficiencia se definen como defectos. Un hombre decidido y fuerte es admirado, uno sufriente y sumiso es despreciado.

Hasta aquí, debemos analizar la conformación de los estereotipos que se van intercalando en la definición de pareja. ¿Son auténticos? ¿En verdad las mujeres agachan la cabeza todo el tiempo? ¿Y los hombres se mueven siempre con esa frialdad y ese dominio de sí mismos? ¿Las mujeres son incapaces de articular una palabra —o siquiera un murmullo— de protesta en una situación desventajosa? ¿Y los hombres están siempre exentos de encontrarse en esa situación desventajosa? Veamos qué sucede en un contexto en el que hay violencia.

Las mujeres golpeadas o maltratadas psicológicamente sufren. De esto no hay duda. Es otra verdad de Perogrullo. En cada episodio de violencia, hay una carga de dolor que se acumula con todas las otras incomodidades y malestares (incluidas las secuelas de episodios anteriores) y las mujeres aprenden a incorporarlas en su vida. Sí. Hay sufrimiento y dolor, pero también hay búsqueda de estrategias con una finalidad precisa: el cese de la violencia. Las mujeres —y aquí Esperanza nos podría proporcionar una lista larguísima— realizan muy diversas acciones para modificar su situación. Algunas pueden ser más eficaces que otras, pero ninguna apunta a la resignación. Tampoco hay una espera pasiva. Más bien podemos hablar de sus esfuerzos para tener todo en orden, para que no haya un factor desencadenante de la furia, para expresar sus opiniones, para reclamar un trato digno. No se quedan agachadas en un rincón. Buscan activamente —con diferentes grados de éxito— un cambio.

Los hombres son fuertes en varios sentidos. Por ello, toman decisiones en todas las áreas de la vida y son capaces de sostenerlas hasta sus últimas consecuencias. A veces, esas consecuencias pueden ser riesgosas o claramente dañinas, pero si algo caracteriza a la palabra de un caballero es la firmeza en las decisiones. Quienes actúan fielmente el estereotipo resienten los costos en la salud —ya hablamos de las úlceras y la hipertensión de Óscar y Carlos— y en el desarrollo de un carácter duro, rígido y hasta impenetrable. Muchos hombres han descubierto que es posible pedir ayuda y que eso hace las cosas más fáciles para todos. En pocas palabras, son fuertes pero necesitan apoyos.

Las mujeres violentadas saben que una relación es de dos y que también ellas participan en la dinámica perversa de resolución de conflictos. Sin embargo, esto no significa que acepten sin más la inevitabilidad de la violencia. Esperanza se queja continuamente y reclama la atención de Leonardo; Soledad abre todo un repertorio de complacencias; Pilar capitaliza las culpas y la egolatría de Carlos, y Diana trata de enseñar a Nicolás desde el abecé del funcionamiento de una casa. Sin duda, en esta amplia gama de estrategias, hubo éxitos y derrotas, pero lo que queremos subrayar aquí es la ausencia total de actitudes de abnegación. Ni siquiera Soledad, que es la más tradicional del grupo, es una mujer sumisa. Puede llegar a ser complaciente hasta el extremo, pero no hay un ápice de resignación; con los pocos o muchos recursos que tiene, trata desesperadamente de hacer que las cosas cambien.

Los hombres son capaces de hacer muchas cosas, pero hay muchas otras que escapan a su entendimiento y habilidades. No hay una sola persona o grupo social que pueda tener el monopolio de los conocimientos y las destrezas específicas. La fachada del super-hombre, que ostenta el "yo todo lo puedo hacer", se hace añicos al estrellarse contra una realidad que rebasa con creces cualquier pretensión totalizante. Muchos hombres empiezan a consultar, al principio contra toda su voluntad y su fuero interno, y después con la confianza de que el hecho no es grave ni vergonzoso. De preferencia buscan a otros hombres, pero a veces no les queda más remedio que aceptar el consejo de una mujer; entonces, aprenden que la inteligencia y las capacidades concretas no corresponden a un solo género. Y este aprendizaje también trae consigo una carga de dolor.

En ocasiones, las mujeres permanecen en una relación de maltrato durante muchos años, e incluso toda la vida. Como hemos visto, hay múltiples factores que se entrelazan para que esto suceda: los hijos, el tiempo y la energía que ya han invertido en la relación, el miedo al cambio, la inseguridad, la indefensión aprendida, entre muchos otros. Por encima de todos esos factores, está la ilusión de que las cosas pueden cambiar, de que en algún momento no tan lejano el marido va a recuperar las cualidades del novio atento y galante (muchas veces más imaginario que real) y que ahora sí, de una vez por todas, van a vivir felices para siempre. Sin duda, en todas esas elaboraciones hay una buena dosis de autoengaño y, por ello continúa la convivencia. Sin embargo, lo que queremos resaltar es que en modo alguno se disfruta la violencia. Este es uno de los mitos más difundidos en torno a la problemática: a las mujeres les gusta ser golpeadas, porque los golpes son sinónimo de amor. Si las mujeres disfrutaran con la violencia, no moverían un dedo para salir de la relación, no buscarían estrategias de sobrevivencia, no tratarían por todos los medios de detenerla, no harían filas interminables en los centros de atención. Ya sabemos que nadie disfruta con el maltrato. Lo mencionamos sólo para señalar su vinculación con el mito de la mujer abnegada, que se supone que se regodea en el sufrimiento de tener un marido golpeador.

Los hombres son autoritarios, pero en el fondo son débiles. Son exigentes y mandones, pero detrás de cada imperativo hay una gran inseguridad. Son agresivos porque en la violencia encuentran una estrategia para ocultar sus temores, su sensación de desvalimiento, sus angustias.

En síntesis, el género constituye un chaleco de fuerza tanto para las mujeres como para los hombres. Dicta normas estrictas para unas y otros, y todos acabamos pagando un precio muy alto. Sin embargo, una vez que hemos desmantelado los mitos del superhombre y de la mujer abnegada, hay que puntualizar varios aspectos:

- Las cualidades valoradas son masculinas. La valentía, la fuerza, el arrojo, la seguridad, el carácter decidido y la conciencia de sí son virtudes altamente reconocidas. Por ello, los hombres buscan adecuarse a ese modelo hegemónico y aspiran a gozar el prestigio inherente a la masculinidad.

- Las cualidades rechazadas son femeninas. La sumisión, el desvalimiento, la resignación y la actitud doliente se consideran defectos, por lo que se rechazan. La valoración de la mujer abnegada tiene un claro contenido patriarcal: se reconocen todas las características inherentes sólo si las presenta una mujer (un hombre abnegado raya en lo ridículo y lo grotesco) y en el contexto de una relación de pareja. No se valora la sumisión *per se*; ni siquiera a la mujer sumisa en abstracto. Se ensalza y elogia únicamente a la mujer sumisa con respecto al marido, es decir, a la obediente y dócil.

- Entender los procesos de masculinidad nos permite profundizar en el análisis y conocer el otro lado de la violencia, pero hay que tener mucho cuidado de no reproducir actitudes complacientes con los agresores. Hay que recordar, con toda precisión, que no existe justificación alguna para la violencia y que nadie —¡absolutamente nadie!— merece un trato rudo o agresivo.

- El superhombre no existe. La mujer abnegada tampoco. Sin embargo, estas figuras de humo han creado una dinámica, tan perversa como destructiva, de violencia. Es hora de buscar la manera de ahuyentarla.

6

Ahuyentando el fantasma
de la violencia

La una de la mañana. La oscuridad de la calle no es tan densa ni tan cerrada como la del interior. Hay mucho movimiento para ser de madrugada. Tiene miedo. La adrenalina la hace acelerar el paso hasta llegar al crucero donde esperará un taxi. Todavía en ese trayecto, en esos 100 metros que separan la casa del semáforo, no sabe con exactitud a dónde se dirige. Una vez a bordo del vehículo, sin titubear, da el domicilio de sus padres. Sí. Ese es un sitio seguro y ellos la recibirán de buen grado. La van a bombardear con preguntas y querrán enterarse de todo, pero por lo menos ella tendrá un lugar para dormir tranquila.

○ ○ ○

El oficial de policía clavó su mirada en el rostro de la mujer que hacía media hora esperaba ser atendida. Ni siquiera sugirió la revisión médica. No tenía caso. Lo más probable era que no hubiera lesiones y todo fuera una pérdida de tiempo. "Mire, madre —ella sintió la palabra como un gancho al hígado—, no tiene sentido que la haga perder su tiempo. Usted conoce a su marido mejor que yo.

Usted sabe lo que le gusta y lo que lo calma. No me diga que no porque yo sé que sí. Si usted no sabe atender a su marido, imagínese si yo voy a poder sugerirle algo. Váyase tranquila, haga lo que tiene que hacer y déjenos trabajar."

○ ○ ○

La trabajadora social acabó de llenar un cuestionario de 14 páginas y luego informó a la mujer que tenía enfrente que citarían a su esposo para la siguiente semana. "¿Para qué"?, preguntó tímidamente la usuaria. "Para llegar a un convenio". "Pero yo quiero separarme". "¡Ay, señora, no sabe lo que dice! Su marido no la ha golpeado ni ha abusado sexualmente de sus hijos. Va a ver cómo todo tiene arreglo. Piense en su familia".

○ ○ ○

Al igual que todos los ejemplos y situaciones que hemos comentado a lo largo de estas páginas, las escenas anteriores son reales. Cuando las mujeres se arman de valor y deciden tocar una puerta —de la casa de los padres, de la delegación de policía, de una institución pro familia—, frecuentemente, se topan con cerraduras trabadas y umbrales infranqueables.

Sin duda, en los últimos años —con más vigor a partir del decenio de 1990— el tema de la violencia doméstica ha ocupado un lugar importante en las agendas de los organismos internacionales y de los diferentes niveles de gobierno en los países. En las páginas que siguen, vamos a revisar las directrices generales de las políticas públicas y cómo se concretan en instituciones especializadas, tanto oficiales como privadas y sociales. Posteriormente, veremos qué acciones pueden emprenderse para buscar la seguridad y para renunciar a la violencia. Por último, vamos a constatar que si el maltrato, las relaciones de pareja y hasta la interacción cotidiana se construyen, entonces, la inevitabilidad es un mito más en esta cadena de creencias falsas y estereotipadas.

El macrosistema y las políticas públicas

Desde la primera mitad del siglo xx, Naciones Unidas ha denunciado el trato discriminatorio que reciben las mujeres de todo el mundo y ha hecho numerosos llamados a los gobiernos para que se corrija esta situación. Además, ha auspiciado conferencias internacionales y reuniones de expertos con la finalidad de abordar problemáticas específicas en torno a la condición jurídica y los derechos de las mujeres; la violencia ocupó un lugar central en el último cuarto del siglo pasado. De esas reuniones y del trabajo sistemático de los propios organismos internacionales, de los gobiernos de los países y de las organizaciones civiles, han surgido instrumentos de derecho internacional que tienen un carácter vinculante, es decir, obligatorio.

No es el propósito hacer aquí un análisis exhaustivo —ni siquiera somero— de la normatividad internacional. En el segundo capítulo, mencionamos que la Declaración Universal de los Derechos Humanos fue emitida en 1948, cuando la mayoría de las mujeres del mundo no habían conquistado el voto. En el cuarto capítulo, también señalamos que ningún país del orbe ha logrado el objetivo de la Convención para la Eliminación de todas las Formas de Discriminación contra la Mujer, consistente en un trato equitativo y justo. Ahora, abordaremos, muy brevemente, los contenidos de la Convención Interamericana para Prevenir, Sancionar y Erradicar la Violencia contra la Mujer, también conocida como Convención de Belem do Pará, por haber visto la luz en ese lugar de Brasil.

La Convención fue emitida en 1994. Hasta la fecha, los únicos países de la Organización de Estados Americanos (OEA) que no la han suscrito son Canadá, Jamaica y Estados Unidos. La negativa de este último no sorprende, ya que tiene una larga tradición de rechazo a los instrumentos supranacionales, a pesar de que alberga la sede de la OEA. Todos los demás países del continente han firmado el documento, lo que significa que están obligados a informar a la Corte Interamericana de Mujeres sobre sus acciones y políticas públicas de combate a la violencia de género.

La Convención de Belem do Pará recomienda adoptar medidas de prevención para modificar patrones socioculturales de conducta, realizar campañas de sensibilización y elaborar programas educativos; también, enfatiza la utilidad de las investigaciones y las estadísticas actualizadas y confiables. En materia jurídica, se sugiere la expedición de leyes especializadas para sancionar la violencia y erradicar prácticas que siguen culpando a las víctimas. Los procedimientos deben ser rápidos, sencillos y, sobre todo, justos y eficaces; además, se subraya la conveniencia de que no sea necesario contratar abogados.

A primera vista, puede parecer un discurso hueco, de tantos que hemos escuchado en muy diversos foros. Sin embargo, si hacemos un recuento de lo que ha pasado en los países latinoamericanos en los últimos 15 años, podemos advertir que realmente se han dado pasos sustanciales. Sin duda, falta mucho por hacer, porque la violencia es un fenómeno de grandes dimensiones y severas consecuencias, pero hay avances muy claros que no pueden pasar inadvertidos. Señalaremos los más importantes:

- *Leyes especializadas sobre violencia doméstica*. Hasta mediados del decenio de 1990, no había diferencia entre un golpe propinado por un asaltante desconocido y uno del marido. Ahora, se reconoce la especificidad de las cuatro paredes, y se subraya la seguridad de la víctima. Prácticamente, todos los países latinoamericanos cuentan con este tipo de leyes. Algunos han implementado también las órdenes de protección, como una medida adicional de seguridad; con ellas, se busca garantizar la separación real de la pareja y se prohíbe al agresor acudir al domicilio.
- *Centros de apoyo integral*. Cada vez existen más espacios —aunque sin duda siguen siendo insuficientes— para brindar apoyo de trabajo social, psicoterapia y asesoría legal.
- *Atención médica*. En muchos países, se está proporcionando capacitación especializada al personal de clínicas y hospitales para la detección oportuna, el registro y el seguimiento de cada caso de violencia. Existe, además, un mecanismo de articulación con el sistema legal.

- *Programas reeducativos para agresores.* En algunos casos, son una alternativa a la prisión; en otros son voluntarios.

Finalmente, hay que decir que se han realizado varias campañas de sensibilización, con alcances y duración también variables, y se ha hecho publicidad a los centros de atención. Cuando Sofía recibió toda esta información, precisamente, en una visita guiada como parte de las actividades del bachillerato, se quedó boquiabierta. Y como además era una chica inquieta y muy crítica —como ya sabemos—, formuló una pregunta tras otra. Casi todas tenían respuestas que apuntaban a los recursos limitados, la necesidad de ir paso a paso y de detenerse cada tanto para evaluar y, en dado caso, corregir el rumbo. Sofía tomaba notas ávidamente, y al fin preguntó por qué se habían tardado tanto: "¿Por qué no se crearon estos espacios de atención a la violencia hace 30 o 40 años, si nos están diciendo que no es un fenómeno nuevo?" Y antes de que la funcionaria tomara aire para responder, nuestra amiga lanzó un nuevo disparo. "Todas las campañas están dirigidas a las mujeres: 'Tú tienes derechos', 'Protégete', 'Denuncia', 'No estás sola'... ¿por qué no hay campañas dirigidas a los hombres? Por ejemplo: 'Ella también tiene derechos', 'No la ataques', 'Ser violento no te hace más hombre', 'Ella no está sola'". La directora del Centro vio el reloj con alivio. La visita había terminado. De regreso a su despacho, tomó nota de esa propuesta. Ya era hora de que todo mundo entendiera que la violencia contra las mujeres no es un asunto exclusivo de ellas.

En síntesis, las directrices internacionales y el interés de los gobiernos sobre la problemática de la violencia se han traducido en la prestación de servicios concretos en los espacios de salud y de procuración e impartición de justicia. Ahora hay otras puertas que se pueden tocar.

Las puertas de apoyo

La violencia en la casa es un problema muy serio. Tiene tantas aristas que avanzar hacia una solución es como caminar en un laberinto, donde a cada paso aparece un muro, una trampa, un túnel o una pared tras otra. Y la *puerta cerrada*. Cuando por fin las mujeres rompen el silencio, las respuestas pueden ser muy diversas: "¿No estarás exagerando? Se me hace tan raro que Óscar, tan caballeroso y amable, haya llegado a las manos". "¿Y tú qué hiciste? Seguro que lo provocaste de alguna manera, digo, sin querer molestarlo, claro". "Mira, si tú te sientes tan mal es por tus expectativas y tus necedades. Leonardo no es alcohólico ni golpeador. No le eches la culpa de todo." No es de extrañar que todas estas palabras sean escuchadas con la contundencia de una certeza. Antes de oírlas de las amigas, las hermanas, las cuñadas o la madre, las mujeres las han escuchado de sí mismas. Mil veces se han regañado para sus adentros, se han culpado de sus acciones y de las acciones del marido o compañero. Mil veces, como Esperanza, han tratado de que las cosas sean distintas, y mil veces han fracasado. A estas alturas ya no queda una sola duda de que esas voces emergen con el impulso de los mandatos de género: las mujeres son responsables de todo, incluyendo los actos del marido.

Sin embargo, cuando una mujer escucha en voz de su amiga vivencias muy similares a las que ella tiene, cuando las compara con un artículo que leyó en una revista, cuando oye un anuncio radiofónico que condena la violencia, y cuando ve un cartel que invita a la denuncia, entonces sabe que no es un problema sólo de ella, que no es un asunto privado y, lo más importante, que hay lugares donde puede recibir ayuda. Estos espacios son variados y los apoyos que ofrecen son también muy diversos; conviene tener en mente que en ninguno de ellos se va a encontrar la lámpara de Aladino, que no hay genios escondidos en botellas y que las varitas mágicas sólo existen en los cuentos infantiles y en la imaginación desbordante. En otras palabras, así como cada quien es responsable de sus actos, así también toda persona es responsable de resolver sus problemas. Los distintos apoyos son particularmente útiles, pero quien debe encontrar una solución es la persona concreta que vive en un ambiente violento.

Las organizaciones En sus inicios, en el decenio de 1970, se llamaban grupos o colectivos. Un número más bien reducido de personas (en general, entre 5 y 10) se reunían con cierta periodicidad en la casa de alguien, para discutir temas tales como la vida cotidiana, las relaciones de pareja, la sexualidad, los hijos, etc. Rápidamente, surgió el tema de la violencia y con él necesidades múltiples: investigación para generar datos confiables, campañas de sensibilización, denuncia sin tregua, atención a víctimas. Este último es un aspecto central de la problemática de la violencia. Desde fines del decenio de 1970 y durante todo el siguiente, la atención a mujeres golpeadas y, en general, maltratadas fue asumida, prácticamente en su totalidad, por organizaciones de mujeres.

El esfuerzo emprendido con convicción y desarrollado cotidianamente, en muchos casos con recursos muy limitados, produjo frutos que no deben pasar inadvertidos. El gran logro fue la denuncia sistemática, que permitió sensibilizar a las autoridades y crear conciencia sobre la necesidad de crear espacios de atención integral. Además, las organizaciones civiles promovieron talleres y otras actividades de difusión, y brindaron a las mujeres atención de psicoterapia y, en menor medida, asesoría legal.

En todo este proceso, algunas organizaciones se fortalecieron, obtuvieron financiamientos variados y lograron institucionalizarse gracias al reconocimiento social y comunitario. Actualmente, se conocen como organizaciones no gubernamentales y ocupan un sitio destacado en la arena social. Las que se dedican a combatir la violencia de género, siguen realizando talleres y campañas de difusión (ahora de una manera más amplia y diversificada), han logrado integrar centros de documentación e información, y funcionan también como lugares de canalización de las víctimas. Ya no tienen que ofrecer la contención que resultaba fundamental en el decenio de 1980, pero sí dan seguimiento a la atención institucional. Algunas organizaciones siguen ofreciendo apoyo psicoterapéutico, y muchas han establecido vías de interlocución con los organismos públicos.

Por otra parte, a principios del decenio de 1990 surgieron organizaciones de hombres partidarios de la igualdad y dispuestos a buscar nuevas formas de relación de pareja. Más adelante, veremos cómo han funcionado estos programas de renuncia a la violencia.

En general, las organizaciones civiles ofrecen una atmósfera más cálida y acogedora que las oficinas públicas. Por ello, muchas personas prefieren acudir a estos espacios cuando se atreven a dar el primer paso para tocar una puerta de apoyo. Cuando estas organizaciones trabajan en coordinación con los centros gubernamentales, los resultados son más prometedores.

Los consultorios médicos   El sistema de salud es un espacio privilegiado para poner en marcha cualquier programa de identificación, registro y seguimiento de casos de violencia doméstica. Es mucho más probable que las mujeres acudan a clínicas y hospitales —por múltiples motivos: vacunación, consulta externa, partos, etc.— que a otros espacios, como las delegaciones de policía o los centros de atención. La violencia llega de diferentes formas a estas clínicas, como vimos en el capítulo anterior. Hay lesiones en toda su extensa graduación, y también hay malestares y dolencias derivados del maltrato. Cualquier campaña de sensibilización o de estímulo a la denuncia tiene altas probabilidades de éxito si se desarrolla en los espacios de salud.

Tradicionalmente, los médicos y las enfermeras se han centrado en los datos estrictos de una realidad corporal que se observa con claridad. Se limitan a la atención de las lesiones, a dar consejos para su curación y prescribir medicamentos, pero no preguntan el origen de dichas lesiones, y aun si las mujeres empiezan a hablar de los golpes recibidos, el personal de salud prefiere ignorar los hechos. En realidad, a todos nos asusta la violencia, y el personal médico no es la excepción. Además, muchas veces se sienten maniatados, porque no pueden ofrecer apoyos concretos ni dar consejos prácticos. Al igual que en muchos otros espacios, simplemente, prefieren *cerrar la puerta*.

En los últimos años, junto con la creación de centros especializados sobre violencia familiar, en muchos países se ha proporcionado una capacitación constante al personal de clínicas y hospitales que reciben población en general. Se trata de adquirir o profundizar en el conocimiento de la violencia doméstica para identificar casos de violencia, registrarlos como tales y darles el seguimiento apropiado. Con ello, es posible advertir que en ese pequeño espacio que es el consultorio, se puede hacer mucho. En esta nueva generación de médicos sensibles y dispuestos a colaborar, está el que atendió a Soledad cuando llegó al hospital con la fractura de húmero. Lo que hizo el médico fue muy sencillo: pronunció una palabra de condena a la violencia y le entregó a Soledad una tarjeta con los datos de un centro especializado. En menos de cinco minutos, le dio la certeza de que las cosas podrían ser diferentes. Y lo más importante, que no estaba sola.

Sin duda, muchas otras mujeres no tuvieron la suerte de Soledad, pero es importante anotar que estos cambios de actitud ya han sido sembrados. Ahora hay que vigilar que la semilla germine y regarla continuamente con capacitación especializada. Todavía es muy frágil y puede fenecer con la sombra de un prejuicio.

La atención integral   A partir del decenio de 1990, en muchos países, se han abierto centros de atención a personas implicadas en una situación de violencia familiar. En un principio, se apoyaba casi exclusivamente a mujeres maltratadas. Aun en la actualidad, son ellas quienes solicitan los servicios en el 90% de los casos. Después se abrieron las puertas a los hijos e hijas que, sin haber recibido golpes directamente, sí habían resentido los efectos del maltrato en el hogar. Por último, se pusieron en marcha modelos específicos para hombres maltratadores, cuyo objetivo primordial es la contención de la violencia.

Los centros especializados buscan la prestación de un servicio integral, es decir, la articulación del trabajo social, el apoyo psicoterapéutico y la asesoría legal. En algunos espacios, también existe un pequeño consultorio médico, donde se dan consultas generales y esporádicamente se da un dictamen o certificado médico de lesiones que pueda utilizarse en un proceso penal.

El área de trabajo social representa la primera puerta. Por ello, es tan importante mostrar calidez y empatía: escuchar el relato de cada mujer —aunque ya se hayan oído centenares— con interés y atención, sin juzgar y, lo más difícil, sin aconsejar. En trabajo social, se pueden ofrecer todas las opciones posibles para una vida libre de violencia, pero quien debe decidir qué hacer, a dónde acudir y cuándo empezar es la persona directamente afectada. Esta ha sido una falla constante en muchos espacios, en donde tanto trabajadoras sociales como abogados —y estos últimos con más insistencia- adoptan actitudes directivas y les dicen a las mujeres qué deben hacer con exactitud: "Tiene que acusar a su marido de amenazas, y de una vez vamos a poner lesiones, aunque sean leves. A ver si con eso se asusta. Vaya de inmediato a la agencia del ministerio público", "Necesito que mañana mismo traiga las actas de nacimiento de sus hijos para demandar el divorcio", "Voy a citar a su esposo para el lunes; mientras tanto, usted váyase a casa de su mamá".

Estas directrices, sin duda bien intencionadas y con ánimo de ayudar, por lo regular, fracasan. Es la mujer quien debe decidir si denuncia un delito, si empieza un juicio de divorcio, si demanda una pensión alimenticia, si sale de su casa o emprende cualquier otra acción. Para poder hacerlo, necesita conocer todas las opciones reales y tener información sobre sus alcances, costos y tiempos. Por ejemplo, debe saber en qué consiste un juicio de divorcio, cuánto tiempo requiere su tramitación, cuánto dinero se necesita y cómo va a vivir mientras dura el proceso; si sabe todo eso, lo de menos es llevarle las actas de nacimiento al abogado.

La otra utilidad del trabajo social está en las visitas domiciliarias. Cuando las leyes especializadas —esas que se han emitido a partir de la Convención de Belem do Pará— prevén la celebración de un convenio, la visita de una trabajadora social puede servir para comprobar que se respeten los términos acordados, cualesquiera que éstos sean. En algunos países, los informes de las trabajadoras sociales tienen mucho peso en los procesos legales, sobre todo en materia familiar.

Las áreas de apoyo psicoterapéutico, tanto para hombres como para mujeres, por lo regular, funcionan con base en un esquema grupal. A veces, es posible dar terapia individual, pero la experiencia muestra que la demanda del servicio es tal —sobre todo de mujeres, por obvias razones— que rápidamente se llega a un punto de saturación. En general, los grupos de mujeres son cerrados y tienen duración variable. El principal objetivo es su fortalecimiento como personas capaces de tomar decisiones en todas las áreas de su vida. En estos grupos, que llevan a cabo entre 12 y 20 sesiones con periodicidad semanal, se reúnen mujeres que están iniciando un proceso de separación (la mayoría), otras que ya están separadas y otras más que siguen viviendo en pareja. Todas ellas pueden obtener grandes beneficios del trabajo en grupo, cuya principal ventaja es la gran empatía que se genera. No hay que hacer grandes esfuerzos para ponerse en el lugar de la compañera, porque cada una de las participantes se ve reflejada en todas las historias.

Los grupos de hombres constituyen un esfuerzo más reciente, pero también han cosechado algunos frutos. Como en el caso de las mujeres, las propuestas iniciales fueron de las organizaciones civiles y después se extendieron a algunos espacios gubernamentales. La meta principal es detener la violencia y cuestionar las creencias que hay detrás de cada agresión. Algunos hombres insisten en la terapia de pareja, la cual está contraindicada en una relación en la que hay violencia. Sin duda, en otras condiciones puede ser de gran utilidad, cuando ambos integrantes de la pareja están en relativa igualdad y desean genuinamente mejorar su relación. Sin embargo, cuando hay violencia —y más todavía si el maltrato es físico— nos enfrentamos con hombres agresivos, dominantes y hasta golpeadores, que pretenden apropiarse incluso del espacio que una mujer puede tener para sí misma. De hecho, es frecuente que cuando las mujeres empiezan un trabajo de psicoterapia, los hombres las interroguen sobre los contenidos de cada sesión, y con la mano en la cintura descalifiquen a la (o el) terapeuta, juzguen que todo es una pérdida de tiempo e intensifiquen las agresiones. Queda claro que el espacio de terapia de una mujer sale totalmente del control del marido. Y un hombre violento no lo acepta con facilidad.

En los siguientes incisos, veremos la especificidad y los múltiples beneficios de cada uno de los espacios de psicoterapia, sea para buscar la seguridad o para renunciar a la propia violencia.

Por último, en los centros integrales, también se ofrece asesoría legal. Gran parte de las consultas jurídicas se refiere a las pensiones alimenticias. Tal como planteaban las mujeres de la organización popular, para muchas, muchas familias, el solo cumplimiento de la obligación de dar dinero a la casa hace una gran diferencia. Se presenta la solicitud con las respectivas actas de nacimiento de los hijos (para acreditar el vínculo paterno-filial) y el juez evalúa las necesidades de los hijos y la capacidad económica del padre. Entonces decide, con base en su propio criterio, un porcentaje adecuado y justo. En general, hay cierta congruencia entre los ingresos del padre y lo que debe entregar como pensión. A veces, también hay que decirlo, se fijan porcentajes muy raquíticos; hay casos en los que a un hombre con siete hijos lo condenan a entregar el 30% de su salario. Son cosas que pasan porque Aladino no visita los juzgados familiares.

El otro cuello de botella es la respuesta de los padres. Cuando las mujeres van a los juzgados familiares a pedir pensión alimenticia para sus hijos, por lo regular ya agotaron muchos otros recursos: pedir en todos los tonos posibles, suplicar, chantajear, llorar, manipular, usar a los hijos, pero todo es inútil. Tienen que buscar la vía judicial. Algunos hombres responden, entregan el porcentaje fijado y garantizan el pago de distintas maneras. Esos son los menos. Otros pelean la reducción del monto; a veces ganan y a veces pierden. Otros más dejan el empleo, para no tener ingresos comprobables ni pagar un peso para sus hijos. Así, funciona el poder cuando se articula con los mandatos de género.

La otra consulta frecuente se refiere al divorcio. Es un conocimiento amplio y extendido que lo mejor es un procedimiento voluntario. No sólo es lo mejor sino también lo más sencillo. Sin embargo, se requiere la voluntad y la amplia —amplísima— disposición de ambas partes para sentarse a platicar cada mínimo detalle de lo que será su vida una vez que estén separados: dónde va a vivir cada quién, dónde y con quién van a vivir los hijos, cuáles serán los horarios de visita, cómo se van a pagar los gastos, cómo se van a repartir las cosas. Cuando una pareja está inmersa en una dinámica de violencia, pensar en un convenio de divorcio es absolutamente ilusorio. Hasta las cosas más simples desencadenan enojo y cualquier malestar se exacerba en la mesa de las discusiones. En un despacho jurídico, es posible que una pareja se pelee a gritos, casi a puñetazos, por un extractor de jugos, una televisión vieja, o por fijar el horario de visita. Sin embargo, una terapia de pareja puede servir para decidir los términos del convenio y llevarlo al juzgado en el momento en que los dos se sientan realmente convencidos de que ésa es la decisión correcta. Ahí está una ventaja del apoyo integral. Abogados y psicólogos pueden coordinarse para brindar una atención amplia y mucho más útil para todos que la que se da por separado. Aquí es importante reiterar que si hay violencia, no es recomendable una terapia de pareja cuya finalidad sea intentar salvar la relación y mejorar la vida en común; en cambio, si lo que se busca es acordar los términos de la separación cuando existe una clara conciencia —en ambos— de que ésa es la mejor solución para todos, el apoyo de un especialista puede servir para evitar un pleito mayor. El objetivo de esta terapia debe estar muy acotado. Además, esa "clara conciencia" sobre la mejor solución se puede elaborar en sesiones individuales.

El otro divorcio, llamado necesario, es la entrada a una batalla campal, con la peculiaridad de que la puerta ya no está cerrada. Cada quien prepara la artillería pesada en su trinchera, y muchas veces antes de que se dé la señal, se oyen los disparos y los cañonazos. Tirar a matar. Esa es la consigna. En los recintos judiciales, se dan cita los insultos, las humillaciones y las ofensas. Ya no hay espacio para los golpes —se supone que la impartición de justicia es el sustituto civilizado de la venganza por propia mano— pero se sacan a la luz las más profundas intimidades, por lo regular, adobadas con el uso de la imaginación resentida y el despecho, además de que las indiscreciones desfilan una tras otra en el escenario judicial. "¿Y todo eso para qué?", se preguntaría Sofía. "¿Cuál es el caso de seguir peleándose, si llevan años haciéndolo? ¿De verdad no saben hacer otra cosa?" Aquí podríamos contestarle a nuestra amiga que, en efecto, cuando en una pareja se instala la violencia, es muy difícil que puedan comunicarse de una manera tranquila y sin alteraciones desmedidas, a menos que cuenten con apoyo especializado. Por ello, mencionamos la utilidad de la ayuda terapéutica previa al divorcio. Lo que resulta francamente imperdonable —hasta indignante— es la complicidad de los abogados, que con sus escritos y sus intervenciones en las audiencias estimulan la agresividad en lugar de contenerla. Como representantes legales, deben mostrar siempre una actitud respetuosa hacia cualquier persona, aunque sea su contrincante en un pleito formal. Muchos lo hacen, también hay que decirlo, pero otros no. Las ofensas en un proceso legal evidencian su falta de ética con la parte contraria, con su cliente y hasta consigo mismos.

Asimismo, en los juicios de divorcio necesario, las mujeres enfrentan varias dificultades para probar la violencia, precisamente porque ésta se da a *puerta cerrada*. Incluso cuando hay golpes, el certificado médico respectivo —si lo hay— no sirve para demostrar quién ocasionó la lesión. En los casos de violencia psicológica, empiezan a aceptarse dictámenes periciales de especialistas con suficiente reconocimiento y altas calificaciones profesionales. Aun así, en el proceso hay mucha angustia y un desgaste a todas luces innecesario.

Hay que reiterar que en los diversos espacios de atención no se producen milagros. Sólo se dan apoyos que, además, varían en cuanto a calidad y eficiencia. Todos los espacios que hemos mencionado —tanto oficiales como no gubernamentales— forman parte del llamado exosistema del modelo ecológico. Así como la violencia permea todo el cuerpo social, así también puede empezar a extenderse, en todos los niveles, una cultura de la equidad y la solución pacífica de conflictos.

En busca de la seguridad

Las mujeres que han estado inmersas en una relación de violencia por varios años —incluso decenios—, suelen sentirse agobiadas por pensamientos catastróficos. El síndrome de indefensión aprendida y el trauma de la traición, revisados en páginas anteriores, suelen articularse de tal manera que desembocan en un túnel estrecho, oscuro y con un olor desagradable. Es muy común que las mujeres —sobre todo si han resentido diversas formas de violencia o han sido frecuente y gravemente golpeadas— piensen que no hay escapatoria posible, que el peligro es permanente y además aumenta a cada instante, y que la única forma de poner fin a ese sufrimiento es la muerte. Esta idea no debe ser despreciada o trivializada. Muchas mujeres desarrollan fantasías suicidas —ya lo decíamos al comentar las tribulaciones que se dan cita en las noches de insomnio—, y de ellas, un alto porcentaje las pone en práctica con resultados letales. La muerte por violencia no es un asunto frívolo.

En esas condiciones, en donde confluyen el miedo, la angustia, la depresión y no hay opciones visibles de salida, las mujeres requieren un apoyo constante y decidido. Es muy raro que lo encuentren al tocar la primera puerta. Por lo regular, una vez que se animan a solicitar ayuda, enfrentan numerosas presiones para que continúen al lado del agresor, tanto de la familia como de otras personas allegadas y de las propias instituciones. Los breves relatos al inicio de este capítulo dan cuenta de ello.

Sin embargo, hay que tener en mente varias cosas cuando se busca la seguridad. En primer lugar, la escalada de violencia no se detiene; el maltrato no desaparece espontáneamente ni se puede ahuyentar con hechizos y brujería. Esto significa que es necesario elaborar un plan, lo más minucioso que se pueda, y llevarlo a la práctica. En segundo lugar, los planes de seguridad tampoco surgen con el toque calculado de una varita mágica; tienen que ser elaborados directamente por las protagonistas, quienes tendrán este papel principal en cada uno de los actos que componen la obra. Finalmente, para elaborar un plan adecuado y eficiente, las mujeres necesitan tener confianza en sí mismas y, sobre todo, en su capacidad para tomar decisiones.

A medida que vemos los detalles, el panorama se va complicando. Desde afuera, es muy fácil condenar a la mujer que sigue al lado de quien la maltrata, es muy sencillo decirle, con un encogimiento de hombros, que tiene que dejarlo, y luego sorprendernos de que no lo haya hecho o lo haya intentado sin éxito. Hay que recordar que la violencia ha dañado no sólo el cuerpo sino también la autoestima, ha corroído esa seguridad que de por sí no era muy boyante, ya que las creencias de género la habían minado desde sus inicios. Una mujer insegura, con baja autoestima, maltratada de distintas formas en una dinámica donde también hay afecto y a veces satisfactores materiales, no está en condiciones óptimas para elaborar un plan y salir de la relación. Por ello, requiere un apoyo profesional especializado. Y entonces vemos que se cierra, con la suavidad de la empatía, la puerta del consultorio de psicoterapia.

El trabajo que comienza en esta etapa es arduo y tardado. No puede lograrse en un día ni existe una secuencia precisa e infalible. Las actitudes directivas, como las que comentamos de trabajadoras sociales y abogados, que les dicen a las mujeres exactamente qué deben hacer, resultan siempre contraproducentes. Por un lado, constituyen una agresión más en una cadena ya bastante larga; infantilizarlas mediante consejos directos, unívocos e implacables sólo genera un mayor malestar. En el terreno de la psicoterapia, se trata de ayudar a la persona a resolver una situación dada con sus propios recursos, no con los del terapeuta. Ese es el desafío y el punto en el que puede lograrse un avance.

La meta final de la terapia es lograr una vida libre de violencia. Para ello, hay diversas propuestas que en los últimos 20 años se han ido construyendo, revisando y reelaborando. Leonore Walker ha desarrollado un modelo, flexible y adaptable a las necesidades de cada persona, que consta de cinco pasos. En primer lugar, hay que llamar a las cosas por su nombre y entender que la violencia es violencia. No es un marido con mal carácter, presa de tensiones y estrés, dominado por el alcohol. No. El agresor es un hombre violento, y cada una de las conductas que se van analizando en la terapia forma parte de una relación de abuso. Cuando las mujeres logran poner los puntos sobre las íes, han dado un paso muy importante. En este proceso, resulta útil entender que su situación no es única, que el poder masculino tiene una base social y que hay muchas otras mujeres que enfrentan o han enfrentado situaciones similares. Recordemos que este aprendizaje también se puede adquirir en un grupo.

El segundo paso es elaborar un plan de seguridad. En modo alguno se debe minimizar el peligro. Hay que evaluar de manera detallada el problema, analizar hasta dónde ha llegado el maltratador en episodios anteriores de violencia y buscar opciones reales de seguridad. Hay muchos casos que terminaron siendo crónicas de muertes anunciadas, sólo por pensar que la mujer asustada magnificaba el poder de su marido y pasar por alto las señales de alerta. Una vez que sabe lo que es la violencia y la nombra tal cual, una mujer necesita un lugar seguro donde pueda dejarse caer al terminar el día y juntar los párpados con la certeza de que nadie va a llegar a insultarla, golpearla o violarla.

Un recurso muy común es la casa de los padres. Para que esta sea una opción real, las mujeres deben hablar con ellos, ponerlos al tanto de la situación y puntualizar los alcances del apoyo. Es frecuente que la mujer llegue en la madrugada en un taxi, con la cara sucia por las lágrimas, el pelo revuelto y un cúmulo de preguntas en la garganta. También, es frecuente que el marido llegue al día siguiente a buscarla, hable largamente con el padre de ella —de hombre a hombre— y la lleve de regreso a su casa. En una ocasión, una mujer de 27 años, con dos niños, fue prácticamente obligada por el padre a regresar con su agresor: "No se preocupe, mi hija; ya me dio su palabra de que no vuelve a levantarle la mano. Ahora sí va a cuidarla". Dos semanas más tarde, la visitaron en el hospital, donde permaneció 39 días en rehabilitación. El hombre volvió a golpearla; no tenía palabra. Este ejemplo muestra claramente los terribles efectos que puede tener un pacto patriarcal.

Es muy importante establecer tiempo y condiciones. Hay que saber por cuánto tiempo hay hospedaje y cuáles son los términos. Es muy distinto decir: "Cuando quieras, puedes venir", que puntualizar: "Te podemos recibir por tres meses y tienes que colaborar con tales tareas". Entre más específico sea el acuerdo, mayores probabilidades tendrá de éxito. Además, desde ese lugar de seguridad, las mujeres pueden avanzar en los siguientes dos pasos del tratamiento: enfrentar y elaborar los efectos del trauma, y abordar otras cuestiones psicológicas, incluyendo violencia en la infancia y la adolescencia.

Estas etapas son muy variables tanto en contenidos como en tiempos. Por ejemplo, la agresión sexual que Esperanza sufrió en su juventud tuvo que ser elaborada muchos años después, con las cargas adicionales de resentimiento e ira descontrolada. Soledad tenía que trabajar esa relación enajenada que había establecido con su propio cuerpo y aprender a gozar la sexualidad. Ambas situaciones están estrechamente vinculadas con la violencia.

En este proceso, las mujeres tienen que adquirir o fortalecer su capacidad para tomar decisiones, aprender a controlar su ira —por lo demás muy justificada—, manejar esa ambivalencia entre la confianza y la traición, e identificar sus propios comportamientos sumisos. En síntesis, la mujer debe recuperar su poder y darse cuenta de sus conductas, para no actuar movida por la ira, los celos o el despecho. Todo esto es bastante complejo y requiere tiempo; por ello, no hay que presionarla para que tome decisiones rápidas.

Con todas estas habilidades —nuevas o renovadas—, las mujeres pueden dar el quinto paso: prepararse para salir definitivamente de la situación. En este último punto, hay por lo menos tres cuestiones básicas. La primera es la autosuficiencia económica; si existe un vínculo de dependencia (con el agresor, con los padres o con cualquier otra persona), enseguida se presentarán actitudes de sumisión. El segundo aspecto es el apoyo emocional, sea de la familia de origen, de alguna amiga cercana, del grupo de autoayuda o de la psicoterapeuta; es muy engañoso pensar que los hijos brindan un soporte emocional, porque precisamente requieren múltiples atenciones y cuidados en una situación de ruptura con la violencia. Por último, se requiere un espacio de intimidad —la habitación propia— para que, una vez que la violencia quede fuera, se pueda cerrar la puerta con la tranquilidad que da la autonomía.

Para terminar este apartado, conviene subrayar que el trabajo de psicoterapia con mujeres maltratadas es altamente especializado. No basta entender la problemática, hay que tener una capacitación específica. No es cuestión de escuchar y prestar el hombro para un desahogo. Se requiere un conocimiento profundo, años de experiencia en psicoterapia y actualización constante. En este terreno, más que en cualquier otro, las improvisaciones son sumamente peligrosas.

Renunciar a la violencia

En los últimos años, en varios países se han creado espacios, tanto institucionales como no gubernamentales, cuyo propósito es ayudar a los hombres a renunciar a su propia violencia. Existen diversas opciones cuya efectividad varía de acuerdo con los apoyos externos. En otras palabras, si el programa reeducativo es una alternativa a la privación de la libertad, al pago de una multa o al trabajo comunitario, es más probable que los hombres acudan por su propia voluntad, aunque esa voluntad esté "empañada" (para no decir viciada). En cambio, en lugares donde no existen leyes especializadas sobre violencia doméstica o las que hay no prevén programas educativos con carácter obligatorio, los resultados son muy diferentes.

El tratamiento psicoterapéutico dirigido a los hombres requiere algunos compromisos básicos. En primer lugar, es necesario que la persona lo desee de manera genuina, es decir, que vaya por su propia voluntad y que tenga el deseo de conocerse a sí mismo. Este requisito, si bien puede parecer hasta perogrullesco, es básico para alcanzar el éxito en cualquier tipo de intervención psicoterapéutica. Sabemos que muchos hombres acuden a la terapia por presiones familiares, principalmente de la esposa, o bien para evitar el castigo legal. De hecho, la mayoría decide pensar en su propia violencia, antes incluso de llegar a cuestionarla, sólo cuando la esposa o compañera hace algún movimiento: deja la casa, levanta una denuncia por maltrato, amenaza con separarse de él, se va con los niños a casa de los abuelos, etc. Los hombres violentos son particularmente reacios a intentar el autoconocimiento. Más bien suelen adjudicar las causas de su violencia a algún factor externo.

Un segundo requisito es la tolerancia a la demora. La violencia, como hemos visto a lo largo de estas páginas, no es algo que surja de un día para otro. Más bien se construye desde una etapa muy temprana de la vida y se va reforzando con las experiencias cotidianas. Entonces, es evidente que tampoco puede desaparecer de la noche a la mañana. Antes de poder renunciar realmente a ella, los hombres deben hacer el esfuerzo de conocer y ubicar, en su propio contexto e historia de vida, las causas, los orígenes, los factores desencadenantes y las consecuencias de su violencia. Desde las primeras sesiones, se insiste en que los hombres que participan deben detenerse a analizar sus actos y reacciones, incluso corporales, antes de actuar. En otras palabras, tienen que pensar y decidir antes de realizar cualquier acción.

Además de tener el deseo autogestivo de recibir tratamiento, los hombres deben estar conscientes de que la situación no se resuelve con el solo hecho de acudir a las citas con el terapeuta o participar en las sesiones grupales. En los programas con hombres maltratadores, se hace mucho trabajo fuera del consultorio y se requiere la acción constante. En la primera etapa, es muy probable que los hombres establezcan algún vínculo de dependencia con su psicoterapeuta o bien con el grupo. Este es un factor que deben conocer con claridad y saber que forma parte del mismo proceso; en modo alguno es una relación nociva. Además, desde el inicio los hombres deben aceptar su grado de responsabilidad en la elaboración de sus conflictos y, principalmente, en relación con su violencia.

En general, los hombres que acuden a psicoterapia están buscando la manera de cumplir con eficacia el rol masculino que han aprendido a lo largo de su vida: realizar su trabajo de una manera eficiente y exitosa, obtener recursos económicos y ser padres y esposos cumplidos. Todo esto implica una serie de compromisos que se ven trastocados cuando existe una relación de violencia. Muchos hombres buscan apoyo terapéutico porque están sumidos en una gran depresión. Además, huelga decir que si bien hay conflictos y deseos que se expresan con mucha claridad, hay otros que permanecen latentes y que suelen ser muy intrincados. La (conflictiva) relación con el padre ocupa siempre un lugar central, sea para culparlo de manera abierta de su trato rudo o simplemente como una figura importante con quien la comunicación es difícil y la interacción es complicada. Incluso como adultos, muchos hombres sienten que deben cumplir —en el sentido más estricto del término— las exigencias del padre, porque siguen deseosos de su aprobación. Este aspecto —que no es exclusivo de los hombres, pero que en ellos aparece con más nitidez— tiene que ser trabajado con mucho cuidado en la terapia porque, por lo regular, hagan lo que hagan, el padre siempre estará insatisfecho. Si se asume realmente que es posible vivir —¡y ser feliz!— sin la aprobación paterna, hay una enorme ganancia. Como suele suceder en los procesos de psicoterapia, en el camino hay mucho dolor.

Otra constante en la terapia con hombres es la queja recurrente de incomprensión. Ya lo decía Alvin Baraff: nadie los entiende. Los hombres sienten que sus esposas o compañeras no los comprenden. A veces, incluso, se sienten presionados, sobre todo en materia económica, y son incapaces de pedir apoyo emocional. Esto nos recuerda con toda claridad la situación de Carlos.

Otros hombres se quejan de que las mujeres los reciben con "cara de amargadas" —parece escucharse la voz de Leonardo—, de que han perdido la ilusión de arreglarse para sus esposos, de que siempre escuchan reclamos (no sólo económicos), y que hay actividades, compromisos o incluso personas más importantes que ellos. En otras palabras, los hombres se quejan de no ser el centro en la vida de sus mujeres. También, se quejan de que ellas los desobedecen. Aquí seguimos escuchando a Leonardo, Óscar, Carlos y seguramente a muchos otros hombres que simplemente dan por hecho que ellos son los que mandan, que como hombres de la casa tienen el derecho —no dicen el privilegio— de ser atendidos y cualquier movimiento en contra lo toman como rebeldía. Detrás de este malestar, hay una creencia patriarcal demasiado fuerte y extendida como para que el actor principal la cuestione espontáneamente. Por eso, es necesaria la terapia.

Desde la infancia, los hombres reciben el mandato de controlar y dominar. Es importante controlar a las mujeres, controlar a otros hombres y, finalmente, dominar y controlar el mundo. El reto es dominar y no ser dominado; agredir y no ser agredido. En síntesis, hay que mantener el poder a toda costa. Aquí parece que escuchamos a Óscar. Y en menor medida, también, a los demás, Nicolás incluido.

En la actualidad, a los hombres no les gusta corresponder al estereotipo del macho, pero siguen conservando las características fundamentales. No les gusta que los consideren duros y brutales, pero sí serios y controlados; no quieren parecer hombres "de pelo en pecho", pero no dejan de tomar una sola decisión. Se sigue valorando la valentía, la fuerza, la seducción, el dominio e incluso cierto grado de agresión. Por eso, es tan difícil que emprendan genuinamente la tarea del autoconocimiento y que estén dispuestos a llegar al fondo. No les interesa cuestionar su situación privilegiada, pero empiezan a resentir el costo que pagan por ese privilegio, así como una profunda soledad.

En los programas de tratamiento para maltratadores, se les da contención y se les enseña a disfrutar la libertad y la autonomía que derivan de tener la suficiente fuerza de voluntad tanto para realizar el esfuerzo como para aceptar la demora en la satisfacción de cualquier deseo. Se insiste en que la agresión (o autoagresión) vuelve al hombre menos autónomo, tanto racional como emotivamente, y por lo tanto más dependiente. No es necesario recordar de nueva cuenta los mandatos del verdadero hombre, siempre fuerte y seguro de sí mismo, competitivo y, de manera destacada en lo concerniente a la sexualidad, ganador. El modelo de masculinidad incluye la facultad de inhibir las decisiones de las mujeres y postularse como conquistador, triunfador. La agresividad se estimula de una manera contradictoria. Se les dice a los niños que no deben ser violentos, pero los padres juegan con ellos de manera distinta que con las niñas, los incitan a ser más rudos en sus propios pasatiempos y juegos, les aplican castigos corporales con más frecuencia y les enseñan técnicas de conquista que implican distintas formas de agresión. En otras palabras, les enseñan que incluso la actividad sexual se realiza de manera agresiva. La brusquedad es un rasgo encomiado en los hombres. Ya hemos visto las consecuencias.

Con todos estos antecedentes, no es difícil suponer que en la terapia para hombres violentos existan múltiples obstáculos, derivados principalmente de la reticencia al cambio por parte de los participantes. Y como además el autoengaño opera con extraordinaria facilidad, hay muchos hombres que sostienen firmemente que están dispuestos a buscar e intentar nuevas formas de relación... siempre y cuando —esto no lo dicen pero se advierte con claridad en su discurso— ellos sigan controlando.

El dominio está tan interiorizado, que fácilmente genera alianzas masculinas (o pactos patriarcales, diría Celia Amorós). Así, por ejemplo, cuando un hombre habla de sus dificultades para que su esposa lo obedezca, el terapeuta intenta confrontar la creencia en la que se sustenta tal afirmación, y de inmediato surge un defensor que hace causa común con el autoritario. En todo programa de renuncia a la violencia, es fundamental cortar estas alianzas al primer intento de establecerse.

Otro elemento fundamental en el trabajo con hombres es desarticular los mitos en los que ellos pretenden escudarse para minimizar los efectos y costos de su violencia: consumo de alcohol, provocación de la pareja, causas orgánicas, problemas en el trabajo, etc. Entre las actividades que se llevan a cabo fuera del grupo, está el entrenamiento para hacer consciente todo pensamiento o acto violento y darle un lugar especial. Una recomendación muy precisa es alejarse del contexto en el que aparece la violencia como algo previsible (cuando se discute con la esposa o compañera y emerge la ira). En ese momento, hay que identificar las reacciones corporales —por ejemplo, sentir sudoración en las manos, temblor en la voz, rubor en el rostro— y poner distancia de por medio. Como es obvio, con esto se busca detener un episodio de golpes, pero los hombres violentos, tan reacios a soltar el poder, fácilmente pueden usar estas tácticas como nuevas herramientas de dominación y sometimiento: "Me sudan las manos y no quiero golpearte. Tengo que irme". Y regresan después de seis horas, alcoholizados. Con ello, la violencia sólo se reelabora, pero no se detiene. No golpean, pero siguen imponiendo su voluntad.

Para evitar estos mecanismos de control, el llamado "tiempo fuera" debe ceñirse a ciertas reglas. Para empezar, hay que poner un término exacto y breve; no hay que salir de la casa, ni consumir alcohol ni drogas. Tampoco es recomendable buscar —ni siquiera por teléfono— una alianza masculina (hablar con el compadre, por ejemplo) que permita minimizar la violencia. El "tiempo fuera" es un espacio propio, que se debe usar para intentar relajarse, pararse frente al espejo y tratar de ponerse en el lugar de la pareja, o buscar cualquier otra alternativa para calmarse.

A medida que se avanza en el tratamiento, se revisan otras formas de violencia (psicológica, sexual o verbal) y se profundiza en las creencias estereotipadas sobre la familia y las relaciones intragenéricas. En algunos espacios, se ha intentado la conformación de grupos mixtos, pero no de parejas. El encuentro de hombres y mujeres en un espacio de psicoterapia puede permitir un mayor entendimiento de las diferentes perspectivas individuales con respecto a la pareja y sus peculiares formas de comunicación.

Los diversos modelos de trabajo con hombres son todos muy recientes y están en constante evaluación. Sin duda, toda propuesta tiene alcances interesantes y también algunas limitaciones. Un problema claro es el alto nivel de deserción; los hombres se van a mitad de esa dolorosa introspección que es el autoconocimiento, y no llegan a disfrutar las ventajas de liberarse de su agresión y buscar nuevas formas de interacción cotidiana.

El tratamiento se considera exitoso si el violento acepta su responsabilidad como ejecutor del maltrato, pone fin a sus actitudes de asedio y vigilancia, y aprende a manejar su necesidad de control y su ira como único método de resolver conflictos. Además, tiene que conocer y asimilar nuevas formas de socialización entre los géneros. No es sencillo. No se logra en dos días ni en dos meses. Requiere estar pendiente, todo el tiempo, de cualquier resbalón o retroceso. Pero vale la pena el esfuerzo. Por ello, cada vez hay más hombres que logran renunciar a su violencia e intentan formas más equitativas de integración con su pareja.

El mito de la inevitabilidad

Pensar que la violencia es inevitable es la creencia más destructiva de todas las que se han erigido para tolerarla y hasta justificarla. Produce daños inconmensurables. Si la violencia es inevitable, entonces no tiene caso hacer esfuerzo alguno para pensar siquiera en que las cosas pueden ser diferentes. No queda más que encogerse de hombros y exhalar un profundo suspiro de resignación. Cualquier posibilidad de cambio se estrellaría con una realidad inmodificable.

El mito de la inevitabilidad se sostiene en otras creencias falsas que ya hemos revisado y desmantelado en páginas anteriores: los hombres son violentos *por naturaleza*, las mujeres son abnegadas *por naturaleza*, el maltrato no se puede controlar, las mujeres lo disfrutan, si no hay golpes no hay amor. En síntesis, no hay nada qué hacer. Las cosas son como son porque esa es *su* naturaleza.

A estas alturas, y con la secuencia de las relaciones que hemos visto a lo largo de estas páginas, nos queda claro que todo es construido, es decir, no hay nada natural en la interacción humana, precisamente porque cada persona —con todos sus aprendizajes a cuestas— le imprime sus propias huellas. Así, que el sol salga por el Oriente y no por el Norte —es sólo un ejemplo— es algo totalmente natural, porque toda la voluntad humana concentrada en modificar el hecho sería inútil. El movimiento solar es natural, inevitable. Y lo mismo puede decirse de muchas otras cosas: la fuerza de gravedad, el día y la noche, las fases de la luna, la conformación del sistema solar, etc. Sin embargo, las acciones humanas registran tal variedad de posibilidades que resultan impensables sin una voluntad subyacente. La voluntad es la expresión de nuestra racionalidad. Es lo que nos hace realmente humanos. Y esa voluntad, la que guía nuestros actos y condiciona nuestras decisiones, la que a veces aparece firme e inquebrantable y en otras ocasiones titubea ante las diversas opciones existentes, nos acompaña toda la vida. Todo ser humano tiene una voluntad propia. Todo ser humano tiene ambición y deseo.

En el cuarto capítulo, anotamos que la violencia misma es un acto de voluntad; se define, entre otras cosas, a partir de la intencionalidad. Es totalmente distinta a los accidentes. El maltratador actúa por voluntad propia y no por una fuerza extraña que se le haya metido bajo la piel y dirija sus impulsos y sus acciones. Eso explica que la violencia sea selectiva —es decir, que se elija voluntariamente el entorno doméstico—, que las víctimas sean las personas con menos poder —sobre todo las mujeres, los niños y los ancianos— y que después de cada episodio las posiciones queden reestructuradas. También está la voluntad de la víctima, la que se nulifica con cada embate. Entonces, si en todo esto intervienen varias voluntades, es precisamente porque hay un movimiento constante, un ir y venir de poderes y resistencias, una lucha por el dominio. Cuando hay voluntad, hay control. Y si algo se puede controlar, significa que NO es inevitable.

Si la violencia fuera natural, el contexto cultural sería irrelevante. Esto significaría que todos los hombres —y tal vez todas las mujeres— serían violentos, independientemente de los mensajes recibidos desde la socialización más temprana y reforzados con múltiples procesos educativos formales e informales. Si la violencia fuera natural, todos viviríamos inmersos en ella, ejerciéndola o recibiéndola.

En realidad, ocurre todo lo contrario. La cultura resulta determinante para nuestro actuar en el mundo. En la infancia y adolescencia, aprendemos e interiorizamos muy diversas creencias sobre cómo deben ser los hombres, las mujeres, las relaciones familiares, el cuidado de los ancianos, de los bebés, etc. Estas enseñanzas cambian mucho de una sociedad a otra, de una zona rural a una urbana, o de una generación a la siguiente. Esto indica que NO es natural.

En la juventud, se dan muy variadas formas de interacción en las relaciones de noviazgo. Ahí se presentan las primeras señales de mecanismos de control, manejo de dinero, engaños diversos, ejercicio de la sexualidad o disposición del tiempo. Algunas parejas se pueden desarrollar en un marco de equidad y respeto; otras muestran indicadores de abuso, y todavía hay otras en las que existe franca violencia. Tan sólo este abanico de posibilidades muestra que nada de esto es natural. Tampoco es inevitable.

En la vida adulta, como pareja establecida, se consolidan ciertas posiciones de poder. De nuevo, en algunas relaciones más que en otras, se advierte la fuerza de los roles de género y las actitudes de dominación de los hombres, y de manipulación y chantaje de las mujeres. En muchos hogares —y en muchos otros no—, la violencia surge de diferentes maneras, se va extendiendo en el interior de la pareja y acaba dejando su sello de destrucción —al contrario que el rey Midas— en cada cosa que toca. La violencia lacera, corroe, destruye. Su presencia desigual y aleatoria deja en claro que *no* es natural.

En este punto, hay que enfatizar algo más importante todavía para derribar el mito de la inevitabilidad: la violencia se puede detener. Para erradicarla, se requiere una voluntad fuerte y decidida. En efecto, no todas las mujeres sufren violencia. De quienes la han padecido, hay muchas que reciben apoyos médicos, psicoterapéuticos y legales, y gracias a todo ello y a su propio coraje, logran desterrar el maltrato de sus vidas.

Finalmente, no todos los hombres son violentos. De quienes han tenido conductas agresivas —incluso extremas—, hay muchos que se deciden a renunciar a su violencia y le apuestan a la construcción de relaciones igualitarias. Estos dos hechos paralelos consuman la demostración: la violencia *no* es natural. *No* es inevitable.

Conclusiones

L a vida en pareja ofrece un caudal extraordinario de emociones y sentimientos tan diversos como contradictorios. En cada encuentro entre dos personas —desde las primeras citas adolescentes hasta el desayuno monótono de quienes llevan decenios compartiendo silencios y apatías—, interactúan múltiples influencias. Cada protagonista llega a la relación con su presente y su pasado, y aunque parezca exagerado, ese pasado incluye varias generaciones. En las miradas de seducción que se cruzan una tarde luminosa, en las rodillas que se rozan tímidamente bajo la mesa, en las palabras que cada vez con más frecuencia se articulan con lugares comunes, en las vivencias cotidianas que van integrando las rutinas de la pareja, se advierte todo el vigor de las tradiciones, la rigidez de sus exigencias y la facilidad con la que cubren todo con un manto de naturalidad.

Ahora ya lo sabemos. Llevamos siglos de herencia cultural —diversificada y compleja— que impregna cada acción y cada pensamiento. Todo es construido: las relaciones familiares y sociales, la interacción entre los géneros, los permisos y las prohibiciones, las bondades y las exigencias, el deber ser y cada una de sus múltiples ramificaciones. Todo. También, la violencia en todas sus formas. Los gritos, los insultos, las amenazas y las humillaciones encuentran acomodo en un determinado tipo de relación que dos personas —con todo lo que llevan a cuestas— han construido. Y lo mismo puede decirse de los celos patológicos, el hostigamiento, la violación y toda la escalada de maltrato físico. Nada es natural. Nada es inevitable.

Las construcciones sociales, como la violencia y el poder, son sumamente complejas. Permean toda la estructura, desde el nivel más amplio, donde operan las instituciones y los gobiernos, hasta la esfera íntima de la individualidad. Y a la inversa. La interacción es continua y el trayecto registra varias escalas: las oficinas públicas, las organizaciones, las iglesias, los medios de comunicación, la familia, la pareja. Ocurre constantemente y sin descanso. La violencia y el poder están ahí, siempre presentes.

En ese fluir permanente de influencias y desacatos, también se registran muchas contradicciones. Por ello, se crean, establecen y propagan diversos mitos sobre las relaciones de pareja y de familia. Ahora, ya sabemos que la casa es un lugar de dominio masculino, que el amor romántico no tiene poderes mágicos de transformación de personalidades, ni dura eternamente. Ya sabemos que la pareja perfecta es más un artificio de la imaginación que una realidad concreta, que el superhombre y la mujer abnegada son figuras de humo, y que la violencia, ese fantasma que corroe la seguridad y la autoestima, que daña cada milímetro de la vida en común y crece exponencialmente a *puerta cerrada*, no es inevitable.

Una vez que hemos llegado a este punto, y dado que Luis y Sofía tuvieron la primera palabra, es justo que tengan también la última:

Como hombre adulto, sé que yo soy responsable de mis actos. Me gusta ser activo, decidido y valerme por mí mismo. Ya entendí que no todo es movimiento acelerado. Siempre hace falta detenerse para pensar con calma y serenidad las cosas y poder decidir hacia dónde se quiere avanzar. Es mejor caminar con seguridad que correr despavorido y estar siempre huyendo, porque en la huida corremos el riesgo de quedarnos solos.

También, me gusta expresar mis opiniones, pero poco a poco, y con muchos esfuerzos, estoy aprendiendo a escuchar otros puntos de vista y a aceptar que son tan válidos y legítimos como el mío. No soy menos hombre si no tengo siempre la última palabra, la definitiva.

○ ○ ○

Como mujer adulta, sé que yo soy responsable de mis actos. Paulatinamente, y a veces con titubeos, estoy aprendiendo a tomar decisiones sin consultar a nadie, ni siquiera a mi mejor amiga. Sé que soy capaz de hacerlo, que puedo enfrentar muchas cosas por mí misma y resolver prácticamente cualquier problema que se me presente.

Ahora sé que soy una persona libre y autónoma, jamás un complemento. Soy un ser para mí misma y no para otros. En un esquema de igualdad, tengo derecho a vivir como yo quiera, a estudiar lo que quiera y donde quiera, tengo derecho a ser una persona sana en todos sentidos. Ningún espacio está vedado para mí. No soy menos mujer si soy intrépida o apurada. No soy menos mujer si pienso en mí.

○ ○ ○

Como hombre adulto, tengo derecho a verme y sentirme bien, y a disfrutar el cuidado de mi cuerpo: proteger mi piel, elegir un corte de pelo, usar cualquier producto que se me antoje y vestirme a mi gusto, con los colores que yo desee. Con todo ello, estoy más en contacto conmigo mismo. Preocuparme por mi aspecto no me hace menos hombre.

○ ○ ○

Como mujer adulta, sé que en mi cama, entre mis sábanas y en mi cuerpo, mando yo. Solamente yo. Sé que nadie tiene derecho a forzarme, ni siquiera a presionarme para una relación sexual o una caricia. Sé que puedo incluso contradecir a mi abuela y gritar a todo pulmón que las mujeres del siglo XXI tenemos derecho al placer. No soy menos mujer por disfrutar mi sexualidad y ejercerla como me plazca.

○ ○ ○

Como hombre adulto, si hay algo que disfruto enormemente es el momento en que mi compañera tiene un orgasmo, porque la veo y la siento gozar un instante de éxtasis y sé que yo lo provoqué, que logré hacerla feliz y que conociera la plenitud erótica. Poner especial esmero en el placer de mi pareja no me hace menos hombre.

○ ○ ○

Como mujer adulta, sé que mi vida me pertenece. Sé que no tengo que complacer a nadie y que ningún hombre tiene por qué darme órdenes. Sé que soy capaz de salir a trabajar para traer dinero a la casa, y que mi compañero también es capaz de ponerse unos guantes de hule para que este espacio —el nuestro— sea agradable y acogedor para los dos. El lugar se comparte. El trabajo doméstico también.

Entonces pienso en mi madre y me doy cuenta de que cada mañana, cuando *cerraba la puerta* para ir a trabajar, la embargaba un sentimiento de culpa porque sentía que su verdadera obligación era atender la casa y que con su trabajo nos estaba descuidando a mi hermano y a mí. Ahora, entiendo que ella no pudo disfrutar realmente ninguno de los dos mundos, que nunca ha sido capaz de entregarse a su trabajo, y que detrás de sus exigencias para que yo entendiera los deberes de una mujer hecha y derecha, estaban todas sus frustraciones.

○ ○ ○

Como hombre adulto, he aprendido que yo también gano mucho con una relación igualitaria. Me costó mucho trabajo —¡muchísimo!— empezar a lavar, sacudir o barrer, porque para ser sincero, me resultaba desagradable y hasta humillante. Después, comprendí que eran prejuicios y que, en la medida en que los dos colaboremos con las tareas de la casa, la relación es mucho mejor. Tenemos más tiempo para estar juntos y conversar con mejor humor. Si una noche se queda la montaña de trastes en la cocina, sé que no pasa nada. Sobre todo, no me siento agraviado ni lo tomo como ofensa personal. Entonces, recuerdo las ideas de mi hermana sobre la jefatura del hogar rotativa; aunque me sigue pareciendo fantasiosa, ahora sé que es mucho más fácil compartir las decisiones y repartir las cargas. No ejercer la autoridad o dominación masculina no me hace menos hombre.

○ ○ ○

Como mujer adulta, sé que tengo muchas opciones y que puedo disfrutarlas todas. Sé que puedo estar sola —por horas, días o semanas—, sé que hay muchas cosas que puedo compartir con mis amigas (aunque el capitán de meseros nos pregunte si venimos solas) y que también puedo estar con mi pareja. No soy menos mujer si no me caso o si no tengo hijos.

○ ○ ○

Como hombre adulto, sé que tengo muchas obligaciones con mis hijos, pero sobre todo sé que tengo el derecho de disfrutarlos. Sé que puedo y debo jugar con ellos todo el tiempo que tenga disponible (después serán ellos quienes ya no quieran hacerlo) y aprovechar esos momentos para conocerlos, para verlos crecer, para ahuyentar sus temores irracionales y ayudarlos a entender que ser hombre no es tan difícil como parece.

Entonces, pienso en mi padre y en todo lo que él se perdió con sus ausencias (aunque estuviera en casa) y sus distancias, físicas o emocionales. Y entiendo que detrás de todas sus exigencias para hacerme un hombre fuerte y formal (la fealdad nunca le preocupó gran cosa), estaban sus propias inseguridades.

○ ○ ○

Como mujer adulta, sé que es mejor decir las cosas directamente. Me cuesta mucho trabajo, porque tengo que hacer un esfuerzo consciente para desterrar el chantaje y la manipulación que tantas veces he usado sin darme cuenta. Ahora, sé que es mejor explicar, argumentar y defender una postura con palabras. No soy menos mujer por ser asertiva, por expresar mis opiniones ni mucho menos por reprimir las lágrimas.

○ ○ ○

Como hombre adulto, sé que ser sensible y racional es lo que me hace más humano. Ahora, sé que es mejor hacer el esfuerzo de identificar lo que siento y tratar de expresarlo con palabras. Y sé que puedo sentirme débil, triste, enamorado, temeroso o emocionado.

Sé que el maltrato y el autoritarismo son recursos de los débiles, de los que no tienen carácter, de los que siguen usando los puños porque no han entendido la utilidad y el valor de la palabra articulada. Yo no estoy dispuesto a vivir en un ambiente violento, precisamente porque soy un hombre.

○ ○ ○

Como mujer adulta, estoy decidida a resolver cualquier conflicto en un marco de autonomía y libertad, para crear una atmósfera libre de violencia. En este espacio, el que comparto con mi pareja, ninguna señal de intransigencia, acoso o maltrato va a pasar inadvertida. No tendrá alojamiento ni por un instante. Voy a expulsarla al primer indicio y una vez afuera, con la seguridad que da tomar una decisión propia, voy a *cerrar la puerta*.

Las reflexiones de Luis y de Sofía podrían continuar por un buen rato y llenar varias páginas. Sin embargo, con lo que nos han dicho, podemos advertir que hay nuevas formas de ver la vida, de relacionarse en pareja, de ejercer la paternidad, de compartir las cargas y los privilegios de la cotidianidad y, sobre todo, de resolver conflictos en un clima de armonía, respeto y libertad. Esto sólo es posible si se reconoce la equidad como un valor fundamental en la pareja. A partir de ahí, los derechos de cada quien para expresar opiniones y necesidades, establecer límites y defender lo propio encuentran un lugar central de manera espontánea, sin tener que pelearlos a capa y espada ni desarrollar estrategias que en el mejor de los casos sólo confunden, y en el peor, lastiman.

En esta nueva forma de establecer una relación de pareja, encuentran acomodo la amistad y el amor, con sus múltiples, variadas y ricas manifestaciones. El odio y la violencia, en cualquiera de sus expresiones —también múltiples y variadas—, no tendrán ninguna posibilidad de ingreso. No habrá para ellos un sitio marginal siquiera. Una vez que aprendemos a detectar las señales de alarma y a ubicar los focos de alerta en el tablero emocional, podemos ahuyentar la violencia sin un solo titubeo. Y entonces sí, podremos disfrutar cabalmente la intimidad, la solidaridad y el amor que sólo encuentran su verdadero significado *al cerrar la puerta*.

Epílogo

Esperanza *cerró la puerta* del consultorio de psicoterapia, donde tantas veces había hablado de su sexualidad, y supo que estaba a punto de tomar una decisión importante. A lo largo de muchas sesiones, aprendió a conocer su cuerpo y a profundizar en sus emociones. Paulatinamente, dejó de quejarse del matrimonio poco gratificante que había construido, aceptó la responsabilidad que le tocaba y decidió hacer algo al respecto. Intentó hablar con Leonardo mil veces. Mil y una, en realidad. Después de un tiempo se dio cuenta, con algo de sorpresa y mucho de dolor, que no iba a poder cambiarlo. No dejaba de ser extraño que, haciendo honor a su nombre, había mantenido intacta, hasta el final, la misma esperanza. Entonces, se armó de valor y lo dejó. *Cerró la puerta* de esa casa que habían compartido tantos años y se sintió libre.

Leonardo *cerró la puerta* de la recámara y soltó una maldición al espejo. No entendía por qué lo había abandonado Esperanza, siendo tan buen marido... Se sintió traicionado, burlado, engañado. Durante semanas la insultó para sus adentros de manera ininterrumpida, hasta que no le quedó más energía. Y entonces, la angustia se dejó sentir con toda su fuerza. No sabía durante cuánto tiempo la había estado conteniendo. Él también hacía honor a su nombre y se sentía León, el rey de la selva... y de la casa. A esa sensación de abandono e incomprensión se sumaba una profunda tristeza. Un amigo suyo lo empujó, casi literalmente, a un grupo de hombres con problemas de pareja. Muy lentamente, con el apoyo y la presión del grupo, empezó a confrontar las creencias con las que siempre había vivido. Aceptó que las relaciones podían ser diferentes, que viviendo solo tenía que hacerse cargo de muchas tareas que siempre había desdeñado, y que en realidad no era tan difícil. Pasaron varios años antes de que encontrara otra pareja y se decidiera a *cerrar la puerta* de un espacio totalmente nuevo.

Nicolás *cerró la puerta* de la casa en la que había vivido durante cinco escasos meses y regresó con Diana. Al principio de esta nueva etapa, recuperó la costumbre de entregar parte de su salario, pero rápidamente volvió a gastar todo su ingreso en sus cosas. Siguió buscando estrategias para tener una vida cómoda sin hacer grandes esfuerzos. Se volvió más crítico del aspecto físico de Diana, pero también más seductor. Fiel a su especialidad, usaba un doble mensaje: "Estás muy gorda y tu cara se empieza a ver abotagada por el alcohol, pero para mí —tal vez sólo para mí— sigues siendo guapa y atractiva". Nunca movió un dedo para hacer una tarea de la casa, enterarse de las cuentas y los gastos, ayudar a sus hijos con las tareas o hacer las compras semanales. Sin embargo, logró que Diana se sintiera en deuda con él. Su "cruzada romántica" le había permitido afianzar un poder cada vez más sólido. Con esta certeza, *cerró la puerta* de su cuarto y puso su música a buen volumen.

Diana *cerró la puerta* de su departamento mientras agradecía mentalmente el regreso de Nicolás. Siempre se había considerado una mujer segura y autosuficiente, pero en esta nueva situación, se descubrió redoblando esfuerzos por complacerlo: le sonreía, lo abrazaba cada vez que podía, preparaba sus platillos favoritos, vivía para él. No se sentía cómoda con su nueva imagen y, como suele suceder, seguía comiendo compulsivamente y bebiendo para olvidar sus nuevas dimensiones y las líneas cada vez más marcadas de su rostro. Sufría con los comentarios de Nicolás, pero en silencio. Perdió interés en la sexualidad y su autoestima resintió los costos. Cada vez, le resultaba más difícil funcionar con orden y eficiencia. Escuchó la música proveniente del cuarto de Nicolás y no se atrevió a decir una palabra. Con una actitud de resignación, *cerró la puerta* de su estudio y siguió trabajando. El dinero de ese proyecto hacía falta en la casa.

Pilar *cerró la puerta* de la habitación de hotel y, de inmediato, ahuyentó ese sentimiento de culpa que la asaltaba esporádicamente. Durante un tiempo, le estuvo dando vueltas al tema del amor y decidió elegir, como siempre lo había hecho, con base en cálculos precisos y racionales. No iba a dejar a su marido ni las comodidades que representaba la vida con él, pero tampoco iba a sacrificar su libertad. El problema era que ahora sentía que podía enamorarse en serio y la sola idea la atemorizaba y fascinaba a la vez. Vivió varios meses de confusión y culpa, haciendo malabares para mantener las dos relaciones como líneas paralelas, sin riesgo alguno de que llegaran a tocarse. Lo pensó muchas veces, pero no se atrevió a vivir la intensidad de un romance comprometido en un esquema de igualdad y optó por acomodarse en el mejor lugar, con el mejor postor. El recuerdo de esa aventura apasionada la ayudaba a mantener viva la sexualidad con su marido, aunque sabía que la distancia emocional era insoslayable. *Cerró la puerta* de su casa y ofreció la más amplia de sus sonrisas a Carlos. Todo seguía igual.

Carlos *cerró la puerta* de su estudio para no tener otro desahogo iracundo frente a sus hijos. Cada vez, se sentía más molesto, más enojado, más irascible. Desde que había empezado su relación con Pilar, había logrado dos ascensos, pero a ambos les parecían insustanciales. Se sentía abrumado en todos sentidos: las deudas que crecían cada día por los intereses y las nuevas compras, las necesidades de los hijos en pleno crecimiento, las peticiones de la madre y las hermanas, y la mediocridad en la oficina. Súbitamente, se acordó de su padre y una punzada de resentimiento se abrió paso en su pecho, cerca de la clavícula. Le tenía rencor por haber muerto. Pensó en Pilar, que se había instalado en el centro de su vida con múltiples exigencias. Pensó en sus amantes ocasionales y se dio cuenta de que el placer fácil se va fácil y deja vacío. Entonces, sintió la fuerza de una soledad pesada y contundente y se echó a llorar como un niño. Pero enseguida se repuso. Echó llave a la puerta que ya estaba cerrada y juró que nadie le vería nunca un gesto de debilidad. Y siguió siendo como era.

Soledad *cerró la puerta* del despacho jurídico y supo que se iniciaba otra batalla, pero se sentía más fuerte. Ella logró salir de la relación de maltrato después de tres intentos infructuosos. La primera vez el padre la hizo regresar con su marido, mientras la madre insistía en que como mujer era responsable de la unidad familiar. La segunda vez buscó refugio con una amiga, pero se dio cuenta de que le causaba muchos problemas, vivía con la zozobra de que Óscar apareciera en cualquier momento y, al cabo de pocos días, decidió volver a su casa. La tercera fue a un albergue para mujeres maltratadas, donde pudo alojarse durante 15 días. Después de ese lapso, no le quedó más remedio que regresar con Óscar, pero aprendió que necesitaba independencia económica. Ahí empezó su plan de seguridad. Al principio, vendió comida y una gran variedad de productos, hasta que tuvo un pequeño ahorro. Entonces, decidió buscar otros apoyos, ya con la certeza de que Óscar no iba a cambiar y que la violencia cada vez era más frecuente y más severa. Pasó años en consultorios médicos, pasillos de hospitales y salas de juzgados. Logró una pensión relativamente buena para sus hijos y salió adelante. *Cerró la puerta* de su nueva vivienda, pequeña y acogedora, con un suspiro de alivio. Jamás olvidó lo que había sido su matrimonio con Óscar ni el sufrimiento de una vida de violencia en la que, como si su nombre contuviera esa maldición, siempre estuvo sola.

Óscar *cerró la puerta* de la casa y aventó el portafolios sobre el sillón. Le iba a dar un puñetazo a la pared pero se detuvo a tiempo, porque sabía que dolía. Lo único que le faltaba: una demanda legal. Eran increíbles los excesos a los que podía llegar Soledad. Después de que lo abandonaba, todavía tenía el descaro de demandar el divorcio y hasta solicitar una pensión alimenticia. Pero que ni creyera

que le iba a dar un peso. Cuando habló con el abogado, negó tajan-
temente su violencia: "Hemos tenido pleitos, como toda pareja,
pero nada fuera de lo común... ah sí, un día se cayó de la escalera y
yo mismo la llevé al hospital... no, nunca hubo un golpe, lo juro...
bueno, ella me empujó una vez, pero una cosa sin importancia... no,
nunca respondí... hasta le llevé flores varias veces..." No todas estas
falsedades pudieron sostenerse en un litigio, pero el juicio fue difícil y pesado para todos. Tiempo después, Óscar cerró esa misma
puerta en compañía de otra mujer, a quien le había dado su versión
de los abusos de su ex esposa, una ingrata que ahora quería despo-
jarlo de todo. Era un hombre duro. Si cambiaba el orden de las letras
de su nombre, estaba todo dicho: duro como las rocas.

Bibliografía

Alberoni, Francesco, *El vuelo nupcial*, Gedisa, Barcelona, 1992.

————, *Te amo*, Gedisa, Barcelona, 1997.

Amorós, Celia, "Violencia contra la mujer y pactos patriarcales", en Virginia Maquieira y Cristina Sánchez (comp.), *Violencia y sociedad patriarcal*, Editorial Pablo Iglesias, Madrid, 1990, pp. 1-15.

Baraff, Alvin, *Hablan los hombres*, Javier Vergara Editor, Buenos Aires, 1992.

Beauvoir, Simone de (1949), *El segundo sexo*, Alianza Editorial Siglo Veinte, México, 1993.

Blaker, Karen, *Mujeres complacientes, hombres controladores*, Javier Vergara Editor, Buenos Aires, 1989.

Blandón Montes, Chiquinquirá, *No más víctimas en nombre del amor*, Edamex, México, 1998.

Bonino Méndez, Luis, "Develando los micromachismos en la vida conyugal. Una aproximación a la desactivación de las maniobras masculinas de dominio", en Jorge Corsi, Mónica Liliana Dohmen y Miguel Ángel Sotés, *Violencia masculina en la pareja*.

Una aproximación al diagnóstico y a los modelos de intervención, Paidós, Buenos Aires, 1995, pp. 191-208.

Bordieu, Pierre, *Masculine Domination*, Stanford University Press, Stanford, 2001.

Castañeda, Marina, *El machismo invisible*, Grijalbo, México, 2002.

Cervantes Muñoz, Consuelo, Ramos Lira, Luciana y Saltijeral, María Teresa, "Frecuencia y dimensiones de la violencia emocional contra la mujer por parte del compañero íntimo", en Marta Torres Falcón (comp.), *Violencia contra las mujeres en contextos urbanos y rurales*, El Colegio de México, México, 2004, pp. 239–270.

Comisión Interamericana de Mujeres, *Convención Interamericana para Prevenir, Sancionar y Erradicar la Violencia contra la Mujer.* "Convención de Belem do Pará", Organización de los Estados Americanos, Secretaría permanente, Washington, 1995.

Corsi, Jorge (comp.), *Maltrato y abuso en el ámbito doméstico. Fundamentos teóricos para el estudio de la violencia en las relaciones familiares*, Paidós, Buenos Aires, 2003.

Echeburúa, Enrique, "Tratamiento del agresor doméstico", en José Sanmartín (coord.), *El laberinto de la violencia. Causas, tipos y efectos*, Editorial Ariel, Barcelona: Centro Reina Sofía, 2004, pp. 293-307.

Encuesta nacional sobre violencia contra las mujeres 2003 (ENVIM), Instituto Nacional de Salud Pública, Secretaría de Salud, 2003.

Ferreira, Graciela, *La mujer maltratada. Un estudio sobre las mujeres víctimas de violencia doméstica*, Editorial Sudamericana, Buenos Aires, 1989.

Forward, Susan, *Cuando el amor es odio*, Ediciones Grijalbo, Barcelona, 1987.

————, con Donna Frazier, *Chantaje emocional*, Editorial Diana, México, 2003.

Foucault, Michel, *Vigilar y castigar, El nacimiento de la prisión*, Siglo XXI editores, México, 1976.

————, *Microfísica del poder*, La Piqueta, Madrid, 1980.

Freyd, J., *Betrayal trauma: the logic of forgetting childhood abuse*, Harvard University Press, Cambridge, MA, 1996.

González Núñez, José de Jesús, *Conflictos masculinos*, Instituto de Investigación en Psicología Clínica y Social, Plaza y Valdés, México, 2004.

Heise, Lori, con Jacqueline Pitanguy y Adrienne Germain, *Violence Against Women. The Hidden Health Burden*, The World Bank, World Bank Discussion Papers 255, Washington, 1994.

Hirigoyen, Marie-France, *El acoso moral: el maltrato psicológico en la vida cotidiana*, Paidós ibérica, Barcelona, 1999.

Kaufman, Michael, *Hombres. Placer, poder y cambio*, Centro de Investigación para la Acción Femenina (CIPAF), Santo Domingo, 1989.

————, "Las experiencias de poder contradictorias entre los hombres", en *Masculinidades. Poder y crisis*, Isis Internacional, Santiago, 1997.

Lamas, Marta (comp.), *El género, la construcción cultural de la diferencia sexual*, Miguel Ángel Porrúa/Universidad Nacional Autónoma de México, México, 1996.

Marqués, Josep-Vicent, *No es natural (Para una sociología de la vida cotidiana)*, Anagrama, Barcelona, 1982.

Mead, Margaret, *Sexo y temperamento en tres sociedades primitivas*, Paidós, Barcelona, 1982.

Naciones Unidas, *Convención para la Eliminación de Todas las Formas de Discriminación contra la Mujer*, Asamblea General, 1979.

Orlandini, Alberto, *El enamoramiento y el mal de amores*, Fondo de Cultura Económica, Secretaría de Educación Pública, CONACYT, La ciencia para todos 164, México, 2003.

Ramírez, Juan Carlos y Vargas, Patricia, "La cifra 'negra' de la violencia doméstica contra la mujer", en *Los silencios de la salud reproductiva, violencia, sexualidad y salud reproductiva*. Fundación MacArthur, Sociedad Mexicana de Población, México, 1998, pp. 107-133.

Sanmartín, José (coord.), *El laberinto de la violencia. Causas, tipos y efectos*, Barcelona: Centro Reina Sofía, Editorial Ariel, 2004.

Seligman, Martin, *Helplessness: on depression, development and death*, Freeman, San Francisco, 1975.

Tannen, Deborah, *Tú no me entiendes*, Javier Vergara Editor, Buenos Aires, 1991.

Torres Falcón, Marta, *La violencia en casa*, Paidós, México, 2001.

Valdez Santiago, Rosario, "Respuesta médica ante la violencia que sufren las mujeres embarazadas", en Marta Torres Falcón (comp.), *Violencia contra las mujeres en contextos urbanos y rurales*, El Colegio de México, México, 2004, pp. 111-149.

Walker, Leonore, *The Battered Woman*, Harper & Row, Publishers, Nueva York, 1980.

―――, "El perfil de la mujer víctima de violencia", en José Sanmartín (coord.), *El laberinto de la violencia. Causas, tipos y efectos*, Editorial Ariel, Barcelona: Centro Reina Sofía, 2004, pp. 205-218.